# MODELOS DE GESTÃO

Os 60 modelos que todo gestor deve conhecer

Marcel van Assen | Gerben van den Berg | Paul Pietersma

# MODELOS DE GESTÃO

Os 60 modelos que todo gestor deve conhecer

**Tradução**
Milena Steger

**Revisão técnica**
Daniela Khauaja
Mestre e doutoranda pela FEA-USP
Professora dos cursos de pós-graduação da ESPM, FIA e Anhembi-Morumbi

© 2010 by Pearson Education do Brasil
Título original: *Key management models, second edition*
© Berenschot BV 2003, 2009

Tradução autorizada a partir da edição original em inglês, publicada pela Pearson Education Limited, Reino Unido. Todos os direitos reservados. Nenhuma parte desta publicação poderá ser reproduzida ou transmitida de qualquer modo ou por qualquer outro meio, eletrônico ou mecânico, incluindo fotocópia, gravação ou qualquer outro tipo de sistema de armazenamento e transmissão de informação, sem prévia autorização, por escrito, da Pearson Education do Brasil.

*Diretor editorial:* Roger Trimer
*Gerente editorial:* Sabrina Cairo
*Supervisor de produção editorial:* Marcelo Françozo
*Editoras:* Marina S. Lupinetti e Renata Gonçalves
*Preparação:* Sonia Midori Yamamoto
*Revisão:* Elizabeth Figlino e Regiane Miyashiro
*Capa:* Alexandre Mieda
*Projeto gráfico e diagramação:* Globaltec Artes Gráficas Ltda.

**Dados Internacionais de Catalogação na Publicação (CIP)**
**(Câmara Brasileira do Livro, SP, Brasil)**

Assen, Marcel Van
   Modelos de gestão : os 60 modelos que todo gestor deve conhecer / Marcel Van Assen, Gerben van den Berg, Paul Pietersma ; [tradução Milena Steger]. -- 2. ed. -- São Paulo : Pearson Prentice Hall, 2010.

   Título original: Key management models.
   Bibliografia.
   ISBN 978-85-7605-378-1

   1. Administração de empresas 2. Sucesso em negócios I. Berg, Gerben van den. II. Pietersma, Paul. III. Título.

09-09600                                                                 CDD-658.0022

**Índices para catálogo sistemático:**
1. Gestão : Modelos : Administração de empresas    658.0022
2. Modelos : Gestão : Administração de empresas    658.0022

6ª reimpressão – Dezembro 2014
Direitos exclusivos para a língua portuguesa cedidos à
Pearson Education do Brasil Ltda.,
uma empresa do grupo Pearson Education
Rua Nelson Francisco, 26
CEP 02712-100 – São Paulo – SP – Brasil
Fone: 11 2178-8686 – Fax: 11 2178-8688
e-mail: vendas@pearson.com

# Sumário

**Prefácio** ................................................................. vii

## Parte 1 — Modelos estratégicos

| | | |
|---|---|---|
| Capítulo 1 | Análise competitiva: o modelo das cinco forças de Porter | 2 |
| Capítulo 2 | Análise PFOA | 7 |
| Capítulo 3 | Cadeia de valor | 13 |
| Capítulo 4 | Capacidades distintivas de Kay | 17 |
| Capítulo 5 | Competências essenciais | 21 |
| Capítulo 6 | Diálogo estratégico | 25 |
| Capítulo 7 | Disciplinas de valor de Treacy e Wiersema | 31 |
| Capítulo 8 | Estratégia do oceano azul | 35 |
| Capítulo 9 | Gestão baseada em valor | 38 |
| Capítulo 10 | Matriz BCG | 41 |
| Capítulo 11 | Matriz de produto/mercado de Ansoff | 44 |
| Capítulo 12 | Modelo de crescimento de Greiner | 49 |
| Capítulo 13 | Modelo de gestão estratégica de recursos humanos | 54 |
| Capítulo 14 | Organização orientada ao mercado | 58 |
| Capítulo 15 | Planejamento de cenários | 61 |
| Capítulo 16 | Planejamento estratégico de capital humano | 65 |
| Capítulo 17 | *Road-mapping* | *68* |
| Capítulo 18 | Terceirização/Realocação de processos de negócios (*off-shoring*) | 72 |

## Parte 2 — Modelos táticos

| | | |
|---|---|---|
| Capítulo 19 | 4Ps do marketing de Kotler | 76 |
| Capítulo 20 | Análise de valor dos custos administrativos | 80 |
| Capítulo 21 | Análise Dupont | 83 |
| Capítulo 22 | Análise MABA | 86 |
| Capítulo 23 | Beer e Nohria — Teorias E e O | 89 |
| Capítulo 24 | *Benchmarking* | 92 |
| Capítulo 25 | Centro de compras e suprimentos | 96 |
| Capítulo 26 | Ciclo de inovação | 99 |
| Capítulo 27 | Configurações de Mintzberg | 103 |
| Capítulo 28 | Custeio baseado em atividades | 107 |

| | | |
|---|---|---|
| Capítulo 29 | Dimensões culturais de Hofstede. | 110 |
| Capítulo 30 | Henderson e Venkatraman — modelo de alinhamento estratégico | 113 |
| Capítulo 31 | Inventário gerenciado pelo fornecedor. | 116 |
| Capítulo 32 | Manufatura responsiva | 120 |
| Capítulo 33 | Mentalidade enxuta/*just-in-time*. | 122 |
| Capítulo 34 | Modelo 7S. | 126 |
| Capítulo 35 | Modelo de compras de Kraljic | 130 |
| Capítulo 36 | Modelo de compras de Monczka. | 133 |
| Capítulo 37 | Modelo de excelência EFQM | 136 |
| Capítulo 38 | Modelo de remuneração de Milkovich. | 140 |
| Capítulo 39 | Oito fases da mudança de Kotter. | 143 |
| Capítulo 40 | Pirâmide de Curry: gestão do marketing e do relacionamento com o cliente. | 146 |
| Capítulo 41 | Preço de fábrica (FGP) | 149 |
| Capítulo 42 | Quadrantes essenciais. | 153 |
| Capítulo 43 | Redesenho de processos de negócios. | 156 |
| Capítulo 44 | Seis sigma | 159 |
| Capítulo 45 | Senge — a quinta disciplina. | 162 |
| Capítulo 46 | Sete hábitos das pessoas altamente eficazes de Covey. | 165 |
| Capítulo 47 | Teoria das restrições | 168 |
| Capítulo 48 | Valores concorrentes de eficácia organizacional | 172 |

## Parte 3 — Modelos operacionais

| | | |
|---|---|---|
| Capítulo 49 | Análise de causa e efeito/análise de Pareto | 176 |
| Capítulo 50 | Análise de risco e retorno | 179 |
| Capítulo 51 | *Balanced scorecard* (BSC) | 183 |
| Capítulo 52 | Ciclo de Deming: planejar–realizar–controlar–agir | 186 |
| Capítulo 53 | Equipe de Belbin. | 189 |
| Capítulo 54 | Fluxo de caixa descontado | 193 |
| Capítulo 55 | Kaizen/Gemba. | 195 |
| Capítulo 56 | Mapeamento da cadeia de valor | 199 |
| Capítulo 57 | Papéis gerenciais de Mintzberg. | 202 |
| Capítulo 58 | Pentagrama da gestão de marcas | 206 |
| Capítulo 59 | Quadrantes da mudança. | 209 |
| Capítulo 60 | Seis chapéus do pensamento de De Bono. | 212 |

## Apêndice

| | |
|---|---|
| Matriz/categorização dos modelos | 215 |

# Prefácio

Os modelos de gestão não são apenas ferramentas para profissionais e gerentes — são essencialmente uma forma de comunicação que elimina dificuldades abstratas e proporciona abrangência. A Berenschot possui uma longa tradição de aplicação e desenvolvimento de modelos de gestão, que foi iniciada em 1938, ano de fundação de nossa empresa, e mantida ao longo de todos esses anos. Os modelos mostram a variedade de disciplinas acadêmicas de que se originaram. Os elementos das abordagens iniciais de engenharia revelam-se tão visíveis como as influências das ciências sociais.

Esta nova edição de *Modelos de gestão* reflete o escopo da Berenschot e de seus consultores e mostra a necessidade de não perder o rumo ao incorporar novos avanços.

Agradeço a todos os nossos consultores que contribuíram com esta edição de *Modelos de gestão* e estendo meus agradecimentos aos autores da edição anterior, Frans Stevens, Wouter ten Have e Steven ten Have. Estou confiante de que daremos continuidade a essa tradição no futuro.

Prof. Dr. Theo Camps
Presidente do Grupo Berenschot

Os modelos de gestão destinam-se a resolver problemas e desafios de negócios e podem propiciar uma nova maneira de ver uma situação que resulte em uma mudança positiva. Podem ser aplicados de forma estratégica, tática ou operacional: alguns são ferramentas de solução de problemas, desenvolvidas para aumentar a eficiência e a eficácia; a maioria foi criada para resolver problemas específicos decorrentes de situações também específicas. Infelizmente, nenhum modelo (ou grupo de modelos) de gestão pode garantir que um gestor ou consultor lide com um problema organizacional de maneira objetiva e com o melhor de sua capacidade; além disso, a grande variedade de modelos disponíveis pode até ser desorientadora. Ainda assim, os modelos podem fornecer percepções valiosas e um processo sólido que leve às escolhas empresariais mais apropriadas. Os modelos e as teorias de gestão podem ajudar gestores e consultores a obter uma percepção mais clara dos negócios ao reduzir complexidades e incertezas — nada mais, mas também nada menos que isso.

A primeira edição de *Modelos de gestão* foi publicada em 2003. Naquela época, nossos respeitados colegas (Steven ten Have, Wouter ten Have e Frans Stevens) aceitaram o desafio de impor certa ordem à variedade de modelos disponíveis e desenvolveram uma visão geral daqueles mais usados e citados. Na edição atual, revisamos e desenvolvemos a visão geral da edição anterior. Revisitamos os modelos clássicos e mais conhecidos do mundo e descobrimos que nem todos são aplicados com tanta frequência na prática diária como pensávamos. Alguns revelam-se teóricos demais ou obsoletos, enquanto outros novos ou menos conhecidos são agora de uso comum. Atualizamos, portanto, a edição anterior, mostrando 60 dos modelos de gestão de aplicação mais frequente. Além de uma breve descrição de cada modelo e de sugestões de aplicação, incluímos uma orientação de como usá-lo. Para os leitores mais conservadores, adicionamos recomendações de leitura e, quando apropriado, chamamos a atenção para limitações ou deficiências potenciais de cada modelo.

Chegamos à seleção final dos modelos de gestão perguntando a gestores e consultores de várias áreas quais modelos utilizam em seu trabalho. Para esse fim, definimos um modelo como uma ferramenta a ser empregada (para fins de processo ou análise) para melhorar o funcionamento cotidiano do negócio, pela melhoria tanto dos métodos gerenciais como do desempenho organizacional, ou para resolver problemas relacionados. Como resultado, nossa compilação reflete ideias e percepções que representam uma 'tecnologia testada' e, em grande medida, o resultado de uma pesquisa prática, não literária. O critério para a inclusão, portanto, não foi se os modelos selecionados são científica ou tecnicamente profundos, mas se realmente funcionam.

O objetivo deste livro não é dar a lista dos '60 melhores' modelos de gestão dentre os mais populares nem uma receita para uma 'boa' gestão e organização. Para identificar mais claramente a variedade e a função dos modelos, bem como as diferenças de seu escopo, eles foram agrupados em seis categorias distintas e em alguns casos sobrepostas (veja 'Como usar este livro', p. IX); dessa maneira, objetivamos colocar cada modelo na perspectiva e no contexto dos modelos de gestão em geral. Foram incluídas também descrições de cada modelo e uma visão geral de como e quando usá-los, para reduzir o risco de os gestores serem tentados a adotar a mais nova tendência incensada pela mídia como a solução definitiva para seus problemas organizacionais.

Alguns dos modelos suportam um alto grau de exame científico, todavia muitos são simplesmente auxílios mnemônicos. A maioria fornece maneiras úteis de ordenar a realidade; oferecem uma linguagem comum com a qual é possível comparar desempenhos e desafios e resolver problemas. Eles contêm caracterizações inspiradoras, mas, acima de tudo, possuem grande valor prático (e são usados diariamente) quando se necessita analisar situações e identificar possíveis cursos de ação.

É com prazer e orgulho que apresentamos esta compilação. Estamos confiantes de que os gestores e consultores que a utilizarem possuirão a maturidade, a inteligência e o discernimento necessários para colocar em perspectiva os modelos que incluímos e utilizá-los para desenvolver gestões e aconselhamentos sólidos, criativos e coerentes. Nunca foi nossa intenção produzir um panorama de todos os modelos de gestão existentes; nosso objetivo é, na verdade, complementar o conhecimento dos leitores fornecendo ideias e percepções adicionais, além de descrições facilmente compreensíveis de modelos atuais e muito usados. Assim municiados, gestores e consultores serão capazes de determinar rapidamente o modelo mais apropriado para uma dada situação, reconhecendo ao mesmo tempo suas limitações. Isso se encaixa muito bem em nosso campo diário de trabalho, em que enfrentamos a tarefa extremamente difícil de gerenciar, mudar e fornecer conselhos adequados, tudo ao mesmo tempo. Vemos este livro como um meio não só de expressar essa complexidade, mas também de torná-la mais gerenciável, pelo fornecimento de modelos para reduzir a complexidade e visualizar a realidade, de modo que problemas gerenciais possam ser discutidos com base em uma 'linguagem comum'.

É impossível agradecer pessoalmente a todos os que se envolveram na edição deste livro. Um trabalho valioso foi realizado nos bastidores por Catherine Zijlstra, Noortje de Lange e Charlotte van der Heyden. Sem seus esforços, levar este livro à publicação teria sido uma história muito diferente. Bart Koops, Jeroen Nijzink, Karin Stalenhoef, Klaas de Gier, Laurens Friso, Lotte van der Veer, Luddo Oh, Maartje Elderhuis, Marijke ten Have, Mark Nijssen, Michiel Baldal, Rob de Groot, Tim Krechting, Titia Tamminga, Vera van Vilsteren e Wouter de Wolf também ajudaram a descrever alguns dos modelos. Gostaríamos de agradecer a esses colegas por seus valiosos esforços e compromisso. Agradecimentos especiais a Luc Steenhorst, por seu apoio. Por fim, agradecemos a nossa empresa, Berenschot, pelo tempo e apoio dedicado a revisar *Modelos de gestão*. Ela mantém a liderança de inovação entre as empresas de consultoria holandesas desde sua fundação, em 1938.

Desejamos a todos os que lerem este livro muita energia e muitos resultados construtivos da aplicação dos modelos. Utilize-os com sabedoria em seus próprios contextos: estruturar a realidade é completamente diferente de gerenciá-la.

Marcel van Assen<br>
Gerben van den Berg<br>
Paul Pietersma

# Como usar este livro

*Modelos de gestão* descreve 60 ferramentas e práticas gerenciais contemporâneas e explica como cada uma pode ser usada e aplicada na gestão empresarial.

Podem-se categorizar os modelos de gestão de muitas maneiras; optamos por duas amplas classificações ligadas a seu uso e a sua função: tomada de decisão gerencial (estratégica, operacional, tática) e função administrativa (como finanças ou marketing). Para a finalidade deste livro, agrupamos os modelos em três partes, de acordo com a área da gestão em que seu uso é mais apropriado:

- **Parte 1: Estratégicos (posicionamento/metas).** Esses modelos são valiosos ao analisar e planejar o posicionamento estratégico de uma empresa e ajudam a responder a questões estratégicas.
- **Parte 2: Táticos (projeto/organização).** Esses modelos podem ser usados para organizar processos, recursos e pessoas em uma empresa. Eles tratam de importantes questões práticas para a análise e o desenvolvimento de organizações excelentes.
- **Parte 3: Operacionais (implementação/execução).** Esses modelos podem ser usados para implementar mudanças organizacionais e melhores práticas. Abordam questões relacionadas a 'quem', 'o que' e 'quando', que surgem ao analisar e aperfeiçoar a execução em organizações excelentes. Modelos que ajudam a otimizar a eficácia dos processos e das atividades operacionais são incluídos nessa categoria.

Em cada parte, os modelos estão relacionados em ordem alfabética e indicados com um ou mais ícones que representam as seis áreas funcionais e os níveis de tomada de decisões gerenciais:

**Estratégia e organização.** Modelos usados para a formulação da estratégia e o desenvolvimento das estruturas organizacionais.

**Finanças e governança.** Modelos usados para projetar mecanismos de governança e métricas de desempenho relacionadas, incluindo instrumentos financeiros.

**Marketing e vendas.** Modelos usados para formular políticas de marketing e vendas, estruturar departamentos de marketing e vendas e desenvolver instrumentos operacionais de marketing e vendas.

**Operações, gestão da cadeia de suprimentos e compras.** Modelos usados para formular políticas de operações, cadeias de suprimentos e compras e métodos para desenvolver, otimizar e implementar melhores práticas para operações, cadeias de suprimentos e compras.

**Gestão de inovação e tecnologia.** Modelos relacionados à gestão da inovação, usados para formular políticas de P&D e tecnologia, alinhar objetivos de P&D e tecnologia com a estratégia corporativa e desenvolver ferramentas de P&D.

 **Gestão de recursos humanos, liderança e mudança.** Modelos usados para formular políticas de RH e para projetar e implementar práticas e ferramentas de gestão de recursos humanos. Modelos e métodos relacionados à gestão de mudanças também são incluídos nessa categoria.

Para facilitar o uso, cada modelo é dividido em:

- **Ideia geral** – a essência e o propósito do modelo.
- **Quando usar** – sua utilidade e aplicabilidade.
- **Como usar** – uma descrição de aplicação usando uma abordagem passo a passo.
- **Análise final** – suas limitações e as armadilhas potenciais em relação a seu uso.

Se precisar de mais informações sobre um modelo de gestão específico, consulte as referências ao final de cada capítulo. Cada modelo inclui um ou mais exemplos de aplicação e, quando útil, inclui estudos de casos que descrevem como pode ser usado em uma situação específica. Quando relevante, também remetemos a modelos alternativos, mas igualmente aplicáveis.

# Agradecimentos dos editores

Somos gratos às seguintes pessoas e empresas pela permissão para reproduzir seus materiais:

Figura 11.1 e Tabela 11.1 reproduzida com a permissão do Ansoff Family Trust; Figura 10.1 de *Product Portfolio Matrix*, © 1970, The Boston Consulting Group; Tabela 8.1 de *Blue ocean strategy: how to create uncontested market space and make competition irrelevant*, de W. Chan Kim e Renée Mauborgne. Harvard Business School Publishing Corporation, Boston 2005. Com a permissão da Berenschot; Figura 1.1 e Figura 1.2 reproduzidas com a permissão de The Free Press, uma divisão de Simon & Schuster Adult Publishing Group, de *Competitive strategy: techniques for analyzing industries and competitors*, de Michael E. Porter. Copyright © 1980, 1998 The Free Press; todos os direitos reservados; Figura 5.1 de Jay Barney, *Journal of Management* (Volume 17, n. 1), p. 99-120, copyright © 1991 (Southern Management Association), reproduzida com a permissão de SAGE publications; Figura 12.1 reproduzida com a permissão de Harvard Business Publishing. De "Evolution and revolution as organizations grow" de Larry E. Greiner, *Harvard Business Review*, ed. 5/1/98. Copyright © (1998). Todos os direitos reservados; Figura 14.1 e Figura 18.1 com a permissão da Berenschot; Figura 7.1 de Treacy, M. e Wiersema, F. (1995) *The discipline of market leaders: choose your customers, narrow your focus, dominate your market*. Nova York: Perseus Books. Reproduzida com a permissão de Basic Books, membro do Perseus Books Group; Figura 24.1, Figura 24.2 e Figura 24.3 de *Operational excellence*, nieuwe stijl, Marcel van Assen, Roel Notermans, Joes Wigman. Academic Service, The Hague 2007. Com a permissão da Berenschot; Figura 46.1 de *The 7 habits de highly effective people*, The Free Press (Covey, Stephen R., 1989); Figura 40.1 reproduzida com a permissão de The Free Press, uma divisão de Simon & Schuster Adult Publishing Group, de *Customer marketing method: how to implement and profit from customer relationship management*, de Jay Curry com Adam Curry. Copyright © 2000 The Customer Marketing Institute BV. Todos os direitos reservados.; Figura 30.1 de Henderson, J.C. e Venkatraman, N. (1991) 'Understanding strategic alignment'. *Business Quarterly* 55 (3): 72. Copyright © (1991) Ivey Management Services. Permissão para reprodução única por Ivey Management Services em outubro de 2008; Figura 29.1 baseada em Geert Hofstede e Gert Jan Hofstede, "*Cultures and organizations: software of the mind*". 2ª. edição revista e ampliada. Nova York: McGraw-Hill USA, 2005, ISBN 0-07-143959-5. Reproduzida com a permissão dos autores e do detentor dos direitos autorais; Figura 25.1 de *The house of purchasing and supply*, Copyright A.T. Kearney, Inc, 2002. Todos os direitos reservados. Reproduzida com a permissão dos autores e do detentor dos direitos autorais; Figura 26.1 de *Van kiem tot cash*, Marcel van Assen, Joost Krebbekx, Wilma Schreiber. Berenschot, Utrecht 2006. Com a permissão da Berenschot; Figura19.1 de Kotler, Philip; Keller, Kevin Lane, *Marketing management: analysis, planning, implementation and control*, 12ª ed., © 2006, p.27. Reproduzida com a permissão de Pearson

Education, Inc., Upper Saddle River, NJ.; Figura 39.1 reproduzida com a permissão de The Free Press, uma divisão de Simon & Schuster Adult Publishing Group, de *A force for change: how leadership differs from management* by John P. Kotter. Copyright © 1990 by John P. Kotter, Inc. Todos os direitos reservados; Figura 35.1 reproduzida com a permissão da Harvard Business Publishing. De *"Purchasing must become supply management"* por Peter Kraljic, *Harvard Business Review*, ed. 9/1/83. Copyright © (1983); Todos os direitos reservados; Figura 38.1 de *Compensation*, de Milkovich, G.T. e Newman, J.M. (Nova York: McGraw-Hill, 2007) © The McGraw-Hill Companies, Inc; Figura 27.1, Mintzberg, Henry; *Structure in fives designing effective organization*, 2ª ed., © 1992, p.154. Reproduzida com a permissão de Pearson Education, Inc., Upper Saddle River, NJ. Reproduzida com a permissão de Henry Mintzberg; Figura 36.1 de *"The global procurement and supply chain benchmarking initiative"*, Monczka, Robert M., Michigan State University, Unpublished. Com a permissão de Robert M. Monczka, Ph.D., Michigan State University; Figura 32.1 de *Quick response manufacturing: a companywide approach to reducing lead times*, de Rajan Suri. Copyright 1998 Taylor & Francis Group LLC – Books. Reproduzida com a permissão de Taylor & Francis Group LLC – Books no formato Tradebook via Copyright Clearance Center.; Figura 45.1 de *The fifth discipline*, de Peter M. Senge, copyright © 1990, 2006 Peter M. Senge. Usado com a permissão de Doubleday, uma divisão de Random House, Inc; Figura 37.1 de *The EFQM excellence model for self-appraisal*. EFQM: Bruxelas, Bélgica; Figura 51.1 reproduzida com a permissão de Harvard Business Publishing. De *"The Balanced Scorecard: measures that drive performance (HBR Classic)"*, de Robert S. Kaplan; David P. Norton, *Harvard Business Review*, ed. 7/1/05. Copyright © (2005); Todos os direitos reservados; Figura 57.1, Figura 57.2 e Tabela 57.1 reproduzida com permissão de Henry Mintzberg.

Em alguns casos, não conseguimos encontrar os detentores dos direitos autorais e agradecemos por qualquer informação que nos permita fazê-lo.

# Parte 1

# Modelos estratégicos

Estes modelos ajudam a analisar e planejar uma posição estratégica da empresa e fornecer respostas a questões estratégicas.

Capítulo **1**

# Análise competitiva: o modelo das cinco forças de Porter

## Ideia geral

A análise competitiva de Porter (1998) identifica cinco forças competitivas fundamentais que determinam a atratividade relativa de um setor: novos entrantes, poder de barganha dos compradores, poder de barganha dos fornecedores, ameaça de bens ou serviços substitutos e rivalidade entre os competidores. Essa análise permite entender as relações e as dinâmicas de um setor para que uma empresa tome as decisões estratégicas a respeito da posição mais defensável e mais atraente do ponto de vista econômico.

## Quando usar

Estes aspectos compõem um modelo que pode ser usado para compreender melhor o contexto do setor em que uma empresa atua. Por exemplo, pode-se usá-lo para analisar a atratividade de um novo setor, identificando se novos bens, serviços ou negócios são potencialmente lucrativos. Também se aplica à avaliação da posição estratégica de uma empresa no mercado, uma vez que leva em consideração uma ampla gama de competidores, além dos óbvios ou imediatos. Isso permite entender a força tanto de sua posição competitiva atual como da desejada.

## Como usar

O modelo de Porter serve como apoio à avaliação da arena competitiva sob todas as perspectivas, com base em cinco forças fundamentais. Identificando a potência e a direção de cada força, é possível avaliar rapidamente a solidez da posição de uma organização, assim como sua capacidade de obter lucro ou manter a lucratividade em um setor específico. Analise a capacidade de concorrência de sua empresa em relação a cada uma dessas forças:

### 1. Novos entrantes

*Há barreiras à entrada de novos competidores?*
- Quanto maior a importância das economias de escala, mais alta será a barreira à entrada.
- A concorrência entre marcas estabelecidas e detentoras de alta fidelidade é mais difícil (por exemplo, Coca-Cola).
- A exigência de alto capital de risco inicial dificulta a entrada de novos competidores.

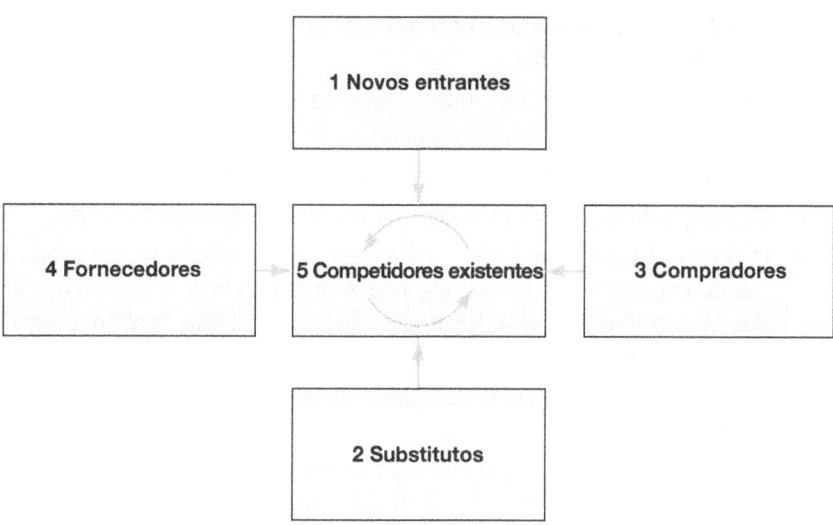

**FIGURA 1.1**   As cinco forças de Porter

- Os altos custos de substituição de produtos são uma grande vantagem para os competidores já existentes.
- O acesso a canais de distribuição ou é difícil ou sofre restrições legais?
- As empresas existentes poderão ter vantagens de custos independentes de escala (por exemplo, patentes, licenças, *know-how* próprio, acesso preferencial ou facilitado a matérias-primas, ativos tangíveis, força de trabalho especializada, subsídios)?
- Um setor regulado pelo governo pode dificultar a entrada com exigência de licenças de operação (por exemplo, comunicação sem fio UMTS*).
- A expectativa de um baixo nível de retaliação por parte dos competidores existentes facilita o ingresso de novos entrantes.
- De acordo com o conceito de 'preço de entrada dissuasivo', quanto maior a margem, mais competidores entrantes serão atraídos para o mercado.

## 2. Substitutos

*Com que facilidade seu produto ou serviço pode ser substituído por outro?*

Por exemplo, o ônibus é um substituto para o trem. Porter afirma que um substituto é particularmente ameaçador, se representa uma melhoria significativa na relação preço/desempenho.

## 3. Poder de barganha do comprador

*Qual é o poder de barganha dos compradores?*

- Quando os compradores adquirem grandes volumes, têm maiores possibilidades de obter melhores preços. Por exemplo, grandes redes de varejo obtêm preços menores do que lojas pequenas.

---

* *Universal Mobile Telecomunication System*, uma das tecnologias de terceira geração (3G) da telefonia móvel (N.R.T.).

- Quanto maior a fração dos custos representada pelo preço de compra, mais difícil fica negociar com compradores.
- Produtos com pouca ou nenhuma diferença facilitam a negociação com os fornecedores.
- Os baixos custos de mudança aumentam o poder do comprador.
- Os compradores que têm margens baixas serão negociadores difíceis.
- O potencial para a produção 'caseira' ou para a integração retrógrada exerce um grande impacto no poder de barganha. A produção interna parcial ou 'integração reduzida' não só é uma forte ferramenta de barganha, mas também permite entender melhor os custos reais de um fornecedor!
- Quanto menos o produto afetar o desempenho do comprador, mais ele será sensível ao preço.
- Quanto mais informações o comprador tiver, melhor será sua capacidade de negociação.

### 4. A força dos fornecedores no setor

*Qual é o nível de influência dos fornecedores?*

A influência de fornecedores pode ter um impacto significativo sobre a lucratividade e a distribuição de margens de um setor, dependendo de vários fatores. As forças competitivas dos competidores espelham as dos compradores:

- Poucos fornecedores vendendo para um número relativamente grande de compradores terão mais voz ativa.
- A ausência de substitutos aumenta o poder do fornecedor, uma vez que os compradores têm pouca escolha.
- Fornecedores com clientes, setores e canais alternativos detêm mais poder.
- Produtos indispensáveis ou de grande valor para a empresa também são fatores de influência dos fornecedores.
- A troca de fornecedores pode gerar altas despesas ou depreciar rapidamente os ativos de sua empresa.
- Os fornecedores podem fazer integração antecipada, produzindo e vendendo para seus clientes.

### 5. Competidores existentes

*Quais são as vantagens dos competidores?*

Por fim, também é importante observar que a rivalidade entre os competidores atuais leva a táticas diferentes, tais como uma política agressiva de preços e promoções, batalhas por clientes ou ampliação de canais e níveis de serviço. Se houver exagero de golpes e contragolpes (como guerras de preços), todos os competidores em um setor podem acabar perdendo. No entanto, batalhas com investimento em publicidade podem ser benéficas, pois tornam claras as diferenças entre as empresas e as marcas. Embora a rivalidade e sua intensidade mudem com a expansão do marketing e da tecnologia no setor, é importante notar os seguintes indicadores de uma ameaça competitiva dos rivais existentes:

- Competidores em grande número ou igualmente fortes.
- Baixo crescimento do setor, levando o foco para divisão, em vez de expansão, do setor.
- Elevados ativos e custos fixos causam competição entre os rivais no giro de estoque e na utilização de sua capacidade instalada.
- Produtos considerados *commodities* e fornecidos a baixos custos encorajam os compradores a mudar de fornecedor sem riscos e a comprar por preço.
- A diversidade de competidores e de estratégias dificulta a previsão de ações competitivas.
- Altos riscos, como o desafio de construir uma base de clientes em comunicação móvel ou em vendas pela internet.
- Altas barreiras à saída por razões econômicas, estratégicas, emocionais ou legais. As principais barreiras são ativos especializados difíceis de vender, custos fixos de saída (por exemplo, acordos trabalhistas ou contratuais) e a importância estratégica de atividades ou marcas para a empresa ou seus parceiros.

Um de nossos clientes, uma companhia ferroviária nacional, deparou-se com muitas forças competitivas e potenciais que poderiam ser descritas pelo modelo de Porter.

O mercado foi se deteriorando e os subsídios governamentais entraram em declínio rapidamente. Novas companhias ferroviárias locais fizeram entradas oportunas no mercado, concentrando-se nos segmentos mais lucrativos de viagens. Os clientes comerciais podiam mudar facilmente para transporte rodoviário ou marítimo/fluvial para aumentar a flexibilidade ou reduzir os custos, sempre que quisessem. A companhia estava sendo pressionada pelo governo para aumentar seu retorno sobre o investimento, visando uma futura oferta pública, sem deixar de manter certos serviços. A gestão avançada de transportes alternativos por meio do transporte rodoviário regulamentado ou particular começava a impor sérias ameaças a nosso cliente. A desregulamentação também era convidativa para que companhias ferroviárias internacionais explorassem as oportunidades lucrativas do mercado doméstico dessa empresa. Seus clientes de viagens particulares da empresa eram (e ainda são) representados por um poderoso grupo de interesse. Do lado dos fornecedores, o preço do combustível, o material para transporte e os custos de mão de obra estavam aumentando. O modelo das cinco forças de Porter ajudou nosso cliente a identificar e estruturar o cenário competitivo como parte de seu processo de desenvolvimento da estratégia.

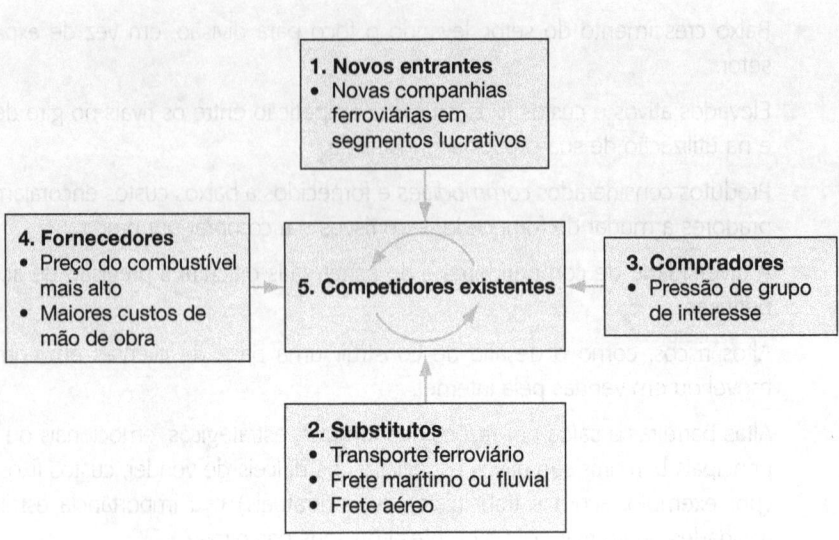

**FIGURA 1.2** Exemplo das cinco forças de Porter

Nota: a ilustração e a descrição foram alteradas para proporcionar um exemplo adequado e, portanto, não representam todos os fatos relevantes.

## Análise final

Embora o modelo de Porter seja considerado o mais utilizado e adotado para análises estratégicas, ele apresenta uma grande desvantagem: tende a enfatizar as forças externas e as formas como uma empresa pode combatê-las. As forças intrínsecas de uma empresa e sua capacidade de desenvolver competências independentemente dessas forças recebem menos consideração. O modelo pode, portanto, ser classificado mais como reativo do que pró-ativo, e é recomendável usá-lo em conjunto com uma abordagem de dentro para fora. O modelo de Porter, combinado com a visão baseada em recursos (RBV, do inglês *resource-based view*), é considerado mais eficaz no desenvolvimento de uma estratégia mais sólida.

## Referências bibliográficas

PORTER, M.E. *Competitive strategy*. Nova York: Free Press, 1980.

PORTER, M.E. *The competitive advantage of nations*. Nova York: Free Press, 1990. (Reeditado com nova introdução em 1998.)

# Capítulo 2

# Análise PFOA

## Ideia geral

A empresa que se baseia num planejamento estratégico, em algum momento, avalia seus pontos fortes e fracos. Quando esses pontos são combinados com um levantamento das oportunidades e ameaças dentro ou fora de seu ambiente, a empresa faz o que se chama de análise PFOA, ou seja, estabelece sua posição à luz de suas *forças* (ou potencialidades), *fraquezas* (ou fragilidades), *oportunidades e ameaças*.

## Quando usar

A análise PFOA proporciona informações úteis para relacionar recursos com competências no ambiente competitivo em que a empresa atua. Esse modelo pode ser usado como um instrumento de concepção e seleção de estratégia e é igualmente aplicável em qualquer situação de tomada de decisão, quando o objetivo já tiver sido claramente definido.

**FIGURA 2.1** Análise da situação

## Como usar

A primeira etapa de uma análise PFOA é identificar as pontencialidades, fragilidades, oportunidades e ameaças da empresa. A análise cuidadosa dos ambientes interno e externo constitui, portanto, uma parte importante do processo. Potencialidades e fragilidades são fatores internos; trata-se de habilidades e recursos (ou a falta deles) intrínsecos à empresa, que aumentam ou diminuem seu valor em relação a forças competitivas. Oportunidades e ameaças, por sua vez, representam fatores externos: não são criados pela empresa, mas emergem devido à atividade de competidores e a mudanças na dinâmica do mercado.

- **Potencialidades:** o que a empresa realmente faz bem? Por exemplo, ela se beneficia de uma força de vendas experiente ou de fácil acesso à matéria-prima? As pessoas compram seus produtos (parcialmente) pela marca ou pela reputação? *Atenção:* um mercado em crescimento ou novos mercados *não* podem ser classificados como potencialidades; eles são oportunidades.
- **Fragilidades**: aquilo que falta à empresa ou o que ela não faz bem. Embora sejam geralmente vistas como o 'inverso' lógico das ameaças, a falta de força em uma área ou mercado específico não representa necessariamente uma fragilidade relativa, contanto que essa força em particular também falte aos (potenciais) competidores.

Potencialiadades e fragilidades podem ser medidas com o suporte de uma auditoria interna ou externa; por exemplo, por meio de *benchmarking* (veja também modelo de *benchmarking*, p. 92). Oportunidades e ameaças ocorrem em razão de forças macroambientais externas, tais como demográfica, econômica, tecnológica, política, legal, social e cultural, assim como de forças ambientais externas específicas do setor de negócios, tais como clientes, competidores, canais de distribuição e fornecedores.

- **Oportunidades:** a empresa pode beneficiar-se de algum desenvolvimento tecnológico ou de alterações demográficas, ou a demanda por seus bens e serviços pode

**TABELA 2.1** Análise PFOA

|  | Potencialidades (P) | Fragilidades (F) |
|---|---|---|
| **Oportunidades (O)** | Estratégias PO<br>Usar potencialidades para tirar vantagem de oportunidades | Estratégias FO<br>Tirar vantagem de oportunidades pela superação de fragilidades ou por torná-las irrelevantes |
| **Ameaças (A)** | Estratégias PA<br>Usar potencialidades para evitar ameaças | Estratégias FA<br>Minimizar fragilidades e evitar ameaças |

aumentar como resultado de parcerias de sucesso? Os ativos podem ser usados de outra maneira? Por exemplo, os produtos atuais podem ser introduzidos em novos mercados, ou o investimento em pesquisa e desenvolvimento pode ser transformado em caixa pelo licenciamento de conceitos ou de tecnologia e pela venda de patentes. Há muitas oportunidades percebidas, mas, para saber se elas são reais, é preciso realizar uma análise detalhada do mercado.

- **Ameaças:** a oportunidade para uma empresa pode significar uma ameaça para outra. Mudanças em regulamentações, tecnologias substitutas e outras forças competitivas podem representar sérias ameaças; por exemplo, podem resultar em queda nas vendas e aumento dos custos operacionais, em maior custo do capital, na incapacidade de atingir o ponto de equilíbrio, no encolhimento das margens ou da lucratividade e na queda das taxas de retorno para níveis significativamente inferiores às expectativas do mercado.

Oportunidades e ameaças podem ser classificadas de acordo com o impacto potencial e a probabilidade real, como ilustrado na figura a seguir.

Após as análises interna e externa, os resultados podem ser colocados em uma *matriz de comparação*. Nessa matriz, as potencialidades, fragilidades, oportunidades e ameaças podem ser relacionadas e combinadas, atribuindo-se pontos a cada uma das combinações: quanto mais importantes, maior a pontuação atribuída. Essa comparação de resultados leva à identificação das questões estratégicas mais urgentes da empresa.

A próxima etapa é avaliar as ações a serem tomadas com base na análise PFOA. A empresa deve se concentrar em usar as potencialidades para capitalizar oportunidades ou deve adquiri-las para ser capaz de capturar oportunidades? Além disso, ela deve tentar, ativamente, minimizar as fragilidades e evitar as ameaças?

As estratégias 'PO' e 'FA' são simples. A empresa deve usar suas habilidades quando a oportunidade surgir e evitar negócios para os quais não tem competências. Menos óbvias e

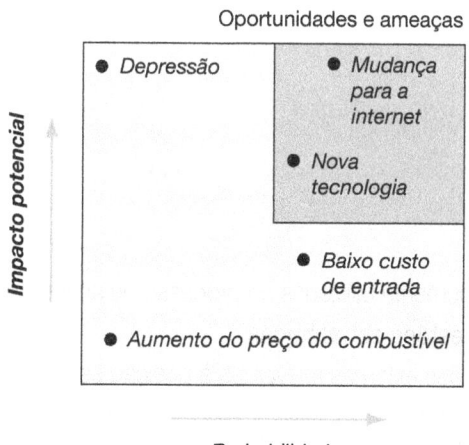

**FIGURA 2.2** Análise de impacto e probabilidade

muito mais ousadas são as estratégias 'FO'. Quando uma companhia decide agarrar uma oportunidade, apesar de não ter as potencialidades necessárias, deve:

- Desenvolver as potencialidades necessárias.
- Comprar ou tomar emprestado as potencialidades exigidas.
- Superar a concorrência.

Em essência, empresas que adotam estratégias 'PA' usam qualquer meio para se livrar de problemas. Isso acontece quando grandes competidores combatem os menores por meio de dispendiosas guerras de preços, insuperáveis orçamentos de marketing ou múltiplas promoções para os canais de vendas. Há os que usam o *planejamento de cenários* (p. 61) para tentar prever e, portanto, preparar-se para esse tipo de ameaça futura.

**TABELA 2.2** Matriz de comparação

| Empresa Data: | O1 | O2 | O3 | O4 | O5 | A1 | A2 | A3 | A4 | A5 | TOTAL |
|---|---|---|---|---|---|---|---|---|---|---|---|
| TOTAL | | | | | | | | | | | 20 |
| P1 | | | | | | | | | | | |
| P2 | | | | | | | | | | | |
| P3 | | | | | | | | | | | |
| P4 | | | | | | | | | | | |
| P5 | | | | | | | | | | | |
| F1 | | | | | | | | | | | |
| F2 | | | | | | | | | | | |
| F3 | | | | | | | | | | | |
| F4 | | | | | | | | | | | |
| F5 | | | | | | | | | | | |

As três fases comumente utilizadas no processo de análise PFOA são:

**Fase 1: Detectar questões estratégicas**

1. Identificar questões externas relevantes à posição estratégica da empresa no setor de atuação e no macroambiente, entendendo que oportunidades e ameaças são fatores que a administração não pode influenciar diretamente.
2. Identificar questões internas relevantes à posição estratégica da empresa.

3. Analisar e classificar as questões externas de acordo com a probabilidade de ocorrência e seu impacto.
4. Relacionar as questões estratégicas essenciais, dentro e fora da organização, que afetem de forma significativa a posição competitiva de longo prazo na matriz PFOA.

**Fase 2: Determinar a estratégia**

5. Identificar a qualificação estratégica da empresa, dadas suas competências internas e o ambiente externo.
6. Formular estratégias alternativas para tratar das principais questões.
7. Posicionar as estratégias alternativas em um dos quadrantes da matriz PFOA:
   - PO: *potencialidades* combinadas com *oportunidades* são o composto ideal, mas requer entender como as potencialidades podem sustentar as fragilidades em outras áreas;
   - FO: *fragilidades* combinadas com oportunidades podem ser analisadas quanto à eficácia do investimento para determinar se o ganho vale o esforço de comprar ou desenvolver a competência interna;
   - PA: *potencialidades* combinadas com *ameaças* exigem a avaliação da necessidade de adaptação da organização para transformar a ameaça em oportunidade; e
   - FA: *fragilidades* combinadas com *ameaças* criam o pior cenário. São necessárias mudanças radicais, como a venda de unidades de negócios ou de parte dos ativos.
8. Desenvolver estratégias adicionais para qualquer 'ponto cego' restante na matriz PFOA.
9. Selecionar uma estratégia apropriada.

**Fase 3: Implementar e monitorar a estratégia**

10. Desenvolver um plano de ação para implementar a estratégia.
11. Atribuir responsabilidades e orçamentos.
12. Monitorar o progresso.
13. Iniciar o processo de revisão desde o início.

## Análise final

A análise PFOA é uma valiosa ferramenta de autoavaliação da gestão. Seus elementos — *potencialidades, fragilidades, oportunidades e ameaças* — parecem enganosamente simples, mas, na verdade, decidir quais são as potencialidades e fragilidades da organização, assim como avaliar o impacto e a probabilidade de oportunidades e ameaças no ambiente externo, é bem mais complexo do que parece à primeira vista. Além disso, depois de classificados os elementos da análise PFOA, o modelo não ajuda na delicada tarefa de traduzir os resultados em alternativas estratégicas. O risco inerente de fazer suposições incorretas ao avaliar os elementos da matriz PFOA muitas vezes leva os gestores a hesitar quando se trata de escolher entre várias alternativas estratégicas, resultando frequentemente em atrasos desnecessários e/ou indesejáveis.

## Referências bibliográficas

ARMSTRONG, J.S. "The value of formal planning for strategic decisions". *Strategic Management Journal*, 3, 1982, p. 197-211.

HILL, T.; WESTBROOK, R. "SWOT analysis: it's time for a product recall". *Long Range Planning*, 30(1), 1997, p. 46-52.

MENON, A.; BHARADWAJ, S.G.; ADIDAM, P.T.; EDISON, S.W. "Antecedents and consequences of marketing strategy making. A model and a test". *Journal of Marketing*, 63(2), 1999, p. 18-40.

# Capítulo 3

# Cadeia de valor

## Ideia geral

Segundo Porter (1985), a vantagem competitiva somente pode ser compreendida ao se analisar a empresa como um todo. As vantagens de custo e a diferenciação bem-sucedida são encontradas na cadeia de atividades que uma empresa desempenha para fornecer valor a seus clientes.

O modelo de cadeia de valor divide as atividades genéricas de maior valor agregado da empresa em atividades primárias e secundárias. Uma vantagem ou desvantagem pode ocorrer em qualquer das cinco atividades primárias e quatro secundárias. Juntas, elas constituem a cadeia de valor de qualquer negócio.

## Quando usar

O modelo pode ser usado para examinar o desenvolvimento da vantagem competitiva. A identificação do valor potencial de cada atividade para a empresa permite que ela perceba como maximizar a criação de valor ao mesmo tempo que minimiza os custos, criando assim uma vantagem competitiva.

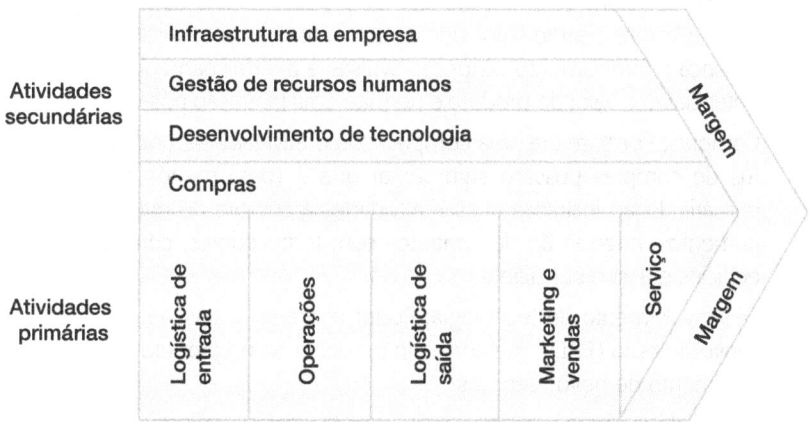

**FIGURA 3.1** Análise da cadeia de valor

A cadeia de valor também é útil para tomar decisões a respeito de terceirização ou de *off-shoring* (p. 72). A compreensão dos vínculos entre as atividades ajuda a empresa a decidir se deve produzir ela mesma ou terceirizar, o que pode resultar em vantagens de custo ou de diferenciação.

## Como usar

Para analisar a vantagem competitiva (ou a falta dela), Porter sugere usar a cadeia de valor para separar as atividades da empresa em módulos distintos e detalhados. Quando elas tiverem sido suficientemente detalhadas, o desempenho relativo da empresa poderá ser determinado.

Porter identificou um conjunto de atividades genéricas. As primárias incluem logística de entrada, operações, logística de saída, marketing e vendas e serviços. As secundárias (ou de apoio) incluem infraestrutura, gestão de recursos humanos, desenvolvimento de tecnologia e compras. Cada atividade deve ser analisada por seu valor agregado. Além disso, os valores combinados dessas atividades, quando considerados em relação aos custos de fornecimento do bem ou serviço, devem ser analisados, uma vez que ditarão o nível (ou falta) de margem de lucro.

- Logística de entrada: são atividades que incluem receber, armazenar, listar e agrupar matéria-prima para o produto. Também abrange funções como manipulação de materiais, armazenamento, administração de estoque, programação de transporte e administração de fornecedores.
- Operações: inclui manufatura, embalagem, montagem, manutenção de equipamentos, testes e gestão operacional.
- Logística de saída: refere-se a atividades como processamento de pedidos, armazenamento, programação de transporte e administração da distribuição.
- Marketing e vendas: inclui todas as atividades que convencem os consumidores a comprar os produtos oferecidos pela empresa, tais como propaganda, promoções, vendas, determinação de preços, seleção de canais e administração do varejo.
- Serviço: relaciona-se à manutenção do produto depois da venda, garantindo a qualidade e/ou agregando valor de outras maneiras, como instalação, treinamento, manutenção, fornecimento de peças avulsas e aperfeiçoamento do produto. O serviço potencializa o valor do produto e permite uma interação pós-venda com o comprador.
- Compras: Porter refere-se a compras como atividade secundária, embora muitos gurus de compras possam argumentar que é (pelo menos em parte) uma função primária. Estão incluídas nessas atividades a compra de matéria-prima, serviços, suprimentos, negociação de contratos com fornecedores, contratação de aluguéis de edifícios e assim por diante.
- Desenvolvimento de tecnologia: Porter refere-se a atividades como Pesquisa e Desenvolvimento (P&D), melhorias no processo ou no produto e (re)desenho e desenvolvimento de novos serviços.
- Gestão de recursos humanos: inclui recrutamento e treinamento, bem como remuneração, retenção de funcionários e outros meios para capitalizar os recursos humanos.

Já vimos consultores usarem a cadeia de valor de várias maneiras. Faça sua escolha.

*Uma visualização da empresa ou de um competidor*

*Uma identificação rápida de (falta de) potencialidades*

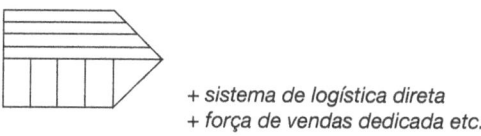

*Comparação de forças competitivas*

*Análise para estabelecer uma combinação potencial para fusões e aquisições ou alianças estratégicas*

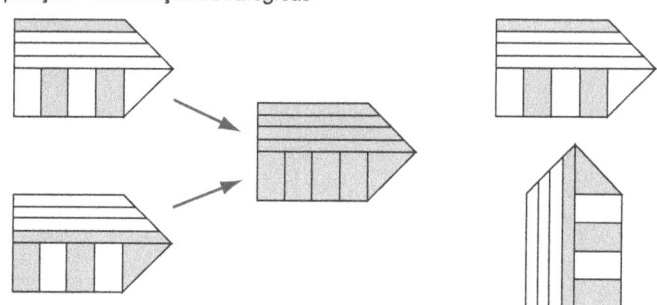

**FIGURA 3.2** A cadeia de valor: uma ferramenta versátil para consultores

- Infraestrutura: itens como administração geral, procedimentos de planejamento, finanças, contabilidade, legislação e gestão da qualidade podem fazer a diferença entre o sucesso (apesar das melhores intenções) e o fracasso.

## Análise final

Desde que Porter introduziu o modelo de cadeia de valor em meados da década de 1980, os consultores e planejadores estratégicos fizeram amplo uso dele para mapear as potencialidades e fragilidades de uma empresa. Quando se avaliam alianças estratégicas e fusões e aquisições, a cadeia de valor costuma ser usada para se ter uma ideia do quanto as empresas combinam. Por exemplo, se uma parte é forte em logística e a outra em vendas e serviços, juntas elas podem formar um competidor ágil e altamente comercial.

Mas há uma desvantagem: não é fácil avaliar ou medir objetivamente as forças competitivas. Sobretudo quando se tenta mapear a cadeia de valor inteira e aplicar medições ou avaliações quantitativas, muitas empresas veem-se obrigadas a contratar um grande número de analistas, planejadores e consultores estratégicos.

O termo *matriz de valor* foi recentemente introduzido e destaca o fato de que a concorrência na cadeia de valor tem se afastado da visão estrita definida pelo modelo tradicional da cadeia de valor (Pil e Holweg, 2006).

## Referências bibliográficas

PIL, F.K.; Holweg, M. "Evolving from value chain to value grid". *MIT Sloan Management Review*, 47(4), 2006, p. 72-79.

PORTER, M.E. *Competitive advantage: creating and sustaining superior performance*. Nova York: Free Press, 1985.

Capítulo **4**

# Capacidades distintivas de Kay

## Ideia geral

O modelo de capacidades distintivas de Kay é uma teoria de estratégia que ajuda a entender a natureza da vantagem competitiva (sustentável) nos negócios. Em um mercado eficiente, o preço sempre reflete o valor real de um bem ou serviço. Por que, então, algumas empresas são capazes de praticar preços mais altos para produtos aparentemente similares? Como elas geram esse valor agregado mais alto? Por que algumas delas conseguem fornecer com mais eficiência que outras, ou simplesmente ser a fornecedora preferida?

A teoria baseada em recursos vê a empresa como um conjunto de ativos ou capacidades, a maioria dos quais é intangível na economia moderna. O sucesso corporativo baseia-se nas capacidades distintivas, as quais fornecem atributos que não podem ser reproduzidos por outras empresas e, portanto, permitem à sua detentora gerar lucros acima da média. As capacidades distintivas criam vantagens competitivas, e o conceito de rentabilidade econômica é fundamental para a vinculação dessas vantagens aos indicadores convencionais de desempenho. A estratégia de negócios implica a identificação das capacidades da empresa por meio da reunião de um conjunto de ativos e capacidades complementares e da maximização e defesa da rentabilidade econômica gerada a partir dessas capacidades.

## Quando usar

O modelo de capacidades distintivas de Kay pode ser usado no processo de definição (ou redefinição) da estratégia empresarial, para ampliar o conhecimento das fontes de vantagens competitivas e encontrar maneiras de mantê-las.

Tradicionalmente, a teoria baseada em recursos concentra-se em estabelecer vantagens competitivas por meio do domínio de ativos estratégicos. Kay complementa essa teoria identificando três capacidades relacionais como fonte de vantagens competitivas e explicando porque a continuidade e a estabilidade nessas relações são essenciais para uma resposta flexível e cooperativa à mudança.

## Como usar

Não há um conjunto de metodologias para utilizar esse modelo. Kay faz uso de muitos exemplos e da teoria dos jogos para ilustrar as questões fundamentais. A utilização de modelos

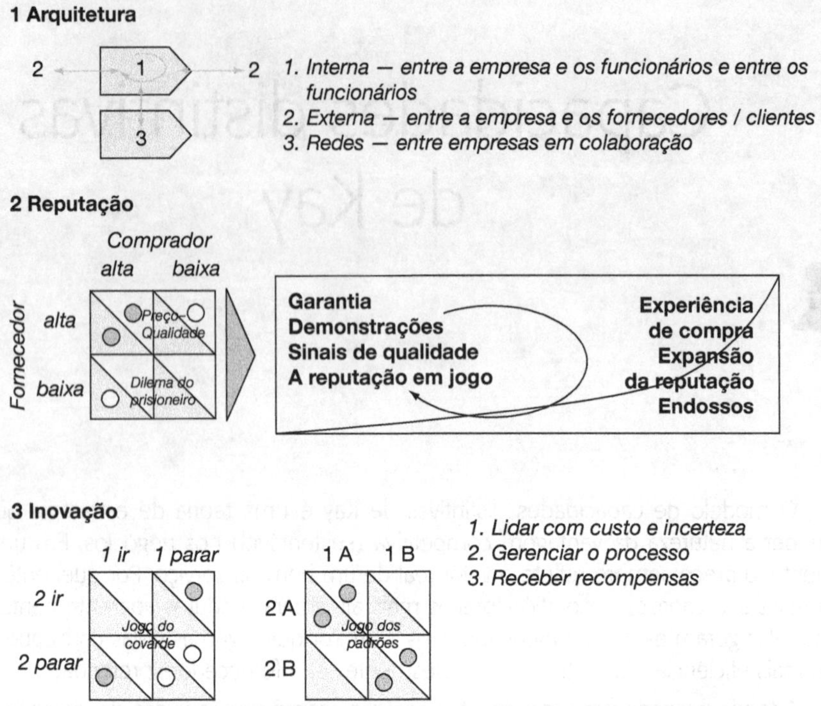

**1 Arquitetura**

2 ← 1 → 2
      3

1. *Interna* — entre a empresa e os funcionários e entre os funcionários
2. *Externa* — entre a empresa e os fornecedores / clientes
3. *Redes* — entre empresas em colaboração

**2 Reputação**

Comprador: alta / baixa
Fornecedor: alta / baixa

- alta/alta: Preço, Qualidade
- baixa: Dilema do prisioneiro

Garantia
Demonstrações
Sinais de qualidade
A reputação em jogo

Experiência de compra
Expansão da reputação
Endossos

**3 Inovação**

1 ir  1 parar          1 A   1 B
2 ir                   2 A
   Jogo do                Jogo dos
   covarde                padrões
2 parar                2 B

1. *Lidar com custo e incerteza*
2. *Gerenciar o processo*
3. *Receber recompensas*

**FIGURA 4.1**  As capacidades distintivas de Kay

e de treinamento na teoria dos jogos são as principais etapas para se chegar a uma definição mais precisa de vantagens competitivas baseadas em capacidades relacionais.

Kay distingue três diferentes capacidades relacionais que permitem às empresas alcançar vantagens competitivas: *arquitetura, reputação e inovação*. Afirma que a criação e a administração bem-sucedida de contratos e relações dentro e ao redor da empresa cria valor agregado que pode ser uma fonte de vantagens competitivas.

1. **Arquitetura** é uma rede de contatos dentro ou ao redor da organização, envolvendo funcionários (internos) e fornecedores e clientes (externos). A arquitetura pode agregar valor a partir do conhecimento e rotinas organizacionais, de resposta flexível à mudança e de um intercâmbio fácil e aberto de informações. Essas habilidades permitem:

   - A criação e o uso coordenado do conhecimento organizacional.
   - O estabelecimento de uma ética cooperativa.
   - A implementação de rotinas organizacionais.

   O conhecimento organizacional, na definição de Kay, é mais que a soma do conhecimento daqueles que trabalham na empresa e não está disponível para outras empresas. Tal conhecimento poderia ser específico de um bem, serviço ou processo.

   É importante entender que as estruturas relacionais são um produto dos valores sociais e comerciais. Esses valores desenvolvem-se ao longo da história de uma organização e não podem ser facilmente criados ou alterados. As capacidades distintivas relacionadas com a arquitetura baseiam-se em contratos relacionais: há um interesse coletivo em coordenar esforços para o benefício corporativo.

As rotinas organizacionais aumentam a eficiência e melhoram a coordenação. No entanto, um perigo inerente a essa abordagem é o fato de que o conhecimento de fora da organização pode ser desconsiderado, por não ter sido 'inventado aqui'.

2. **Reputação** é o método mais poderoso para transmitir informações aos consumidores em um relacionamento comercial. Quando os compradores procuram e experimentam bens e serviços, o fornecedor quer demonstrar qualidade, iniciando uma sequência de transações sobre a qual é possível construir um relacionamento. Como esse relacionamento começa? Kay afirma que o comprador e o vendedor entram em uma variação do clássico 'dilema do prisioneiro', comum na teoria dos jogos.[1]

Vender alta qualidade por preço alto é justo para ambos os lados. Vender produtos de baixa qualidade a um preço elevado leva a uma experiência ruim para o comprador, mas a um lucro fantástico para o vendedor. Vender por um preço baixo arruína a margem de lucro potencial para o vendedor (mercado eficiente), embora seja um grande negócio para o comprador. Vender baixa qualidade por um preço baixo geralmente deixa ambas as partes com a sensação de que perderam tempo. Se qualquer um dos lados for jogar apenas uma vez, então fechar um grande e único negócio consiste na melhor estratégia; caso contrário, um negócio justo é mais benéfico para um relacionamento de longo prazo.

A reputação do vendedor ajuda a assegurar ao comprador uma alta qualidade, quando este não estiver familiarizado com o bem ou serviço. A reputação é construída ao longo do tempo por meio de:

- Experiência própria do consumidor.
- Sinais de qualidade (por exemplo, preço e promoção).
- Demonstrações e amostras grátis.
- Sanções autoimpostas no caso de falhas no produto, como assumir responsabilidade ou oferecer garantia.
- Recomendações boca a boca, promovendo avaliações positivas e alavancando a marca, dentre outros aspectos.
- Associação com reputação e endossos de pessoas influentes.
- Consolidação da reputação, uma vez que ela já tenha sido estabelecida.

A manutenção de uma boa reputação requer poucos recursos, desde que a qualidade não seja comprometida.

3. **Inovação** raramente se traduz com sucesso em vantagem competitiva. Essa falha está enraizada em três problemas:
   - Custos e incertezas do processo de inovação.
   - Gestão da inovação.
   - Alocação apropriada das recompensas.

---

1. Para obter mais informações sobre o dilema do prisioneiro, veja <http://en.wikipedia.org/wiki/Prisoners_dilemma>.

O processo de inovação é caro e arriscado porque a empresa que inova enfrenta um dilema. Não há como prever se a demanda pelo produto permanecerá ou se haverá um aumento da concorrência no mercado.

Há dois tipos de inovação, ambos variantes do 'dilema do prisioneiro': o 'jogo do covarde'[2] e o 'jogo dos padrões'.

A inspiração do *jogo do covarde* é aquele em que dois motoristas dirigem em rota de colisão: um deve desviar ou ambos morrerão no acidente; mas, se um motorista desvia e o outro não, vai ser chamado de 'covarde'. A essência desse jogo é que alguém tem que desviar, pois não há espaço suficiente para ambos. Se considerarmos que uma inovação terá sucesso, o resultado das possíveis decisões de dois competidores somente será 'melhor' quando um deles decidir parar. Se a inovação falhar, no entanto, a empresa que continuou será arruinada. O jogo do covarde é muito comum na indústria farmacêutica.

*O jogo dos padrões* ocorre em um mercado em que os produtos exigem complementação (por exemplo, hardware e software). Não importa qual deles se torna o padrão (por exemplo, VHS ou Betamax). Todos perdem quando não há um padrão e todos ganham em caso contrário.

Uma possível estratégia em ambos os jogos é o *comprometimento*: anunciar corajosamente que a empresa não retrocederá. Entretanto, essa estratégia exige que ela já tenha uma reputação de compromisso. Outra estratégia é simplesmente ser a primeira no mercado.

## Análise final

Usar o modelo de Kay para identificar as capacidades distintivas permite que os gestores obtenham uma compreensão melhor dos sucessos e fracassos na história da empresa. Pode também ajudar a entender os valores de que se dispõe atualmente, em comparação com aqueles que são desejáveis para aumentar a competitividade.

O principal problema desse modelo é que ele é tão abstrato quanto as capacidades distintivas que tenta descrever e, como diz o próprio Kay: o que pode ser escrito, pode ser copiado.

## Referência bibliográfica

Kay, J. *Foundations of corporate success: how business strategies add value*. Oxford: Oxford University Press, 1993.

---

2. Esse jogo é conhecido, em inglês, como '*chicken game*', pois o termo 'covarde', em inglês, costuma ser referido como 'chicken' (galinha). Para obter mais informações sobre esse jogo, veja <http://en.wikipedia.org/wiki/Chicken_(game)>.

# Capítulo 5

# Competências essenciais

## Ideia geral

Uma competência essencial é algo singular que a empresa faz, ou pode fazer, estrategicamente bem (Prahalad e Hamel, 1990). Esse conceito baseia-se na ideia de Barney de que os ativos, tangíveis e intangíveis, inimitáveis e valiosos de uma organização compõem os aspectos fundamentais da vantagem competitiva sustentável (Barney, 1991).

## Quando usar

O modelo de competências essenciais é uma ferramenta estratégica para determinar os recursos exclusivos que podem ser usados para criar e oferecer valor aos clientes. O processo para definir tais competências encoraja os gestores a pensar sobre as forças e capacidades que diferenciam a empresa de seus competidores. Enquanto o modelo das cinco forças de Porter (veja p. 2) assume uma abordagem de fora para dentro e coloca o ambiente externo no ponto de partida do processo estratégico, o de competências essenciais de Prahalad e Hamel (1990) faz o oposto. Parte do pressuposto de que a competitividade deriva, no fim das contas, da capacidade organizacional de construir competências essenciais que gerem produtos inovadores a um custo mais baixo e de forma mais rápida do que os competidores. Dessa maneira, o modelo de competências essenciais pode ser utilizado para criar vantagem competitiva sustentável.

## Como usar

O ponto de partida para entender as competências essenciais é perceber que uma empresa precisa ter algo que possa fazer bem e que atenda às seguintes condições:

1. Fornece benefícios para os consumidores.
2. Não é fácil de ser copiado pelos competidores.
3. Pode ser amplamente *alavancado* para muitos produtos e mercados.

Uma empresa que identifica, desenvolve ou adquire recursos singulares com os quais cria produtos valiosos pode gerar uma vantagem competitiva duradoura. Em 1990, Prahalad e Hamel escreveram um premiado artigo sobre a competência corporativa essencial para a *Harvard Business Review*. Esse tema foi posteriormente desenvolvido e publicado em livro (1994)

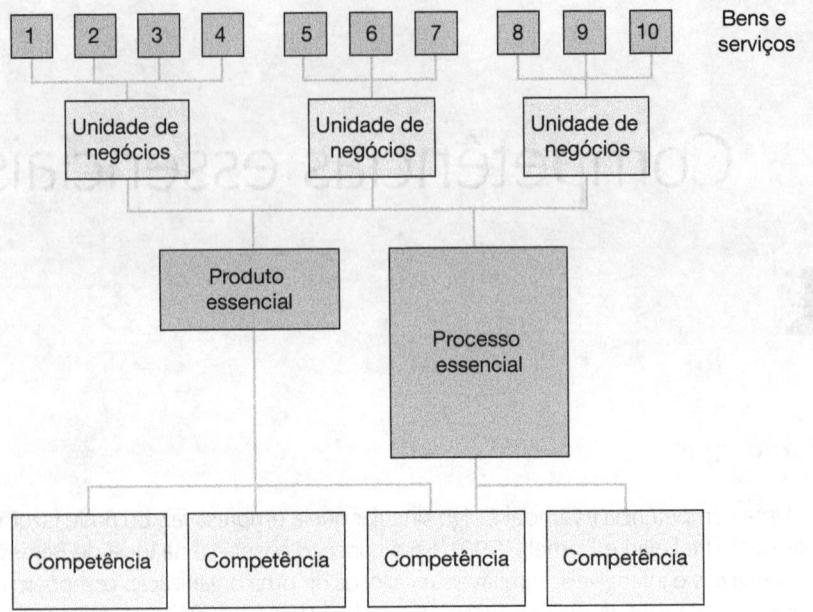

**FIGURA 5.1** Competências essenciais

sobre como as indústrias podem competir no futuro. Os autores incitam os gestores a se fazerem perguntas fundamentais como:

- Que valor entregaremos a nossos clientes em, digamos, dez anos?
- Que novas 'competências' (uma combinação de habilidades e tecnologias) precisaremos desenvolver ou obter para oferecer esse valor?
- Quais são os impactos disso na forma como interagimos com nossos clientes?

A questão fundamental é de onde vem essa singularidade e como sustentá-la. Pensar nisso e tentar definir as competências essenciais para uma empresa poderá estimular os gestores a repensar e — espera-se — mobilizar as forças intrínsecas da empresa. A capacidade de enxergar o futuro constitui um ingrediente essencial nesse processo. No futuro, serão lançados bens e serviços que ainda não são viáveis. Haverá também novas indústrias e produtos atualmente inimagináveis. Os gestores precisam perceber o impacto dessas incertezas e considerar a configuração futura da arena competitiva. Prahalad e Hamel (1990) afirmam que o processo de refletir sobre as competências essenciais pode ajudar a identificar até que ponto uma organização tem a capacidade de dominar esse futuro desconhecido. Para desenvolver essa capacidade de ver adiante, os gestores precisam fazer duas coisas:

1. Considerar a empresa não como um conjunto de unidades de negócios, mas sim como um conjunto de competências essenciais.
2. Determinar quais são (ou deveriam ser) as competências singulares da empresa, considerando a maneira como ela funciona e seu desempenho no que diz respeito a determinados processos, bens e serviços. Por exemplo, em vez de ser considerada apenas uma fabricante de carros, a Volvo poderia ser considerada uma empresa com competências singulares no *design* de seus produtos, na proteção e segurança humanas e em testes de veículos.

**Algumas dicas para identificar as competências essenciais**
- Descarte suas crenças sobre o que sua empresa é ou poderia ser.
- Explore e atravesse as fronteiras de seu negócio.
- Não tenha medo de falar sobre coisas de que não entende.
- Paradoxos são bons — paradigmas são ruins.
- Coloque-se no lugar de seu cliente.
- Pense em termos de necessidades, não de demandas.

Assim que tiver uma ideia ('visão') de quais competências essenciais a empresa tem ou deveria ter, os gestores devem construir a *arquitetura estratégica*. Não se trata de um plano de negócios, mas de um modelo que prepara a empresa para conquistar uma (potencialmente) grande participação nas receitas futuras em oportunidades emergentes. A arquitetura estratégica lida com as questões e o momento certo da chamada abordagem de oportunidade ampla.
- Quais competências devem ser desenvolvidas?
- Quais novos grupos de clientes devem ser entendidos?
- Quais novos canais devem ser buscados?
- Quais são as novas prioridades de desenvolvimento?

## Análise final

Em teoria, o processo para definir as competências essenciais estimula os gestores a pensar sobre as forças e as capacidades que diferenciam a empresa de seus competidores. Na prática, no entanto, definir tais competências é bastante complicado, tanto que até Prahalad e Hamel às vezes parecem incapazes de identificá-las. Em seus zelosos esforços para citar exemplos e, dessa maneira, impulsionar a aplicação do conceito, eles mesmos confundem produtos essenciais com competências essenciais.

Mesmo quando se tem um histórico, é aparentemente difícil identificar competências essenciais, sem falar em criar definições claras para o futuro. Além disso, é evidente que as competências essenciais muitas vezes não são tão singulares e inimitáveis quanto os gestores gostariam que fossem. Por fim, se suas competências essenciais dependem de pessoas que podem deixar a empresa a qualquer momento, você deve realmente reconsiderar quais são suas competências essenciais.

**Competências essenciais**
- O aprendizado coletivo em uma organização.
- A capacidade de integrar múltiplas habilidades e tecnologias.
- A capacidade de combinar recursos e conhecimentos para produzir bens e serviços com qualidade superior.

- O que diferencia a organização e torna-a competitiva.
- A própria essência da corporação.

**Lista para identificar uma competência essencial**
- É uma fonte significativa de vantagem competitiva?
- Identifica a organização com exclusividade?
- Está disseminada pela organização?
- É difícil de copiar?
- É difícil de identificar porque parece ser uma combinação de tecnologias, processos e 'da maneira como as coisas são feitas' nessa organização?

**Exemplos de competências essenciais**
- Sony — miniaturização de equipamentos eletrônicos;
- Honda — construção de motores e veículos automotores de alto desempenho;
- Apple — criação de interfaces e design de computadores fáceis de usar;
- Canon — integração de mecânica de precisão, ótica fina e microeletrônica;
- 3M — inovação contínua de adesivos e substratos.

## Referências bibliográficas

BARNEY, J.B. "Firm resources and sustainable competitive advantage". *Journal of Management,* 17, 1991, p. 99-120.

HAMEL, G.; PRAHALAD, C.K. *Competing for the future: breakthrough strategies for seizing control of your industry and creating the markets of tomorrow.* Boston, MA: Harvard Business School Press, 1994.

PRAHALAD, C.K.; HAMEL, G. "The core competence of the corporation". *Harvard Business Review,* 68(3), maio/jun. 1990, p. 79-91.

# Capítulo 6

# Diálogo estratégico

## Ideia geral

O diálogo estratégico é um modelo genérico dividido em sete etapas, destinado a formular e implementar estratégias e desenvolvido pela Berenschot, com base em 70 anos de experiência em consultoria de estratégia. Três perguntas fundamentais devem ser consideradas no contexto das três fases e das sete etapas do processo estratégico, da análise à implementação. Em cada etapa, outros modelos podem ser usados em conjunto com este, para se atingir um resultado adequado e satisfatório. As três perguntas são:

1. *Como é o campo em que você joga?*

    A resposta a essa pergunta revela a oportunidade estratégica para sua organização. Ela abrange os sonhos e as visões organizacionais e determina que tipo de atividade (de negócios) ela desempenhará agora e no futuro. A resposta a essa pergunta determinará como a empresa deveria ser no futuro (próximo).

    - Essa pergunta é feita durante a Fase 1: o estágio estratégico (Etapa 1).

2. *O que você quer jogar?*

    A resposta a essa pergunta indica que tipo de jogo a organização implantará no campo escolhido. Por exemplo, uma empresa que define seu campo afirmando que "está na área de consultoria" poderia responder essa questão estabelecendo os bens e serviços (de consultoria) que oferece e quais mercados (setorial e/ou geograficamente) atende. É necessária uma análise completa dos jogos (combinações produto–mercado) no campo atual para identificar os fatores críticos de sucesso a serem atendidos pelos bens e serviços da organização. Com essa análise, pode-se avaliar a compatibilidade entre as possibilidades externas e internas, garantindo que as demandas dos mercados (escolhidos) serão atendidas com os bens e serviços (selecionados) ofertados. A resposta a essa pergunta indica em quais jogos a empresa é hábil e em quais ela será incitada a jogar.

    - Essa pergunta é feita a cada estágio da Fase 2: durante a análise, a síntese e a determinação da opção estratégica (Etapas 2, 3, 4 e 5).

```
                    ┌─────────────────┐
                    │ 1 Oportunidade  │─────────▶  Fase 1:
                    │   estratégica   │            Como é o campo em que eu jogo?
                    └─────────────────┘
                      ↙           ↘
              ┌──────────┐    ┌──────────┐
              │ 2 Análise│    │ 3 Análise│
              │  externa │    │  interna │
              └──────────┘    └──────────┘
                      ↘           ↙
                    ┌─────────────────┐
   Comunicação      │    4 Síntese    │─────────▶  Fase 2:
                    │    e opções     │            O que eu quero jogar?
                    └─────────────────┘
                             │
                    ┌─────────────────┐
                    │ 5 Determinação  │
                    │   da opção      │
                    │   estratégica   │
                    └─────────────────┘
                             │
                    ┌─────────────────┐
                    │ 6 Elaboração e  │─────────▶  Fase 3:
                    │  planejamento   │            Como eu jogo para ganhar?
                    └─────────────────┘
                             │
                    ┌─────────────────┐
                    │ 7 Implementação │
                    │  e monitoramento│
                    └─────────────────┘
```

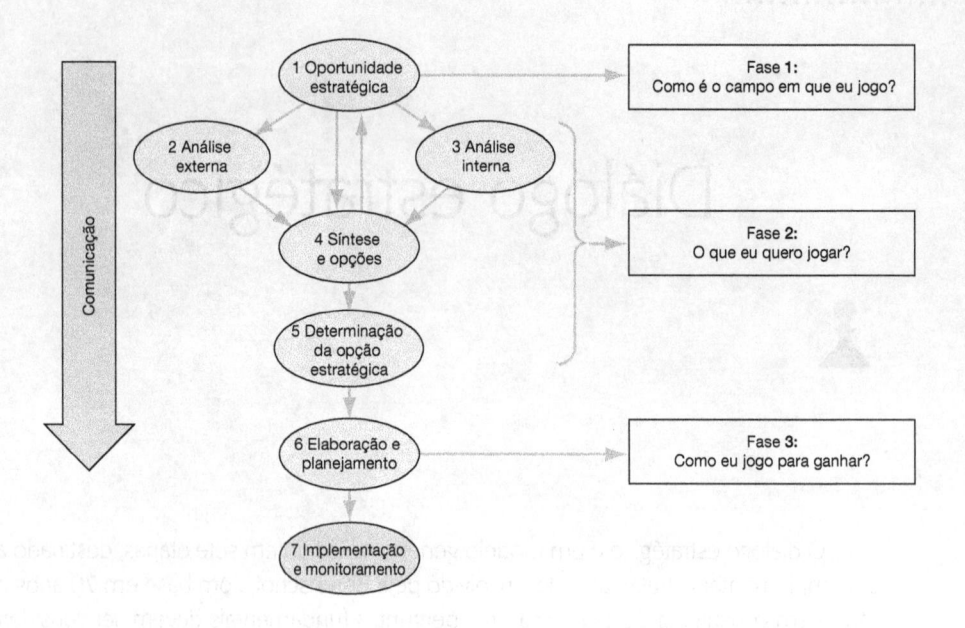

**FIGURA 6.1**   O diálogo estratégico

3. *Como você joga para ganhar?*

   A resposta a essa pergunta indica a maneira como a organização pretende jogar os jogos escolhidos. Ela abrange a mobilização e o alinhamento de todos os recursos organizacionais necessários para garantir que não apenas os produtos e mercados oferecidos, mas também a maneira como são oferecidos satisfaçam as demandas do(s) mercado(s) (escolhidos). Isso será determinado pelo ajuste entre as possibilidades externas e o potencial interno e resultará na mobilização e no planejamento dos próprios recursos da empresa. Essa pergunta determina o alinhamento e as táticas que ela deveria usar para os jogos escolhidos. Essa pergunta é feita em ambos os estágios da Fase 3: durante a elaboração e o planejamento (Etapa 6) e a implementação (Etapa 7).

   Toda organização beneficia-se do avanço ao longo desses estágios. O processo pode ser implementado de maneira muito abrangente, contudo, em alguns casos, uma abordagem mais rápida e generalista é igualmente eficaz. A singularidade do modelo está em envolver um alto nível de participação dos funcionários com o apoio de uma comunicação perfeita; incluir uma análise ampla e profunda; fomentar o pensamento criativo e oferecer escolhas estratégicas.

   O *diálogo estratégico* considera que a estratégia é o resultado da fórmula:

   $$\text{mobilização} \times \text{formulação} \times \text{realização}$$

   Mobilização = criatividade, análise, escolha, compromisso, participação;

   Formulação = plano estratégico, opções, consistência;

   Realização = plano de ação, execução, marcos de realização, monitoramento.

Com base nesse princípio, considera-se que a estratégia da organização se tornará uma trilha compartilhada e internalizada em direção à maior prosperidade e produtividade.

## Quando usar

O diálogo estratégico foi originalmente desenvolvido como uma metodologia para superar armadilhas genéricas comuns durante a formulação da estratégia. As armadilhas envolvem três aspectos desse processo de formulação:

- O escopo do processo.
- A execução do processo.
- As escolhas feitas durante o processo.

Esses aspectos e uma descrição de algumas das armadilhas são apresentados na tabela a seguir:

**TABELA 6.1** Aspectos do processo de formulação de estratégia

| Aspecto | Armadilha | Descrição |
|---|---|---|
| Escopo | "Eu também" | Seguir cegamente a concorrência |
| | "A grama do vizinho é sempre mais verde" | O desejo de entrar em novos mercados a qualquer preço |
| | "Verdade coletiva" | Justificativas demais do ponto de vista coletivo e muito pouca análise |
| | "Sempre fizemos assim" | Apegar-se rigidamente ao que é conhecido |
| Execução | "Atividade de elite" | Envolver somente a alta gerência |
| | "Sem tempo para discutir" | Dedicar muito pouco tempo ao processo |
| | "O controller como estrategista" | Apresentar ajustes de orçamento como uma nova estratégia |
| | "A análise que paralisa" | Análise contínua |
| | "Tentar deixar todos felizes" | A estratégia é um compromisso |
| Escolhas | "Olho no resultado final" | Preponderância de considerações financeiras |
| | "O efeito do bastão de hóquei" | Realismo no curto prazo e otimismo no longo prazo |
| | "Há apenas um chefe..." | A alta gerência toma todas as decisões |
| | "Outro ótimo plano (para os arquivos)" | Não transformar escolhas em ações |

O diálogo estratégico é uma abordagem sistemática para formulação de estratégias, que deve ser usada em situações onde são necessárias tanto a formulação como a implementação de um plano estratégico realista apoiado pela organização.

## Como usar

O diálogo estratégico consiste em um processo de sete etapas que são executadas parcialmente em sequência e parcialmente em paralelo. Cada etapa é apoiada por uma pergunta estratégica já citada e diferentes submodelos. A progressão de análise e implementação deve ser realizada por uma equipe de funcionários/gestores multidisciplinares. Segue-se uma descrição das sete etapas e seus respectivos submodelos. Estes não são igualmente importantes em todas as situações. (Para ter uma visão mais clara de qual usar e quando, consulte a literatura indicada no fim deste capítulo.)

**Etapa 1:** Oportunidade estratégica. Estabelecer o processo de formulação de estratégia. Trata-se da primeira exploração da missão, da visão e da ambição. Outros modelos que podem ser usados nesse estágio são:

- As disciplinas de valor (p. 31).
- O modelo de crescimento de Greiner (p. 49).

As etapas 2 e 3 não podem ser iniciadas enquanto a Etapa 1 não estiver completa.

**Etapa 2:** Análise externa. Leva em conta evoluções na macroeconomia e na microeconomia: mercados, competidores e clientes. Outros modelos que podem ser usados nesse estágio são:

- Análise competitiva: cinco forças de Porter (p. 2).
- Pirâmide de Curry (p. 146).
- Os 4Ps do marketing de Kotler (p. 76).

A Etapa 2 pode ser desenvolvida paralelamente à Etapa 3.

**Etapa 3:** Análise interna. Considera evoluções tecnológicas e específicas à empresa, em áreas como marketing, recursos humanos, finanças e contabilidade, TI e processos produtivos. Outros modelos que podem ser usados nesse estágio são:

- A cadeia de valor (p. 13).
- O modelo 7S (p. 126).
- A análise da DuPont (p. 83).

A Etapa 3 pode ser desenvolvida paralelamente à Etapa 2.

**Etapa 4:** Síntese e opções. Traduz as análises interna e externa em opções estratégicas (cenários). Uma verificação recíproca de visão, missão e ambição acontece nesse estágio. Outros modelos que podem ser usados em conjunto são:

- Análise PFOA (p. 7).
- Matriz de produto/mercado de Ansoff (p. 44).
- Matriz BCG (p. 41).

- Realocação de processos de negócios (*Off-shoring*)/terceirização (p. 72).

A Etapa 4 não pode ser iniciada enquanto as Etapas 2 e 3 não estiverem completas.

**Etapa 5:** Determinação da opção estratégica. Avalia riscos e viabilidade, resultando em uma estratégia preferida. Outros modelos que podem ser usados nesse estágio são:
- Análise MABA (p. 86).
- Análise de risco e recompensa (p. 179).
- Planejamento de cenários (p. 61).

A Etapa 5 não pode ser iniciada enquanto a Etapa 4 não estiver completa.

**Etapa 6:** Elaboração e planejamento. Traduz a estratégia preferida em um conjunto coerente de métricas e metas. Outros modelos que podem ser usados nesse estágio são:
- Modelo de gestão estratégica de recursos humanos (p. 54).
- Modelo de alinhamento estratégico de Henderson e Venkatraman (p. 113).
- Modelo de remuneração de Milkovich (p. 140).

A Etapa 6 não pode ser iniciada enquanto a Etapa 5 não estiver completa.

**Etapa 7:** Implementação e monitoramento. Implementa a nova estratégia e monitora o progresso e o desempenho dos alvos definidos. Outros modelos que podem ser usados nesse estágio são:
- *Balanced scorecard* (BSC) (p. 182).
- O modelo de excelência da EFQM (p. 136).

A Etapa 7 acontece somente quando todas as etapas estão completas e quando as respostas às três perguntas associadas foram assimiladas.

## Comunicação

Durante o curso dessas sete etapas, a comunicação participativa e o envolvimento dos funcionários é essencial para aumentar a qualidade do plano e fazer com que as pessoas sintam-se envolvidas. Esse é um passo importante em direção a um processo bem-sucedido de implementação.

## Análise final

A formulação de uma estratégia bem-sucedida depende da qualidade do conteúdo e do método de implementação. No entanto, é de igual importância a maneira como se organiza o processo e se comunicam os resultados a todas as partes. A organização eficiente e o diálogo eficaz aumentarão de modo significativo o sucesso da fase de implementação. É fundamental garantir vários fatores bem no início do processo, de modo a otimizar as chances de entregar bons resultados:

1. Determinar os funcionários que devem ser envolvidos e que papéis eles devem assumir durante o processo de formulação de estratégia.
2. Decidir como motivar a equipe pela estratégia e sua aceitação no restante da organização. Um plano sem o compromisso daqueles que devem executá-lo não tem chance de sucesso.

3. Avaliar a qualidade das contribuições dos membros da equipe em relação às análises e à visão. Deve-se levar em conta sua disposição em pensar sobre o futuro de maneira sistemática e fundamental.
4. Decidir que outros modelos e instrumentos seriam valiosos como parte do processo.
5. Decidir como se comunicar com os não participantes, a respeito do processo e durante seu decurso. A importância disso aumenta à medida que os resultados tornam-se visíveis.
6. Incluir processos para garantir que os procedimentos aceitos sejam seguidos por todos os envolvidos, especialmente durante a fase de implementação.

## Referências bibliográficas

BERENSCHOT. *Het strategieboek* I. Amsterdã: Nieuwezijds, 2002. [*The strategybook* I]

BERENSCHOT. *Het strategieboek* II: *nieuwe speelvelden*. Den Haag: SDU, 2006. [*The strategy book* II: *new playing fields*]

# Capítulo 7

# Disciplinas de valor de Treacy e Wiersema

## Ideia geral

A ideia básica deste modelo é que nenhuma empresa pode ser tudo para todas as pessoas. Com o modelo de disciplinas de valor, pode-se identificar e discutir as principais questões que determinarão o sucesso ou o fracasso na entrega de um produto original aos clientes, mediante o atendimento de suas necessidades. Todo bom negócio deve ter uma proposta de valor, um modelo operacional e uma disciplina de valor. Segundo Treacy e Wiersema (1995), existem três pontos fundamentais que permitem a uma organização fornecer valor a seus clientes:

- **Excelência operacional:** em busca de custos operacionais ideais.
- **Liderança de produto:** oferecer o melhor produto (com tecnologia de última geração) e, sobretudo, ser o primeiro a fazer isso.
- **Intimidade com o cliente:** oferecer a melhor solução global, sendo o mais confiável e o que responde melhor às necessidades do cliente.

Os líderes em excelência operacional oferecem produtos de qualidade relativamente alta a preços relativamente baixos. Entretanto, essas empresas não oferecem os mais modernos bens ou serviços. Em vez disso, observam os rumos do mercado e executam muitíssimo bem as atividades conhecidas como fatores críticos de sucesso. O foco recai sobre a eficiência, o aperfeiçoamento de processos, a integração da cadeia de suprimentos, os baixos estoques, sem desperdícios e a dinâmica da gestão de volume. A padronização de (partes modulares de) produtos e processos é o ponto crucial.

Os líderes de produtos são inventores e gestores de marcas. Essas empresas lançam constantemente novos bens, serviços e experiências. Seus mercados são desconhecidos ou muito dinâmicos com margens de lucro muito altas devido ao alto risco envolvido. O foco deve, portanto, estar no desenvolvimento, no *design* e no curto prazo de lançamento no mercado para se obterem alguns grandes sucessos que compensarão as inquestionáveis e incontáveis falhas. A inovação tecnológica e a gestão do ciclo de vida do produto são os pontos mais importantes.

Os líderes em 'intimidade com os clientes' farão qualquer coisa para satisfazer seus (poucos) consumidores, desde que julguem valer a pena. Essas empresas não acreditam em

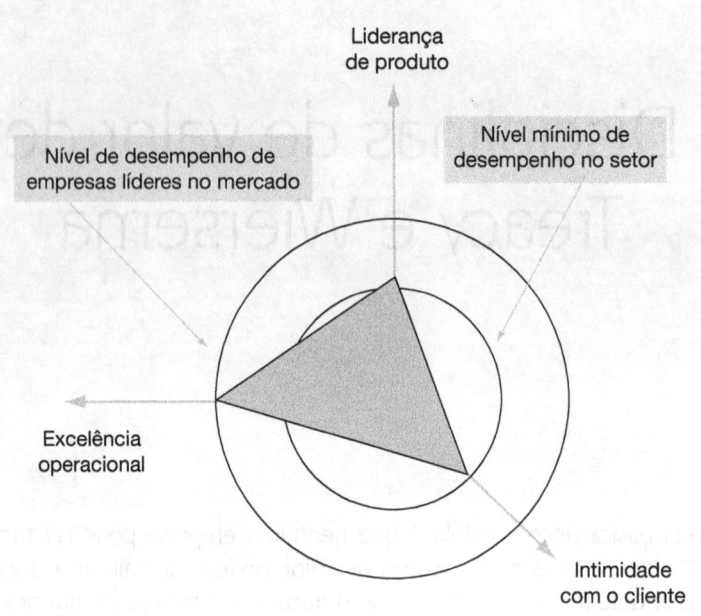

**FIGURA 7.1**  As disciplinas de valor

transações únicas. Elas investem tempo e dinheiro em relacionamentos de longo prazo com poucos clientes. Querem saber tudo sobre eles e manter um vínculo muito próximo. O foco é exceder expectativas, reter o cliente, oferecer valor para toda a vida, conquistar a confiança e 'ser sempre gentil'. O CRM (*customer relationship management* — gestão do relacionamento com o cliente) é o ponto crucial.

Treacy e Wiersema afirmam que os líderes de mercado são bem-sucedidos porque não perseguem todas as disciplinas de valor simultaneamente. Embora a combinação das três disciplinas de valor não seja impossível, pode dar origem a conflitos, confusões e (outras) ineficiências. Segundo os formuladores do modelo, portanto, é imperativo selecionar as disciplinas de valor. Além disso, eles ensinam que, se escolhidas de modo deliberado e implementadas com vigor, podem produzir um valor significativo para a empresa.

## Quando usar

As organizações questionam constantemente as necessidades de seus clientes e o real valor que elas oferecem. O modelo das disciplinas de valor ajuda a responder a esse questionamento. Muitas vezes sua aplicação fornece novas percepções, sobretudo quando uma empresa reflete sobre sua *razão de ser* e como ela atende ou quer atender seus clientes (desejados).

## Como usar

Optar por uma proposta de valor específica depende da combinação das possibilidades da empresa com os requisitos indispensáveis para atender integralmente às expectativas dos clientes. De modo geral, são necessárias três rodadas de discussão para o total entendimento da situação. Em cada etapa, os gestores devem refletir sobre a situação atual, considerar ideias e opções, avaliá-las e, finalmente, escolher uma proposta de valor específica com a qual competir.

Na primeira rodada, a alta gerência concorda com respostas às seguintes perguntas:
- Que tipo de valor é mais significativo para nossos clientes atuais?
- Quantos clientes valorizam mais cada tipo de valor?
- Qual é o padrão setorial? Existem competidores que fazem um trabalho melhor?
- Por que somos melhores ou piores que nossos competidores?

A segunda rodada requer que os gestores determinem o que as três disciplinas de valor poderiam significar para seus negócios, incluindo quaisquer grandes mudanças a realizar. Isso resulta em várias opções a considerar.

Na terceira rodada, cada opção deve ser detalhada. Em geral, os funcionários com alto desempenho são envolvidos na etapa final, não apenas para aliviar a pressão sobre as agendas dos executivos, mas também para garantir seu apoio, dando-lhes a sensação de que podem influenciar as atividades futuras da empresa. Por fim, cada opção tem que ser detalhada no que diz respeito à maneira como a empresa pode alinhar-se com a (nova) disciplina de valor escolhida. Isso significa descrever seus modelos de operação, processos de negócios, estrutura, cultura, sistemas de gestão e tecnologia da informação, bem como os geradores de valor correspondentes a serem aplicados. Além disso, estimativas (iniciais) de viabilidade financeira, receitas potenciais, fatores críticos de sucesso e armadilhas potenciais têm que ser determinadas. Após a terceira rodada, a alta gerência deve decidir qual é a opção mais adequada.

## Análise final

O modelo de disciplinas de valor de Treacy e Wiersema é bastante considerado e mundialmente aceito. No entanto, é com frequência mal usado, geralmente quando consultores e gerentes induzem a empresa a escolher e tentar fazer o melhor com uma única proposta de valor. Dessa maneira, o modelo leva à tomada de decisões forçadas. Tal escolha unidimensional enfocará de maneira míope uma única proposta de valor. Os verdadeiros líderes de mercado não são os melhores em apenas uma disciplina de valor (predeterminada), mas também competem em todas elas ou até mesmo iniciam uma nova disciplina de valor, como por exemplo, a sustentabilidade. Além disso, os líderes de mercado também tentam elevar os padrões setoriais.

Podemos nos perguntar se toda empresa tem escolha. Por exemplo, é muito provável que um provedor de serviços *business-to-business* acabe adotando a excelência operacional exatamente como qualquer atacadista. Empresas de alta tecnologia costumam ser líderes de produto, caso contrário não estariam no negócio. Além disso, é improvável que uma empresa multibilionária que opera globalmente não concentre seu foco na eficiência quando o mercado de ações cai. As três disciplinas de valor não capturam todas as opções estratégicas. Por exemplo, não abrangem decisões estratégicas corporativas como 'fazer ou comprar' e marcas corporativas *versus* marcas de produtos. Recomendamos, portanto, que o modelo seja combinado com outras ferramentas estratégicas.

O modelo de disciplinas de valor tem também como foco o valor gerado para o cliente, enfatizando de forma expressiva a tendência natural das empresas em acompanhar a evolução das necessidades dos clientes e do mercado para fidelizá-los definitivamente. O foco exacerbado nas necessidades dos clientes acabará por fazer com que a empresa preste menos atenção em suas próprias competências e possibilidades. Portanto, o modelo não deve ser usado com rigor excessivo nem de maneira isolada.

## Referência bibliográfica

TREACY, M.; Wiersema, F. *The discipline of market leaders: choose your customers, narrow your focus, dominate your market.* Londres: HarperCollins, 1995.

# Capítulo 8

# Estratégia do oceano azul

## Ideia geral

A estratégia do oceano azul volta sua atenção para a criação de novos mercados no estágio do desenvolvimento de produtos. O conceito foi elaborado para encorajar os gestores a se concentrarem na criação de mercados sem concorrência.

A maioria dos modelos estratégicos está voltada para alcançar vantagens competitivas: a questão central é como superar a concorrência. O modelo da estratégia do oceano azul não se preocupa em ganhar dos competidores, mas em tornar a competição irrelevante pela criação de oportunidades de 'oceano azul'. Ou seja, atuar em mercados onde não há concorrência e onde as novas necessidades dos clientes sejam atendidas (Kim e Mauborgne,1997). 'Oceanos vermelhos', em comparação, constituem arenas competitivas nas quais os competidores disputam e, com isso, enfraquecem uns aos outros.

O modelo da estratégia do oceano azul estimula a inovação e influencia o foco do desenvolvimento de estratégias. Em vez de usarem os competidores como referência, os gestores procuram enxergar além dos limites do mercado atual para buscar oportunidades de criar novo valor para os clientes. Em vez de tentar vencer a concorrência de forma direta, os gestores agem para desenvolver uma oferta de negócio que abra e capture um novo espaço de mercado (Kim e Mauborgne, 2005).

**TABELA 8.1** A estratégia do oceano azul

| Estratégia do oceano vermelho | Estratégia do oceano azul |
|---|---|
| • Competir em um mercado existente<br>• Vencer a concorrência<br>• Explorar uma demanda existente<br>• Optar entre custo e valor<br>• Alinhar todas as atividades de uma empresa em busca de diferenciação *ou* baixo custo | • Criar um mercado sem concorrência<br>• Tornar a concorrência irrelevante<br>• Criar e capturar nova demanda<br>• Livrar-se da escolha entre custo e valor<br>• Alinhar todas as atividades de uma empresa em busca de diferenciação e baixo custo |

## Quando usar

A estratégia do oceano azul confere um direcionamento ao processo de gestão estratégica. O desenvolvimento de estratégias muitas vezes concentra-se unicamente em como superar a concorrência. É inevitável que isso leve a um cenário de oceano vermelho no qual os competidores disputam e enfraquecem-se mutuamente. Com o objetivo de direcionar o foco do desenvolvimento de uma estratégia para a criação de oceanos azuis, os gestores precisam responder a quatro perguntas (Kim e Mauborgne, 1997):

- Quais fatores o setor deve eliminar?
- Quais fatores devem ser reduzidos muito abaixo do padrão setorial?
- Quais fatores devem ser elevados muito acima do padrão setorial?
- Quais fatores nunca oferecidos pelo setor devem ser criados?

Nesse processo, é essencial enfocar nos pontos que os clientes valorizam, em vez de meramente se concentrar nos competidores ou nas competências essenciais da empresa. Em vez disso, é preciso começar do zero. Ao se responder a essas perguntas, é possível criar conceitos totalmente novos para os produtos. Como resultado, uma nova curva de valor pode ser criada. Essa curva determina uma nova proposta de valor, que mostra como o valor do novo produto difere dos produtos atuais (Kim e Mauborgne, 1997).

Dois tipos de oceano azul podem ser criados por meio desse processo: iniciar um setor completamente diferente ou criar novas oportunidades dentro do setor existente para expansão de suas fronteiras estratégicas. A maioria dos oceanos azuis é criada dessa maneira.

## Como usar

A estratégia do oceano azul não é um plano bem estruturado e fácil de implementar. Ao contrário, trata-se de um conceito a ser aplicado para dar foco ao desenvolvimento estratégico (ao se responder às perguntas acima mencionadas). Ainda assim, há seis princípios essenciais que podem ser usados como orientação para lidar com seis riscos fundamentais comuns a estratégias de desenvolvimento de novos produtos: risco de busca, risco de planejamento, risco de escopo, risco de modelo de negócios, risco organizacional e risco de gestão (Kim e Mauborgne, 2005). Esses princípios do oceano azul podem ser interpretados como um guia de 'implementação' para a criação de mercados sem concorrência.

- **Primeiro princípio** — reconstruir as fronteiras do mercado: identificar oceanos azuis comercialmente interessantes em que o *risco de busca* seja minimizado.
- **Segundo princípio** — analisar o quadro geral, e não apenas os números: lidar com os *riscos de planejamento* concentrando-se nos fatos reais.
- **Terceiro princípio** — expandir-se para além da demanda existente: lidar com o *risco de escopo*, agregando maior demanda a uma nova oferta.
- **Quarto princípio** — encontrar a correta sequência estratégica: reduzir o *risco de modelo de negócios*, preocupando-se em construir um modelo robusto que garanta lucro de longo prazo.

- **Quinto princípio** — superar os principais obstáculos organizacionais: reduzir o *risco organizacional* de executar a estratégia do oceano azul.
- **Sexto princípio** — embutir a execução na estratégia: concentrar a atenção na motivação e no uso das competências dos funcionários para executar a estratégia do oceano azul, superando assim o *risco de gestão*.

## Análise final

A estratégia do oceano azul é um modelo teórico que pode ser uma revelação para muitos gestores. No entanto, ele apenas descreve basicamente o que fazer (em um nível abstrato), em vez de demonstrar como fazer. O modelo e as ideias a ele associados são mais descritivos que prescritivos. Além disso, os casos mencionados pelos autores como exemplos de inovações bem-sucedidas de oceano azul são interpretadas através de 'lentes de oceano azul', mas não se baseiam nesse modelo.

Embora a contribuição de Kim e Mauborgne seja valiosa à literatura de gestão estratégica, ela não se aplica a todas as empresas. A estratégia do oceano azul pode servir para muitas organizações, mas, para outras, uma estratégia dinâmica ou de liderança em custos, diferenciação ou foco podem ser mais eficazes (Porter, 1979). De qualquer modo, Kim e Mauborgne trouxeram a valiosa visão de que uma empresa pode perseguir simultaneamente a diferenciação e os baixos custos.

## Referências bibliográficas

KIM, W.C.; MAUBORGNE, R. "Value innovation: the strategic logic of high growth". *Harvard Business Review*, 75(1), jan./fev. 1997, p. 102-12.

KIM, W.C.; MAUBORGNE, R. *Blue Ocean Strategy: how to create uncontested market space and make the competition irrelevant*. Cambridge, MA: Harvard Business School Press, 2005.

PORTER, M. "How competitive forces shape strategy". *Harvard Business Review*, 57(2), mar./abr. 1979, p. 137-45.

# Capítulo 9

# Gestão baseada em valor

## Ideia geral

A gestão baseada em valor (VBM — *value-based management*) é uma ferramenta usada para maximizar o valor de uma corporação, que usa técnicas de avaliação para gestão de desempenho, controle de negócios e processo decisório. O valor de uma empresa é determinado com base nos descontos de seus fluxos de caixa futuros e criado quando ela investe capital de modo a obter retornos que superem o custo de capital. Todas as estratégias e decisões são testadas em relação ao potencial de criação de valor. Há muitas maneiras de usar a gestão baseada em valor (VBM), e a mais simples envolve os relatórios financeiros, em que as receitas estarão sujeitas a um custo de capital (valor econômico agregado). A gestão baseada em valor também pode ser utilizada para orçamento de capital e análise de investimento, em que todos os investimentos são testados em relação ao custo do capital requerido. Devidamente executada, essa abordagem alinha todas as atividades e também o processo decisório nos principais fatores geradores de valor.

## Quando usar

A gestão baseada em valor é usada para estabelecer metas, avaliar o desempenho, determinar bônus e se comunicar com os investidores, bem como para elaborar orçamentos e avaliação de capital. Os sistemas de contabilidade tradicionais determinam o valor das organizações com base em medições de desempenho, como rendimento por ações e retorno sobre o patrimônio. No entanto, eles não levam em conta a eficácia com que os recursos são dispostos e gerenciados, ou seja, o custo da oportunidade para investir capital. Como resultado, muitas empresas que parecem lucrativas no papel, na realidade não o são.

Deve-se prestar atenção em quatro áreas de aplicação bem-sucedidas:

1. mensuração;
2. gestão;
3. motivação;
4. modelo mental.

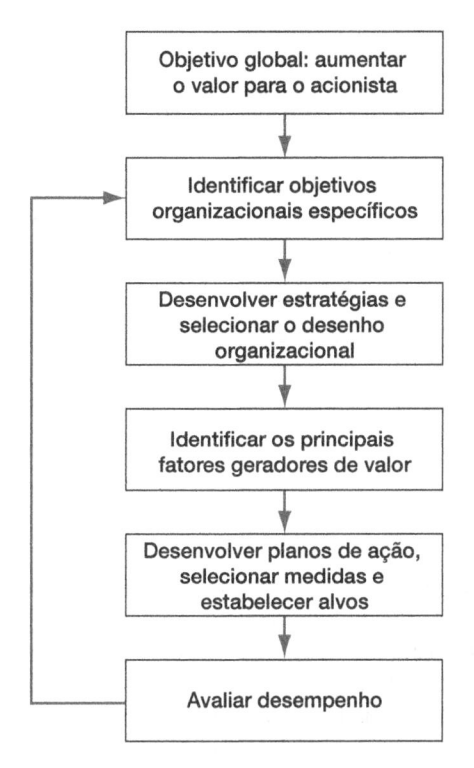

```
┌─────────────────────────┐
│ Objetivo global: aumentar│
│ o valor para o acionista │
└───────────┬─────────────┘
            ▼
┌─────────────────────────┐
│   Identificar objetivos │
│ organizacionais específicos│◄──┐
└───────────┬─────────────┘   │
            ▼                  │
┌─────────────────────────┐   │
│  Desenvolver estratégias e│   │
│     selecionar o desenho │   │
│       organizacional    │   │
└───────────┬─────────────┘   │
            ▼                  │
┌─────────────────────────┐   │
│  Identificar os principais│   │
│  fatores geradores de valor│   │
└───────────┬─────────────┘   │
            ▼                  │
┌─────────────────────────┐   │
│  Desenvolver planos de ação,│   │
│     selecionar medidas e │   │
│      estabelecer alvos  │   │
└───────────┬─────────────┘   │
            ▼                  │
┌─────────────────────────┐   │
│     Avaliar desempenho  │───┘
└─────────────────────────┘
```

**FIGURA 9.1** Modelo de gestão baseada em valor

Três medidas devem ser tomadas em relação à mensuração. Em primeiro lugar, estabelecer regras para converter lucro contábil em lucro econômico (isto é, ajustar rendimentos convencionais para eliminar anomalias contábeis que afetem os resultados econômicos). Em segundo lugar, identificar centros de gestão baseada em valor dentro da empresa: eles podem ser grandes ou pequenos, mas todos devem ser responsáveis por seus próprios resultados. Por fim, vincular esses centros para harmonizar decisões em toda a organização. Isso permite que a gestão baseada em valor seja monitorada, unidade por unidade, mensalmente.

Mensurar valor é uma coisa; agir sobre os resultados é outra bem diferente. Gestão e valor devem, portanto, estar intimamente ligados. Técnicas de elaboração de orçamentos e de planejamento devem ser ajustadas para incorporar o conceito, e um elo deve ser estabelecido entre os motores operacionais e estratégicos.

Ao basear a remuneração variável em um aumento de valor, os gerentes podem ser motivados a pensar e agir como se fossem os donos da empresa, porque recebem como tal — aumentando a riqueza do acionista, eles estão, simultaneamente, aumentando sua própria riqueza. Portanto, bônus e outros incentivos devem estar vinculados ao desempenho, e não ao orçamento, permitindo que os gestores concentrem-se na maximização da riqueza, ao invés de somente atender às expectativas empresariais. Naturalmente, deve haver certo grau de risco, incluindo punições por desempenho abaixo do desejado. A vantagem adicional é que passar de uma negociação constante de metas financeiras para uma definição única de parâmetro de bônus simplifica muito o planejamento financeiro.

## Como usar

Quando utilizamos a gestão baseada em valor, as seguintes questões precisam ser levadas em conta:
- Concentrar-se em melhores decisões operacionais, e não no cálculo do valor exato. O verdadeiro valor da VBM é a interação entre as questões empresariais e os fatores geradores de valor.
- Evitar a complexidade contábil até o mais ínfimo detalhe.
- O que importa não é o valor absoluto, mas sim a criação de valor.
- Não usar a VBM como uma ferramenta independente, mas sim como uma ferramenta integrada ao planejamento estratégico e ao ciclo de planejamento e controle.
- Compromisso e apoio ativo da alta gerência é fundamental.

## Análise final

Apesar de ser descrita como uma medida de desempenho financeiro e, sobretudo, uma medida que pode ser calculada teoricamente, é importante lembrar que a VBM está muito mais voltada para o crescimento de capital em geral do que para a elaboração de cifras específicas. A implementação da VBM pode ser complexa — e especificamente, requer informações sobre fluxos de caixa futuros. No contexto da VBM pode haver ênfase no valor para o acionista e na geração de caixa no curto prazo. Em geral, não é aconselhável aprofundar-se em detalhes ou usar métodos complexos.

## Referências bibliográficas

ITTNER, C.D.; LARCKER, D.F. "Assessing empirical research in managerial accounting: a value-based management perspective". *Journal of Accounting and Economics*, 32, 2001, p. 349-410.

RAPPAPORT, A. *Creating shareholder value: a guide for managers and investors.* Nova York: Simon & Schuster, 1986.

STEWART, G.B. *The quest for value.* Nova York: HarperCollins, 1990.

# Capítulo 10

# Matriz BCG

## Ideia geral

O Boston Consulting Group projetou a matriz BCG na década de 1970. É um dos métodos mais conhecidos de planejamento de portfólio de produtos, baseado no conceito do ciclo de vida do produto. Ele leva em consideração a inter-relação entre crescimento de mercado e participação de mercado. Parte-se da premissa de que uma empresa deve ter um portfólio de produtos que contenha tanto produtos de alto crescimento, que exigem investimento financeiro, quanto produtos de baixo crescimento, que geram excesso de caixa para garantir sucesso de longo prazo.

O uso da matriz BCG ajuda a identificar e avaliar as prioridades para o crescimento em um portfólio de produtos. A matriz compõe-se de duas dimensões: participação de mercado e crescimento de mercado. Os produtos são avaliados com base nessas dimensões e depois classificados em uma de quatro categorias: estrelas, vacas leiteiras, pontos de interrogação e cachorros (ou abacaxis). A premissa básica do modelo consiste em investir em oportunidades de crescimento (econômico) das quais a empresa possa beneficiar-se.

## Quando usar

A matriz BCG pode ser usada como uma ferramenta estratégica para identificar o potencial de lucro e crescimento de cada unidade de negócios de uma empresa. Ao se definir uma estratégia para cada unidade de negócios ('manter', 'colher', 'abandonar' ou 'ampliar'), o portfólio geral de uma organização pode ser mantido como um composto lucrativo.

## Como usar

Primeiro, determine uma medida ou taxa de crescimento de mercado esperado para cada bem ou serviço no portfólio. A seguir, aplique uma porcentagem da taxa a cada produto para definir sua participação de mercado relativa. Por fim, trace o tamanho relativo de cada produto do portfólio nos quatro quadrantes definidos por duas dimensões: *participação de mercado* e taxa de *crescimento de mercado*, ambos relativos. Embora seja geralmente arbitrário, pois, em alguns casos, as diferenças são pequenas, isso deve ser feito de maneira con-

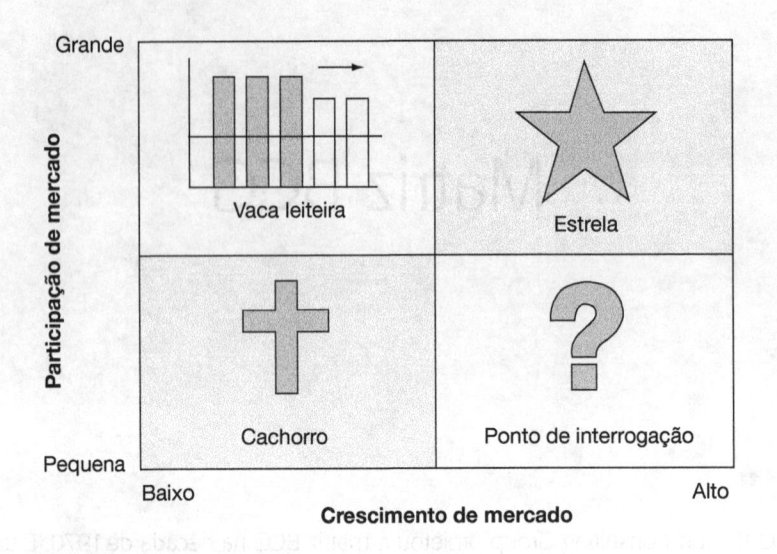

**FIGURA 10.1** A matriz BCG

sistente. Trata-se da parte mais difícil, contudo o uso de critérios predeterminados pode ajudar. Por exemplo, a participação de mercado de uma empresa pode ser considerada pequena, se for menor que um terço da participação de seu maior competidor. A taxa de crescimento de um mercado pode ser considerada alta, se as receitas anuais crescerem mais de 10% após a correção da inflação. É importante manter os critérios predeterminados e somente alterá-los durante a etapa de avaliação dos produtos. Caso contrário, projetos e produtos 'favoritos' ganharão uma posição mais favorável, comprometendo o objetivo do estudo.

- **Estrelas** são produtos que desfrutam de uma participação de mercado relativamente alta em um mercado de grande crescimento. Eles são (potencialmente) lucrativos e podem crescer ainda mais, portanto é aconselhável investir nesses produtos.

- **Vacas leiteiras** são produtos extremamente lucrativos, que não requerem esforços nem investimentos extras para a manutenção do *status quo*. Um produto torna-se uma vaca leiteira quando a taxa de crescimento de seu mercado diminui, mas a participação de mercado da empresa continua alta e estável.

- **Pontos de interrogação** são produtos de mercados de alto crescimento, mas com pequena participação de mercado, de modo que sua taxa de crescimento é incerta. Investimentos para gerar maior crescimento podem ou não obter grandes resultados no futuro. Recomendam-se pesquisas adicionais sobre como e onde investir.

- **Cachorros** são produtos que merecem ser abandonados ou retirados do mercado, se não forem lucrativos. Caso sejam, não invista neles, mas extraia o máximo de seu valor atual. Isso pode significar vender as operações e/ou a marca do produto.

**O que fazer**
- Analise periodicamente seu portfólio de negócios atual e decida quais produtos requerem investimento.
- Preste atenção a mudanças no mercado e a seus competidores.

**O que não fazer**
- Não hesite em abandonar ou livrar-se dos cachorros, se estes não forem lucrativos.

## Análise final

Muitos já questionaram as premissas básicas da matriz BCG, ou seja, que os mercados são claramente definidos, que a participação de mercado é um indicador apropriado da geração de caixa e que o crescimento implica a necessidade de investimento de caixa para extrair um retorno maior em um estágio posterior. Vários críticos apresentam o importante argumento de que injetar dinheiro em um produto ou grupo de produtos não faz com que automaticamente cresçam e tornem-se mais lucrativos. Concluímos, portanto, que a matriz BCG pode ser muito útil para forçar decisões quando se gerencia um portfólio de produtos, todavia não pode ser empregada como o único meio de determinar uma estratégia de mercado.

Ao construir uma matriz, muitas vezes faz mais sentido usar participações de mercado relativas, já que os mercados nem sempre são claramente definidos. Um único mercado pode ser composto de diversos elementos diferentes e de vários produtos substitutos. Os mercados podem ser concentrados ou amplamente divididos entre vários pequenos competidores. Vale lembrar também que, sobretudo em mercados imaturos, tanto as taxas de crescimento quanto as participações de mercado podem não ter atingido um equilíbrio que justifique o julgamento rigorosamente positivo ou negativo da matriz BCG.

## Referências bibliográficas

HAMBRICK, D.C.; MACMILLAN, I.C.; DAY, D.L. "Strategic attributes and performance in the BCG matrix — a PIMS-based analysis of industrial product businesses". *Academy of Management Journal,* 25(3), 1982, p. 510-31.

HENDERSON, B. "The product portfolio". *BCG Perspectives*. 66. 1969.

HENDERSON, B. "The experience curve reviewed: IV. The growth share matrix or product portfolio". *BCG Perspectives*. 135, 1973.

# Capítulo 11

# Matriz de produto/mercado de Ansoff

## Ideia geral

A matriz de produto/mercado de Ansoff oferece uma maneira lógica de determinar o escopo e a direção do desenvolvimento estratégico de uma empresa no mercado, que consiste em dois tipos relacionados de estratégia: estratégia de portfólio e estratégia competitiva.

A estratégia de portfólio especifica objetivos para cada combinação de produto/mercado da empresa e evidencia os pontos no horizonte. A estratégia competitiva especifica o caminho para se alcançar esses objetivos.

Na matriz de produto/mercado de Ansoff, a definição dos objetivos (estratégia de portfólio) foi apresentada como a escolha de um *vetor de crescimento*, especificando o escopo futuro definitivo do negócio. O vetor de crescimento é expresso em duas dimensões: produtos e mercados.

Mais tarde, Ansoff apresentou o *vetor de crescimento geográfico*, substituindo o de crescimento na matriz de produto/mercado. O vetor de crescimento geográfico possui três dimensões, que a empresa pode usar para definir o escopo futuro desejado do negócio:

- **Necessidade do mercado** (tal como a necessidade de transporte pessoal ou de ampliação de energia elétrica).
- **Tecnologia de bens/serviços** (tal como a tecnologia de circuito integrado).
- **Geografia do mercado** (tal como as regiões ou nações).

**TABELA 11.1** O vetor de crescimento de Ansoff para produtos e mercados

| Missão / Produto | Atual | Novo |
|---|---|---|
| Atual | Penetração de mercado | Desenvolvimento de produto |
| Novo | Desenvolvimento de mercado | Diversificação |

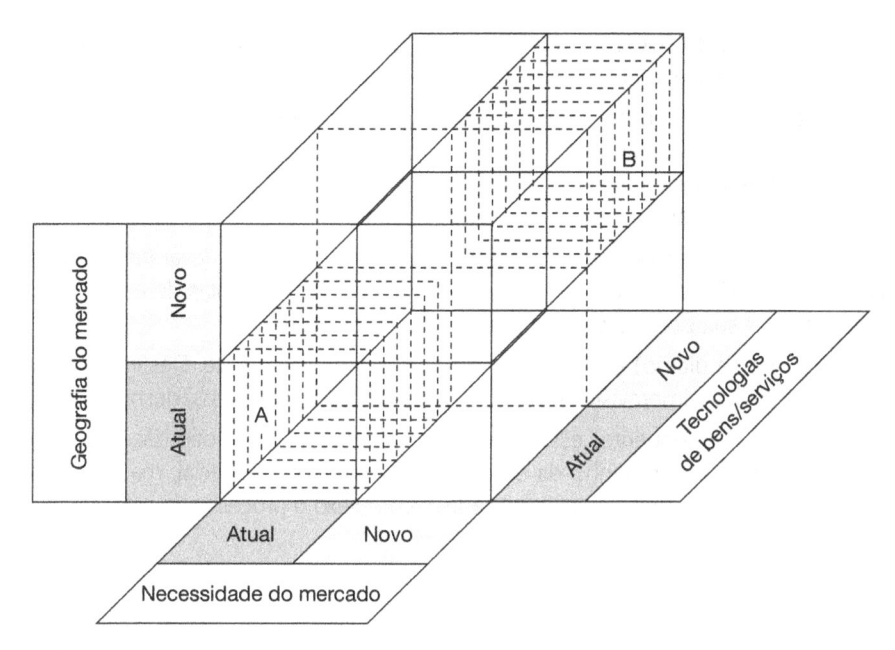

**FIGURA 11.1** As dimensões do vetor de crescimento geográfico de Ansoff: necessidade do mercado, tecnologia de bens/serviços e geografia do mercado

Essas três dimensões, juntas, formam um cubo. Elas oferecem uma variedade de combinações e orientações estratégicas para a empresa. Escolhas extremas, por um lado, permitem continuar atendendo as regiões atuais com as tecnologias existentes para suprir as necessidades tradicionais e, por outro lado, também possibilita a entrada em novas regiões, com novas tecnologias, para atender a novas necessidades.

## Quando usar

A decisão de uma direção e uma estratégia para o crescimento corporativo depende de vários fatores, incluindo: o nível de risco envolvido, o conjunto atual de produtos e mercados e o desejo da organização em desenvolver produtos e mercados novos ou já existentes. Para planejar o futuro de maneira sistemática, é fundamental que os gestores entendam a diferença entre a empresa atual e a posição desejada. A matriz de produto/mercado e o cubo de Ansoff podem ser usados como um modelo para identificar a direção e as oportunidades para o crescimento corporativo.

Ansoff apresentou quatro componentes que cobrem a estratégia de portfólio estratégico e ajudam a especificar o escopo futuro desejado do negócio:

1. Vetor de crescimento geográfico.
2. Vantagem competitiva.
3. Sinergias.
4. Flexibilidade estratégica.

O vetor de crescimento geográfico pode ser determinado com o cubo de Ansoff, conectando-se o escopo atual do negócio com o escopo futuro desejado.

Uma vantagem competitiva é necessária tanto para possibilitar o escopo escolhido como para ser capaz de sustentar o processo em direção a ele. Pode ser qualquer coisa, desde uma competência essencial ou uma tecnologia patenteada até proporcionar um melhor serviço de pós-venda aos clientes em relação a seus competidores.

Como um terceiro componente de estratégia, Ansoff sugere levar em conta as sinergias entre as competências da empresa. Isso não só permite economias de escala, mas também pode fortalecer sua posição competitiva.

O quarto (e último) componente é a flexibilidade estratégica. Destina-se a minimizar o impacto de eventos imprevistos e procura descartar todos os 'lastros' desnecessários.

Os quatro componentes estão interligados. É provável que a otimização de um dos componentes piore o desempenho da empresa nos outros. Em especial, maximizar as sinergias muito provavelmente reduzirá a flexibilidade. É complexo o processo de selecionar e equilibrar os objetivos estratégicos.

## Como usar

Na prática, para fazer uso da matriz de produto/mercado de Ansoff, uma empresa deve primeiramente avaliar suas combinações de produto/mercado e níveis correspondentes de vantagem competitiva e, depois, deve escolher seu escopo futuro de negócio, de acordo com o vetor de crescimento geográfico dentro do cubo de Ansoff.

Em seguida, a viabilidade do escopo e da direção escolhidos deve ser avaliada com a análise da combinação da direção pretendida e da extensão do crescimento corporativo com as vantagens competitivas distintivas (competências essenciais) da empresa. Deve haver meios que permitam o escopo escolhido, mas esses meios também devem dar ao negócio uma vantagem competitiva sustentável.

Então, sinergias devem ser encontradas e/ou criadas, quer usando uma competência notável existente (estratégia de sinergia agressiva), quer desenvolvendo ou adquirindo a competência necessária (estratégia de sinergia defensiva).

Por fim, deve-se obter flexibilidade estratégica. Isso pode ser alcançado externamente à empresa, pela diversificação do escopo geográfico, das necessidades atendidas e das tecnologias, de modo que uma mudança inesperada em qualquer uma das áreas estratégicas de negócios não produza um sério impacto negativo sobre o desempenho corporativo. Alternativamente, isso pode ser alcançado baseando as atividades da empresa em recursos e capacidades que sejam facilmente transferíveis.

Um atalho para a determinação dos objetivos estratégicos é derivá-los dos requisitos estratégicos de três empresas arquetípicas:
- Uma empresa operacional (no sentido de operação/manufatura) terá seu foco nas sinergias e em um vetor de crescimento geográfico com foco relativamente estreito. Seus investimentos são muitas vezes irreversíveis, têm *prazos* longos para lançamentos de produtos e frequentemente se concentram em P&D ou em ativos físicos. Ela

deve ser capaz de antecipar mudanças e minimizar as chances de tomar decisões inadequadas. Muitas vezes criam-se sinergias em torno das competências essenciais.
- Um conglomerado terá seu foco na flexibilidade. Sua estratégia não teria sinergia nem vetor de crescimento geográfico. Em vez disso, incluiria flexibilidade suficiente para protegê-lo de surpresas estratégicas ou mudanças radicais no ambiente de uma de suas subsidiárias ou mais.
- Um fundo de investimento somente pode focar a flexibilidade e terá interesses amplamente diversificados. Tais empresas raramente têm a profundidade de conhecimento de setores específicos para permitir que busquem uma vantagem competitiva específica.

Na realidade, essas empresas 'puras' não existem. Não há estereótipos, uma vez que existem várias mesclas de características. As empresas sinérgicas apresentam diferentes graus de integração; algumas agem como conglomerados em determinadas partes e compartilham sinergias em outras, enquanto as de investimento podem, na verdade, deter conhecimentos de certos setores. Cada empresa terá que determinar seus próprios objetivos estratégicos (estratégias de portfólio).

A seguir, é preciso escolher uma estratégia competitiva para determinar a abordagem distintiva, visando atingir os objetivos escolhidos na estratégia de portfólio (o caminho à frente).

Com base na matriz produto/mercado original, foram identificadas quatro estratégias competitivas genéricas:
- **Penetração de mercado** (produto atual/mercado atual). Vender mais dos mesmos bens e serviços em mercados existentes. Este vetor indica o crescimento por meio do aumento da participação de mercado para o atual produto/mercado.
- **Desenvolvimento de mercados** (produto atual/mercado novo). Vender mais dos mesmos bens e serviços em novos mercados.
- **Desenvolvimento de produtos** (novo produto/mercado atual). Vender novos bens e serviços em mercados existentes. Este vetor significa crescimento por meio do desenvolvimento de novos produtos para substituir ou complementar produtos existentes.
- **Diversificação** (novo produto/novo mercado). Venda de novos bens e serviços em novos mercados.

Dependendo de quão diferentes forem os novos produtos e mercados, identifica-se uma variedade de vetores de crescimento mais específicos dentro do quadrante de diversificação:
- **Integração vertical** — quando uma organização adquire ou entra nas áreas de especialidade de seus fornecedores ou clientes para garantir o fornecimento ou a utilização dos seus próprios bens e serviços.
- **Diversificação horizontal** — quando novos produtos (tecnologicamente não relacionados) são lançados nos mercados atuais.
- **Diversificação concêntrica** — quando novos produtos, intimamente relacionados com os atuais, são lançados nos mercados atuais e/ou em novos mercados.

- **Diversificação conglomerada** — quando produtos completamente novos, tecnologicamente não relacionados, são lançados em novos mercados.

É fato que muitos caminhos levam a Roma. As estratégias competitivas genéricas podem apenas ajudar a identificar qual estratégia competitiva seria mais benéfica. Cada empresa terá que determinar seus próprios objetivos estratégicos (estratégia de portfólio) e sua própria direção estratégica (estratégia competitiva).

## Análise final

Apesar de seu tempo de existência, o trabalho de Ansoff continua válido e muito usado na prática. Embora, na maioria dos casos, a matriz de produto/mercado seja utilizada na forma original, ela ainda oferece um bom modelo para a descrição de oportunidades de produto/mercado e opções estratégicas. Trata-se de uma boa base para maior exploração e diálogo estratégico. São, no entanto, revolucionárias as alterações que Ansoff fez em seu próprio trabalho. A partir da perspectiva de uma experiência de mais de 20 anos, ele concluiu que sua própria e bem conhecida matriz de produto/mercado não refletia suficientemente a realidade e introduziu, então, uma abordagem diferente à estratégia corporativa. Revisitar todos os trabalhos de Ansoff deixa claro que alguns dos atuais modelos de gestão favoritos têm origem nos seus modelos.

## Referências bibliográficas

ANSOFF, H.I. *Corporate strategy* (edição revisada). Londres: Penguin Books, 1987.

ANSOFF, H.I. *New corporate strategy*. Nova York: John Wiley e Sons, 1988.

ANSOFF, H.I. *Implanting strategic management*. Englewood Cliffs: Prentice Hall, 1984.

# Capítulo 12

# Modelo de crescimento de Greiner

## Ideia geral

O modelo de crescimento de Greiner ajuda a identificar e entender as causas dos problemas que uma empresa em rápido desenvolvimento pode encontrar, tornando possível antecipá-los antes que ocorram. Descreve as fases pelas quais as organizações passam à medida que crescem, independentemente do tipo de classificação. Cada fase caracteriza-se por um período de evolução inicial, com crescimento constante e estabilidade, e termina com um período de turbulência e mudança organizacional. A resolução de cada período revolucionário determina se uma organização avançará para a próxima fase de crescimento evolucionário. O modelo de crescimento de Greiner foi inicialmente baseado em cinco fases de crescimento, representadas por cinco dimensões:

1. O tamanho de uma organização.
2. O tempo de existência de uma organização.
3. A fase de revolução de uma organização.
4. A evolução de uma organização.
5. A taxa de crescimento de seu setor.

Em 1998, no entanto, Greiner acrescentou uma sexta fase chamada 'crescimento por meio de alianças'.

## Quando usar

O modelo de crescimento de Greiner deve ser usado como ponto de partida para analisar o crescimento de uma empresa. Ele ajudará a entender problemas específicos que pertencem a uma fase de crescimento em particular pela qual sua organização está passando e, portanto, permite-lhe antecipá-los a tempo.

Por fim, esse modelo demonstra que mudanças no estilo de gestão, nas estruturas organizacionais e nos mecanismos de coordenação são apropriados e necessários nas diferentes fases do desenvolvimento de uma empresa.

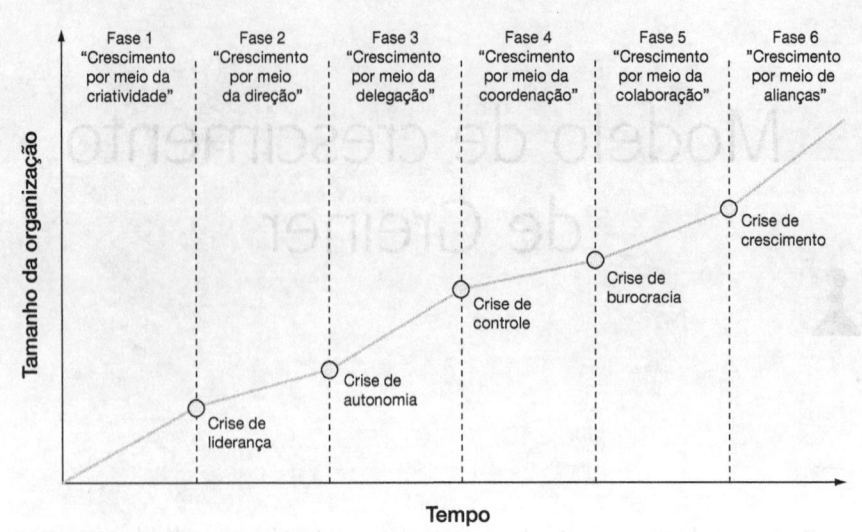

**FIGURA 12.1** As fases de crescimento de Greiner

## Como usar

Fundamentado nas cinco dimensões mencionadas, Greiner identificou seis fases de crescimento:

**Fase 1: Criatividade.** Nessa fase, a ênfase recai sobre a criação tanto de um produto quanto de um mercado. As características do período de evolução criativa são:

- Os fundadores estão no comando; são tecnicamente orientados ou empreendedores e concentram-se em confeccionar o produto e vendê-lo.
- A comunicação é frequente e informal.
- O trabalho árduo é recompensado por salários modestos e a promessa de benefícios de propriedade.

À medida que cresce, a organização torna-se mais complexa e, em breve, os fundadores estarão lutando com o ônus de administrá-la em vez de fazê-la funcionar. Os conflitos tornam-se mais frequentes, e os sócios discutem sobre novos produtos e mercados. Com a falta de uma direção decisiva, instaura-se uma *crise de liderança*. A primeira escolha crucial é localizar e contratar um bom gestor capaz de colocar a empresa 'nos eixos'.

**Fase 2: Direção.** As empresas que entram na segunda fase conseguem estabelecer um gestor capaz. As características dessa fase são:

- Estrutura organizacional funcional.
- Contabilidade e gestão de capital.
- Incentivos, orçamentos e padrões de trabalho.
- Comunicações e hierarquias mais formais.
- Gestão diretiva *de cima para baixo*.

O estilo de gestão diretivo canaliza a energia com eficiência para o crescimento. Entretanto, à medida que a organização cresce e torna-se ainda mais complexa, a alta gerência não é mais capaz de supervisionar todas as operações, restringindo a atuação do médio escalão, apesar de seu maior conhecimento de mercados e produtos. Nasce a *crise de autonomia*. A solução adotada por muitas empresas é o caminho da delegação.

**Fase 3: Delegação.** A delegação surge da aplicação bem-sucedida de uma estrutura organizacional descentralizada. Ela exibe as seguintes características:

- Responsabilidade operacional e mercadológica.
- Centros de lucros e incentivos financeiros.
- Tomada de decisões com base em revisões periódicas.
- A alta gerência age por exceção.
- Comunicações corporativas raras e formais, suplementadas por 'visitas de campo'.

Mais uma vez a organização entra em um período de relativa prosperidade, até que os altos executivos percebem uma perda de controle. Gestores no exterior e em campo agem de maneira cada vez mais independente, liderando suas próprias campanhas. Segundo Greiner, a liberdade gera uma atitude provinciana. Mais cedo ou mais tarde, a empresa vê-se em meio a uma *crise de controle*. As tentativas da alta gerência de recuperar o controle normalmente se afogam no vasto escopo de operações e mercados. A solução é encontrar meios de coordenar, e não de controlar.

**Fase 4: Coordenação.** Aquelas empresas que sobrevivem à crise de controle como uma única entidade encontraram e implementaram as técnicas da fase 4:

- Fusão de unidades locais em grupos de produtos.
- Revisão completa do planejamento formal.
- Supervisão da coordenação pelo time corporativo.
- Centralização de funções de apoio.
- Exame corporativo dos gastos de capital.
- Responsabilidade pelo retorno sobre investimento no nível de grupo de produtos;
- Motivação por meio de distribuição dos lucros nos níveis mais baixos.

À medida que os recursos limitados são usados de forma mais eficiente e a administração local analisa além de suas próprias necessidades, a organização pode voltar a crescer. Os gerentes de grupos de produtos aprenderam a justificar e a responder por suas decisões e são recompensados por isso. Com o tempo, porém, a 'mentalidade do cão de guarda' começa a pesar sobre os gerentes de nível pleno e júnior. As regras e os procedimentos acabam por se tornar os objetivos, e não os meios. A corporação está se enredando na *crise da burocracia*. Ela precisa aumentar sua agilidade no mercado, e as pessoas precisam de mais flexibilidade.

**Fase 5: Colaboração.** Um novo caminho evolucionário caracteriza-se por:

- Ação em equipe para a solução de problemas.
- Equipes multifuncionais.

- Descentralização da equipe de apoio para formar equipes de tarefas específicas.
- Estrutura de organização matricial.
- Simplificação dos mecanismos de controle.
- Treinamento sobre comportamento de equipe.
- Sistemas de informação em tempo real.
- Incentivos às equipes.

Essa fase termina com uma *crise de crescimento interno*, o que significa que a única maneira de a organização continuar crescendo é colaborar com organizações complementares.

**Fase 6: Alianças.** Nessa fase as organizações tentam crescer por meio de soluções extraorganizacionais, tais como fusões, criação de *holdings* e administração de uma rede de empresas em torno da corporação.

O modelo de crescimento de Greiner pode ser aplicado da seguinte maneira:

1. Saiba onde está sua organização; em que fase está.
2. Verifique se sua organização está no início de um período de crescimento estável ou se está perto de uma crise.
3. Perceba as consequências da transição que está por vir não só para si, mas também para sua equipe. Isso ajuda a se preparar para as inevitáveis mudanças.
4. Planeje e adote ações prévias para tornar a transição o mais suave possível.
5. Repita esses passos de maneira regular, a cada 6 ou 12 meses.

**O que fazer**
- Pergunte a si mesmo, regularmente, em qual estágio sua organização está e, sobretudo, quando uma crise deve acontecer.
- Reconheça suas (limitadas) opções.
- Esteja atento às soluções adotadas porque elas podem gerar problemas futuros.

**O que não fazer**
- Tenha em mente que nem todas as organizações atravessam essas crises nessa ordem. Use esse modelo como um ponto de partida e adapte-o às necessidades de sua empresa.

## Análise final

Embora a versão básica tenha sido publicada em 1972, o modelo de crescimento de Larry Greiner ainda é muito útil para a compreensão de problemas relacionados ao crescimento e ao impacto de suas possíveis soluções em uma organização. Entretanto, é arriscado classificar as fases do crescimento organizacional e aceitar as soluções como fato consumado. É preciso compreender que esse modelo deve ser usado somente para entender a situação da empresa, e não para decidir quais são as melhores soluções.

Este modelo fornece um esboço dos grandes desafios enfrentados por uma equipe de gestores que passa por um período de expansão. A taxa de crescimento, a resolução eficaz de revoluções e o desempenho corporativo em cada fase ainda dependerão dos elementos essenciais de uma boa gestão, tais como liderança, estratégia vencedora, motivação dos funcionários e bom entendimento de seus clientes.

## Referência bibliográfica

GREINER, L.E. "Evolution and revolution as organisations grow". *Harvard Business Review*, 76(3), mai./jun. 1998, p. 55-68.

## Capítulo 13

# Modelo de gestão estratégica de recursos humanos

## Ideia geral

O modelo oferece uma abordagem estruturada para o desenvolvimento de uma estratégia de recursos humanos e de um plano de ação correspondente. Ele parte da premissa de que o planejamento estratégico de capital humano é um processo *top-down* que leva a resultados tangíveis, mensuráveis e sustentáveis.

## Quando usar

Há várias perguntas a serem respondidas pela área de recursos humanos (RH), preferencialmente de maneira sistemática. Por exemplo, quantas pessoas trabalham para a empresa e quantas haverá no próximo ano? Que categorias de funcionários podem ser identificadas? Quais devem ser suas capacidades? Como podemos tornar nossa nova aquisição um sucesso por meio de uma integração impecável? Quais são as consequências de nossas estratégias de terceirização de capital humano? Quando a escassez no mercado de trabalho vai nos afetar? Como podemos fortalecer nossa cultura em relação à liderança e à colaboração? O modelo de gestão estratégica de recursos humanos oferece uma abordagem sistemática para o desenvolvimento de um plano estruturado de RH. Ele se aplica a qualquer tipo de organização, mesmo aquelas sem uma função de RH.

## Como usar

A gestão estratégica de recursos humanos não é uma responsabilidade que se possa acumular com outra função. Esse modelo descreve uma abordagem ideal, em que as pessoas envolvidas estão comprometidas e trabalham juntas de maneira efetiva. Além disso, em uma situação ideal, recursos suficientes são disponibilizados para a execução do plano. Na prática é geralmente mais complicado, mas a abordagem sistemática ajuda a não perder o rumo, mesmo no mundo real.

As várias etapas do modelo são:

- **Etapa 0:** Preparação.
- **Etapa 1:** Análise do perfil organizacional atual e futuro.

## CAPÍTULO 13 • MODELO DE GESTÃO ESTRATÉGICA DE RECURSOS HUMANOS

```
Etapa 1          [Perfil organizacional atual] <----> [Perfil organizacional desejado]

Etapa 2          [Questões essenciais de RH]

Etapa 3   [Pessoas]  [Processos]  [Estrutura]  [Tecnologia]

Etapa 4          [Plano de ação]

Etapa 5          [Implementação]
```

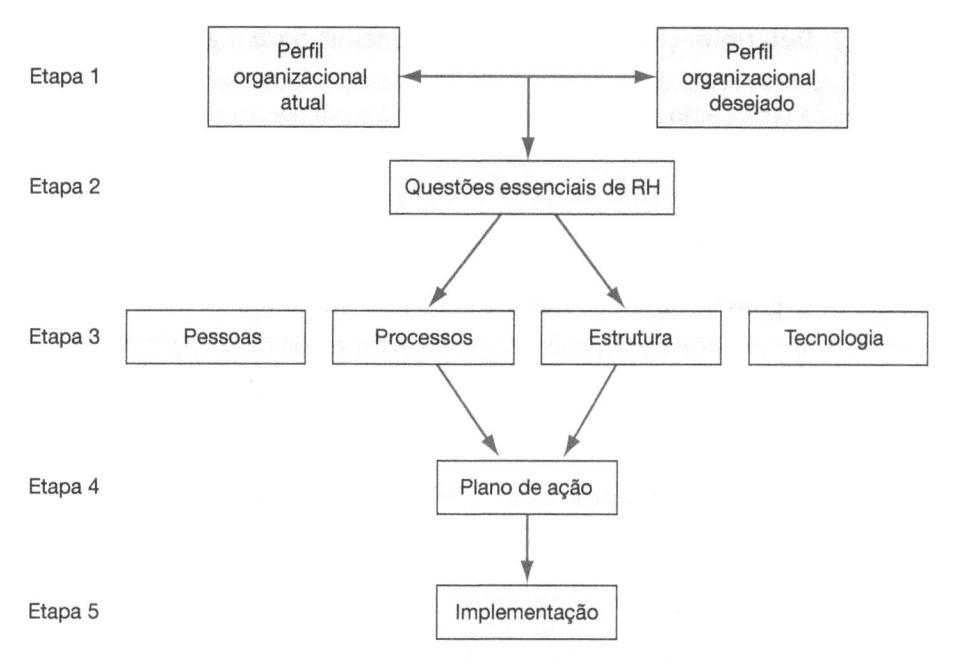

**FIGURA 13.1**  Gestão estratégica de recursos humanos

- **Etapa 2:** Determinação das questões essenciais para a gestão de RH.
- **Etapa 3:** Organização da gestão de recursos humanos.
- **Etapa 4:** Elaboração de um plano de ação.
- **Etapa 5:** Implementação.

### Etapa 0: Preparação

A abordagem começa com a preparação. Deve-se atentar para o envolvimento da gerência e a vontade de mudar da organização. Além disso, deve-se formar uma equipe que se responsabilize pela criação do plano estratégico de capital humano.

Análises adicionais com fatos e dados podem ser feitas em relação ao desempenho atual para dar sustentação às fases seguintes. As Etapas 1 a 3 podem ser vistas como a estratégia de RH.

### Etapa 1: Análise do perfil organizacional atual e futuro

Na Etapa 1, o perfil atual e desejado da organização é determinado pelo uso de modelos organizacionais; por exemplo, o modelo de excelência da EFQM (p. 136) ou os 7S (p. 126) são apropriados para este fim. Recomenda-se a inclusão dos seguintes elementos na análise do perfil: ambiente, política, estrutura, processos de trabalho, cultura, governança, gestão e capital humano. As características atuais e desejadas de cada elemento são determinadas e comparadas. Assim, as características que compõem os fatores críticos de sucesso são identificadas. Se faltarem habilidades ou características, será necessário um projeto para implementar a mudança.

### Etapa 2: Determinação das questões essenciais para a gestão de RH

Os fatores críticos de sucesso e, mais importante, as diferenças entre os perfis atual e desejado da organização são ponderados e agrupados em questões essenciais de gestão de RH. Essas questões conectam a estratégia organizacional com o plano de ação para o departamento de RH. De modo geral, trata-se de mudança cultural, redução de capital humano, terceirização e qualidade de liderança. É recomendável evitar a armadilha de incluir instrumentos de RH, como recrutamento ou gestão de competências, nesse estágio inicial.

### Etapa 3: Organização da gestão de recursos humanos

Uma vez determinadas as questões essenciais, a gestão de RH pode ser organizada. O modelo faz uma distinção entre:

- **Processos** — tais como recrutamento e seleção, treinamento, remuneração e benefícios.

- **Estrutura** — centralização *versus* descentralização, governança de RH, responsabilidade da gerência *ou* da equipe de RH, terceirização.

- **Tecnologia** — o nível requerido de automação e o impacto de um modelo escolhido de entrega em TI.

- **Pessoas** — o papel dos diferentes atores na execução da gestão de RH: funcionários, gerência e consultores de RH.

A estratégia é determinada ao se examinar a situação a partir dessas quatro perspectivas; os objetivos para a ação são definidos em alinhamento com os resultados.

### Etapa 4: Elaboração de um plano de ação

Os resultados da Etapa 3 exigem ações. Aquelas necessárias à transformação dessa etapa na verdade são registradas em um plano de ação. Esse plano não apenas controla quem deve executar as diferentes tarefas e até quando estas devem ser executadas, mas também verifica o compromisso e a disposição da gerência e dos consultores de RH em dar prioridade às ações necessárias.

### Etapa 5: Implementação

Durante a implementação, alguns detalhes são resolvidos, resultados adicionais são atingidos e o plano é avaliado e possivelmente ajustado. É de especial importância evitar que a gestão estratégica de RH torne-se um '*hobby*' exclusivo da função de RH.

## Análise final

Este modelo se destacou e ganhou reputação na Holanda e na Bélgica. Faz parte do currículo de RH de universidades politécnicas desde o início da década de 1990. Em 2005, foi modernizado e os exemplos, revistos. Quando comparado com muitos outros modelos estratégicos de gestão de RH, o holandês é mais concreto e mais bem desenvolvido na prática.

Este modelo tem alta validade por se basear no bom senso. Na prática, contudo, seu potencial nem sempre é integralmente utilizado. Sua aplicação e valor dependem muito do diretor de recursos humanos responsável pela implementação e de seu relacionamento com a gerência. Esse é o aspecto que costuma prejudicar a boa implementação. Por exemplo, uma falta de alinhamento entre as prioridades da gerência e da gestão de RH pode acontecer, porque o empreendedorismo e a gestão de pessoal nem sempre coincidem. Outra explicação pode ser que os profissionais de RH algumas vezes se concentrem em instrumentos de RH (tais como treinamento e gestão do desempenho), ou estão desconectados do processo primário da organização ou não sabem como mensurar a contribuição da gestão de RH. Uma terceira complicação é uma forte tendência de mercado em direção ao isomorfismo, tendências e modismos. Estratégias de RH são mais copiadas e adaptadas que desenvolvidas. Essas considerações poderiam impor desafios ao relacionamento entre estratégia organizacional, estratégia de RH e a execução apropriada.

A força do modelo é ampliada quando o usuário agrega dados quantitativos e resultados mensuráveis às etapas, tais como números de crescimento esperado, formação atual, análise de idade, diversidade, retenção e tendências do mercado de trabalho. Recomenda-se, portanto, incorporar as etapas ao planejamento e ao ciclo de controle da organização.

## Referência bibliográfica

KOUWENHOVEN, C.P.M.; HOOFT, P.L.R.M. van; HOEKSEMA, L.H. *De praktijk van strategisch personeelsmanagement.* [*A prática da gestão estratégica de RH.*], Alphen aan den Rijn: Kluwer, 2005.

## Capítulo 14

# Organização orientada ao mercado

### Ideia geral

Este modelo mostra o processo multidisciplinar de traduzir uma estratégia corporativa em uma política de marketing e vendas, além de apresentar as atividades relacionadas aos clientes, que são indispensáveis ao processo. O plano de marketing e vendas de uma organização deve derivar da estratégia corporativa e ser mensurável no que se refere às atividades específicas e ao comportamento de todos os funcionários, quer concentrem sua atenção em clientes internos, quer se voltem mais para fora. O rótulo 'orientado ao mercado' implica que o cliente é o foco da empresa e a base do desenvolvimento de todas as suas atividades e sistemas. O uso do modelo de organização orientada ao mercado garante que todos os processos organizacionais estejam alinhados com as metas corporativas.

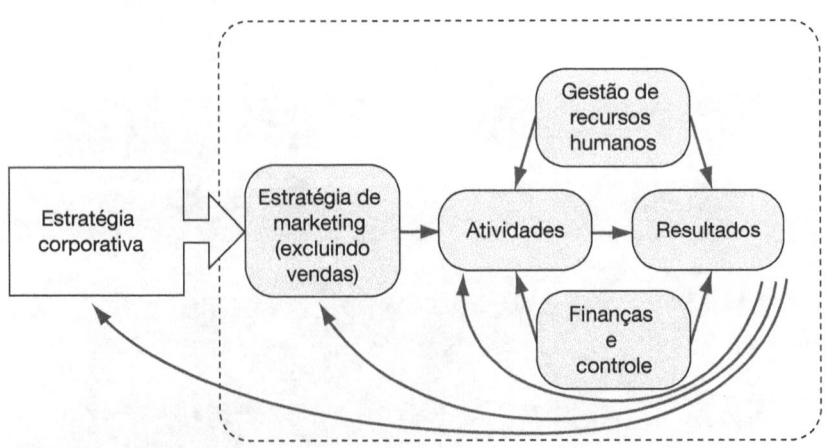

**FIGURA 14.1** Organização orientada ao mercado

## Quando usar

O modelo é perfeito para avaliar a eficácia e a eficiência da política de marketing e vendas de uma empresa. Pode ser aplicado a duas situações específicas, cada qual com suas próprias questões:

- **Eficácia da operação**

Especifique ou avalie a política de marketing e vendas, perguntando:
  - *Segmentação do mercado*: em quais clientes devemos nos concentrar?
  - *Diferenciação da proposta*: como devemos abordar esses clientes?
  - *Definição de alvo*: que níveis de vendas, receitas ou participação de mercado devemos buscar?

- **Eficiência da operação**

Organize ou avalie a equipe de contato com o cliente e de apoio, considerando:
  - *Redução de custos:* como podemos melhorar a eficiência do departamento de marketing e vendas?
  - *Construção de sinergias:* o que podemos fazer para melhorar a cooperação entre os departamentos, de modo a termos um foco mais eficaz em resultados?
  - *Equilíbrio de marketing/vendas e operações:* como podemos entregar produtos sob medida para o cliente sem afetar a eficiência das funções de apoio?

## Como usar

Para desenvolver o planejamento de marketing, vendas e outras atividades de apoio, é necessário decidir a respeito de:

- Segmentação de mercado: os mercados em que a empresa tem de ser ativa.
- Foco no cliente: quais clientes são mais relevantes em cada mercado.
- Alvos da empresa: que objetivos a empresa quer atingir em cada segmento de mercado.

O composto de marketing ideal combina o conhecimento claro das necessidades específicas dos segmentos de mercado escolhidos com um profundo entendimento das prioridades dos clientes e dos critérios que influenciam suas decisões de compra.

O indicador-chave de desempenho (ICD, em inglês *Key Performance Indicator* – KPI) é uma métrica usada para ajudar uma organização a definir e mensurar seu progresso em direção a uma meta organizacional. O uso de três a cinco ICDs para cada elemento garantirá que as atividades de marketing e vendas sejam realizadas com eficiência e eficácia. O pacote de benefícios para profissionais de vendas deve estar alinhado com esses ICDs, uma vez que as recompensas não devem basear-se unicamente em vendas ou lucros. Esses indicadores são então incorporados aos relatórios mensais ou trimestrais da empresa. É importante garantir que os resultados sejam avaliados com frequência e que as conclusões dessa avaliação sejam disseminadas pela organização. Um ciclo completo planejar–realizar–controlar–agir deve ser implementado para esse fim (p. 186).

## Análise final

O modelo da organização orientada ao mercado é importante para analisar a política de marketing e vendas e avaliar a estrutura organizacional dos departamentos afins. Os efeitos do uso desse modelo podem ser reforçados pelo uso de outros descritos neste livro, como:

- Pirâmide de Curry (p. 146).
- Os 4Ps do marketing de Kotler (p. 76).
- *Benchmarking* (p. 92).
- O pentagrama da gestão de marcas (p. 206).
- A matriz de produto/mercado de Ansoff (p. 44).
- O ciclo de Deming: planejar–realizar–controlar–agir (p. 186).

## Referência bibliográfica

KOTLER, P. *Marketing Management: The millenium edition.* (10ª edição). Nova York: Prentice Hall, 2000.

# Capítulo 15

# Planejamento de cenários

## Ideia geral

O planejamento de cenários propõe questionamentos sobre o futuro. É um meio de avaliar a estratégia em relação a vários modelos futuros do mundo, bastante diferentes em termos estruturais, mas igualmente plausíveis. Os cenários proporcionam um contexto no qual os gerentes podem tomar decisões. Ao vislumbrar uma série de mundos possíveis, os tomadores de decisões estarão mais bem informados, e as ações baseadas nesse conhecimento terão maior possibilidade de sucesso.

Os exercícios de cenários baseiam-se nos princípios da transparência e da diversidade que tentam prever, com bom senso, o desenvolvimento futuro das principais forças do mercado.

- **Transparência** — refere-se ao processo de tornar explícitas as hipóteses sobre as relações entre as principais forças motrizes.
- **Diversidade** — subentende-se que não há um único cenário 'melhor' ou uma projeção de mercado 'alta' ou 'baixa'. A diversidade reconhece que o futuro é incerto e considera diferentes rotas estratégicas (Ringland, 2002).

Os objetivos contrastantes do planejamento de cenários podem ser expressos da seguinte maneira (van der Heijden, 2002):

1. Uma meta específica (projetos estanques, para resolução de problemas) *versus* uma meta mais geral (projetos de longo prazo que permitem a sobrevivência da empresa).

2. Projetos conduzidos para a abertura de uma organização que está fechada para novas formas de pensar *versus* projetos para tomar decisões e ações em uma organização que está à deriva.

Esses objetivos levam a quatro tipos de planejamento de cenários:

1. **Entendimento** — um único exercício exploratório de planejamento de cenários para obter uma compreensão profunda de situações complexas.

2. **Desenvolvimento de estratégia** — o uso de cenários para testar a proposta de negócios para o futuro em diversos, porém relevantes, cenários.

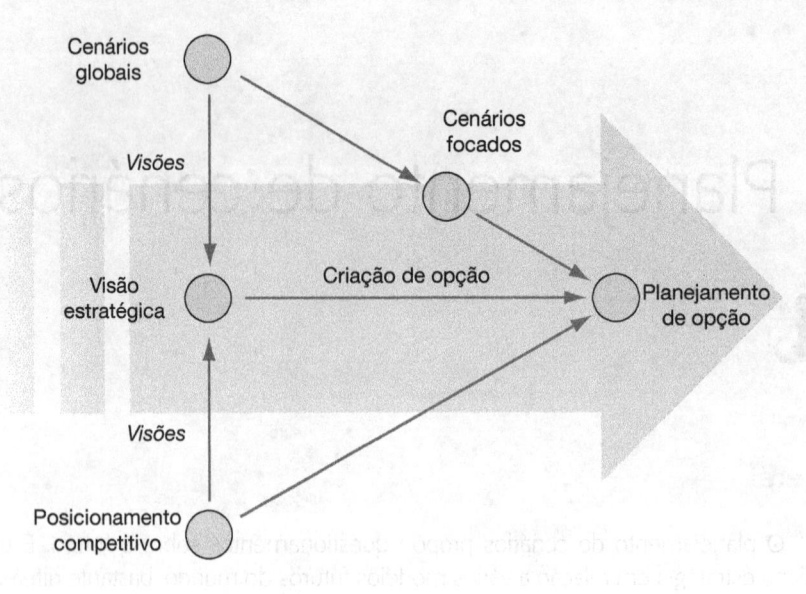

**FIGURA 15.1** Planejamento de cenários

3. **Antecipação** — a capacidade organizacional de verificar, perceber e compreender o que está acontecendo no ambiente de negócios, o que requer que a organização mobilize a maior quantidade de recursos possível para observar, perceber, vivenciar, entender, racionalizar e decidir. O propósito de antecipação dos cenários destaca a importância de ser um hábil observador do mundo externo por meio de conversas estratégicas.

4. **Aprendizado organizacional adaptável** — que avança um passo pela incorporação de ação ao processo. Compara-se à descrição de aprendizagem por meio de cenários de Fahey e Randall (1998), segundo a qual os cenários devem ser integrados ao processo de tomada de decisão. Isso implica que o modelo de aprendizagem organizacional adaptável passa de um desenvolvimento de estratégia estanque para o planejamento de estratégia e experiência contínuos (como na figura a seguir).

## Quando usar

A Royal Dutch Shell usa os cenários para uma ampla variedade de propósitos. Em geral, eles ajudam a empresa a entender a dinâmica do ambiente empresarial, reconhecer novas oportunidades, avaliar as opções estratégicas e tomar decisões de longo prazo. Os tomadores de decisões podem utilizar cenários para pensar sobre os aspectos do futuro incerto que mais os preocupam, ou descobrir aqueles que merecem mais atenção. A Royal Dutch Shell apresenta quatro razões que fazem do planejamento de cenários uma ferramenta importante para o desenvolvimento de estratégias:

- **Comparação de suposições** — isso se relaciona muito estreitamente com a disciplina de modelos mentais. Explorar as suposições que as pessoas fazem de maneira individual e coletiva sobre o futuro ajuda a empresa a agir de maneira mais eficaz naquele momento.

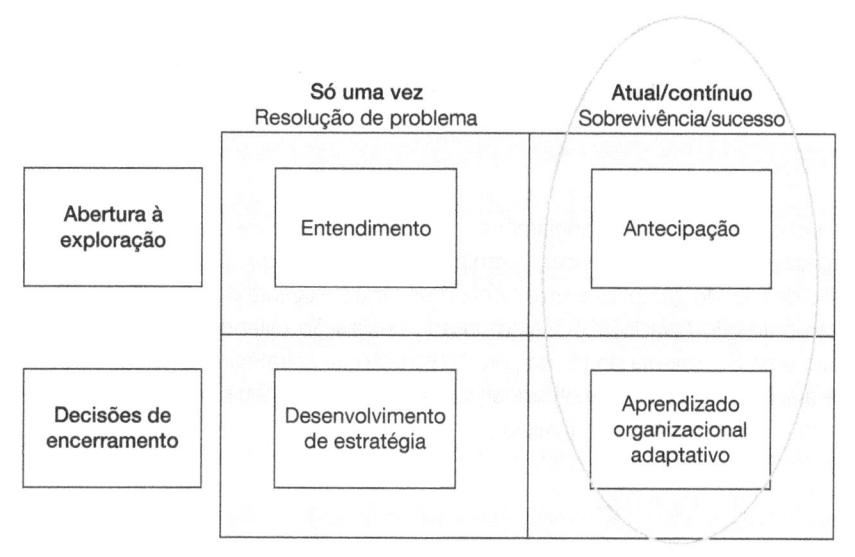

```
                    Só uma vez              Atual/contínuo
               Resolução de problema      Sobrevivência/sucesso

  ┌──────────┐    ┌──────────────┐        ┌──────────────┐
  │Abertura à│    │              │        │              │
  │exploração│    │ Entendimento │        │ Antecipação  │
  └──────────┘    └──────────────┘        └──────────────┘

  ┌──────────┐    ┌──────────────┐        ┌──────────────┐
  │Decisões de│   │Desenvolvimento│       │  Aprendizado │
  │encerramento│  │ de estratégia │       │ organizacional│
  └──────────┘    └──────────────┘        │   adaptativo │
                                          └──────────────┘
```

**FIGURA 15.2**  Categorização de objetivos de cenários

- **Reconhecimento de graus de incerteza** — o planejamento de cenários fornece à organização um método para reconhecer e trabalhar com aquilo que não conhece.
- **Ampliação de perspectivas** — os cenários abordam pontos cegos ao desafiar ideias preconcebidas, ampliar a visão e combinar informações de muitas disciplinas diferentes.
- **Resolução de dilemas e conflitos** — os cenários podem ajudar a esclarecer ou resolver os conflitos e dilemas que seus usuários enfrentam.

## Como usar

Vários métodos de planejamento de cenários têm sido apresentados em livros de gestão (por exemplo, Schwartz, 1991; van der Heijden, 2002; Ringland, 1998, 2002), mas todos eles começam pela identificação das lacunas de conhecimento e áreas de incerteza e pela formação de uma equipe, responsável pelos cenários, composta de funcionários e facilitadores externos. O processo é estruturado durante essa fase. Em seguida, os principais envolvidos são convidados a explorar o contexto (ou seja, o âmbito do negócio em estudo), por meio de uma série de entrevistas, com a intenção de desafiar as suposições atuais da equipe; esse processo é conduzido durante uma série de *workshops*. Uma vez definido o contexto amplo de um cenário, as forças motrizes são agrupadas e desenvolvem-se outros cenários e, para cada um, é elaborada uma história coerente que destaca implicações futuras. O impacto relativo de cada cenário é explorado em profundidade e suas implicações para o futuro cuidadosamente ponderadas. Esse novo entendimento é então testado com diversos grupos de pessoas envolvidas no negócio. Van der Heijden (2002) acrescenta o pensamento sistêmico como uma etapa adicional ao processo de planejamento de cenários, na qual se identificam os relacionamentos causais nas histórias. Ao seguir as cinco etapas, a equipe responsável pelos cenários desenvolve uma série de futuros plausíveis para a empresa. A etapa final é comunicar o impacto dos cenários sobre a organização: seu pensamento estratégico, as possíveis estratégias futuras e as ações correspondentes. Isso implica que o planejamento de cenários só é valioso se diversas estratégias ou decisões operacionais forem testadas em diferentes cenários.

## Análise final

A eficácia do uso do planejamento de cenários reside na capacidade da equipe responsável pelo processo de convencer a administração a fazer o que parece ser melhor. A mudança da visão de mundo gerencial é uma tarefa muito mais exigente do que a construção do cenário propriamente dito (Wack,1985). Além disso, a utilização estanque de um único cenário não constitui uma ferramenta poderosa para construção de estratégia ou para a ação. A aprendizagem e a ação obrigam-nos a considerar o planejamento de cenários como um processo cíclico contínuo de prospecção e exploração.

## Referências bibliográficas

FAHEY, Liam; RANDALL, Robert M. *Learning from the future: competitive foresight scenarios*. Nova York: John Wiley & Sons, 1998.

HEIJDEN, K. van der. *Scenarios: the art of strategic conversation*. Nova York: John Wiley & Sons, 1996.

HEIJDEN, K. van der. *The sixth sense: accelerating organisational learning with scenarios*. Nova York: John Wiley & Sons, 2002.

RINGLAND, G. *Scenario planning: managing for the future*. Nova York: John Wiley & Sons, 1998.

RINGLAND, G. *Scenarios in business*. Nova York. John Wiley & Sons, 2002.

SCHWARTZ, P. *The art of the long view: planning for the future in an uncertain world*. Nova York: Doubleday/Currency,1991.

WACK, P. "Scenario's: shooting the rapids". *Harvard Business Review,* 63(6), nov./dez. 1985, p. 139-50.

# Capítulo 16

# Planejamento estratégico de capital humano

## Ideia geral

O 'capital humano' pode ser definido como um conjunto inigualável de *expertise*, habilidades e conhecimento que compõem a força de trabalho de uma organização. Esse modelo é usado para analisar os elementos mais importantes do planejamento de capital humano, que levam ao desenvolvimento de um plano de ação integrado para gerenciar o capital humano atual e futuro. É orientado tanto para a ação como para a prática, incorporando:

- Análise do capital humano disponível.
- Análise das possíveis alterações demográficas da força de trabalho atual.
- Desenvolvimento de cenários para prever mudanças na organização, no mercado e no mercado de trabalho.

O uso do plano (*roadmap*) de capital humano permite às organizações serem flexíveis e dimensionar seus requisitos para enfrentar desafios futuros.

## Quando usar

Quando as organizações exigem mais controle sobre seu capital humano como fonte primária de vantagem competitiva, o plano (*roadmap*) de capital humano fornece os diferentes elementos para análise. As empresas que objetivam otimizar a alocação de capital humano e aumentar a flexibilidade podem usar o modelo para definir cenários de RH para um futuro incerto. Na verdade, esse plano permite às organizações operar de maneira enxuta em um mercado (de trabalho) estável, enquanto aquelas em um ambiente dinâmico são capazes de organizar sua força de trabalho de tal maneira que estejam preparadas para as mudanças que possam ocorrer nesse tipo de ambiente.

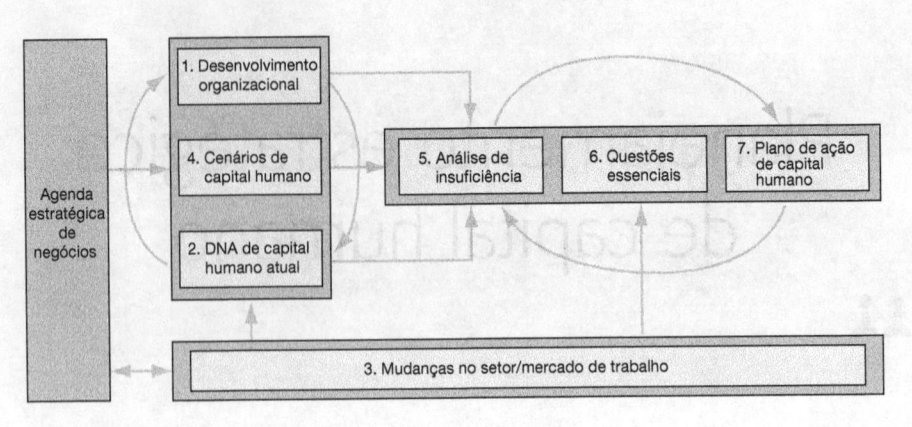

**FIGURA 16.1** Planejamento estratégico de capital humano

## Como usar

O modelo compreende duas fases principais e várias etapas em cada fase:

### Fase 1: Análise (o mapa)

1. *Definir o perfil atual e futuro da organização*

   O perfil atual da organização é criado pela avaliação dos fatores que afetam o capital humano: habilidades de liderança, estratégia de negócios, estrutura organizacional, cultura empresarial, processos e sistemas de trabalho. O perfil futuro pode ser criado levando-se em conta a agenda estratégica de negócios e a evolução do mercado. Juntos, eles constituem o mapa de perfil da organização.

2. *Definir a capacidade do capital humano atual*

   A definição da capacidade relativa da força de trabalho atual para produzir resultados quantificáveis exige entender as diferenças entre os cargos e a função desses cargos. Essa diferenciação baseia-se no valor estratégico de um cargo e em sua singularidade; realmente não é o mesmo que a diferenciação baseada em funcionários! Essa etapa resulta na criação de um mapa de DNA do capital humano.

3. *Analisar mudanças no setor e no mercado de trabalho*

   O mercado de trabalho é um fator importante no desenvolvimento de capital humano. Ele permite que uma organização atraia e retenha capital humano, ou o restrinja. As demandas do capital humano são atendidas pela análise do mercado ou setor relevante. Parâmetros relevantes para cenários de capital humano podem ser determinados por essa análise.

4. *Desenvolver cenários de capital humano*

   Os dados que devem fazer parte dos cenários de capital humano baseiam-se nos resultados das Etapas 1, 2 e 3: análise do perfil da organização, do mercado de trabalho e de mudanças no setor. As implicações de diferentes cenários de capital humano são determinadas pela consideração das mudanças demográficas da força de trabalho atual.

**Fase 2: Ação (o caminho)**

5. *Desenvolver a análise de insuficiência*

   A análise de insuficiência permite a uma organização avaliar a diferença entre sua posição atual e a desejada no mercado. Essa lacuna ou insuficiência é definida por todos os dados reunidos durante a Etapa 1 em relação à capacidade da força de trabalho e permite a visão das necessidades de capital humano atuais e futuras.

6. *Identificar questões essenciais*

   Tanto a análise de insuficiência como a análise de perfil organizacional, setor e mercado de trabalho geram questões essenciais que a organização precisa abordar. Essas questões podem envolver a transformação do negócio, o desenvolvimento de competências e a cultura organizacional.

7. *Desenvolver um plano de ação de capital humano*

   Para transformar questões essenciais em ações, usamos as ferramentas da gestão dinâmica da força de trabalho:

   - Mercado de trabalho.
   - Organização e processos.
   - Qualificações.
   - Formação.

   Essas ferramentas formam o ponto de partida de uma agenda estratégica de atividades que envolvem as questões essenciais de RH, como governança, administração de fornecedores, mobilidade, liderança, remuneração e gestão de informação.

## Análise final

Duas observações podem ser feitas a respeito do uso desta abordagem para o planejamento estratégico de capital humano, que intensificarão ainda mais seu valor. Primeiro, o benefício do modelo aumenta com a introdução de maiores níveis de diferenciação entre os papéis. A diferenciação de cargos permite que o plano de RH acabe por ser customizado de acordo com as necessidades de cada categoria. Em segundo lugar, a análise de insuficiência e a construção e análise de cenários podem ser facilitadas com *softwares* disponíveis comercialmente. Note que o resultado mais valioso do modelo não está na análise *per se*, mas no fato de proporcionar uma maneira criativa e contingencial de pensar sobre o capital humano e alinhá-lo aos negócios. A primeira etapa deste modelo apoia-se no modelo de gestão estratégica de recursos humanos explicado na página 56.

# Capítulo 17

# Road-mapping

## Ideia geral

Road-mapping significa criação de uma visão comum. É um processo pelo qual especialistas preveem a evolução da tecnologia e do mercado e identificam as consequências dessas mudanças para empresas (específicas). O modelo *roadmap* oferece uma descrição sobre como estruturar o processo de evolução, esclarecendo objetivos futuros (baseado principalmente nas análises de especialistas sobre o desenvolvimento tecnológico), bem como o caminho para a consecução desses objetivos. Com base nessa análise, é possível identificar como uma empresa pode contribuir para que essa evolução aconteça, ou como pode reagir a essas mudanças. Este capítulo utiliza o *roadmap* de produto–tecnologia para explicar o processo.

Uma variedade de *roadmaps* foi criada nas últimas décadas. Ao examinar aqueles direcionados à tecnologia, quatro diferentes tipos e tamanhos podem ser identificados:

- **Roadmaps setoriais** são aqueles em que se mapeia o desenvolvimento esperado de um ramo inteiro de um setor. Com o processo de *road-mapping*, o risco para as empresas pode ser minimizado, porque as várias partes interessadas decidem as prioridades para o desenvolvimento futuro da tecnologia e qual pesquisa pode ser conduzida por cada uma. Um *roadmap* setorial também pode ser usado para obter financiamento (tanto privado como público).
- **Roadmaps corporativos** são projetados para ajudar cada empresa a tomar decisões estratégicas e podem ser baseados nos *roadmaps* setoriais. Esse *roadmap* descreve combinações do binômio produto-mercado.
- **Roadmaps de produto–tecnologia** são aqueles que combinam uma análise do mercado, uma avaliação do produto e uma varredura da tecnologia para criar um plano de pesquisa e desenvolvimento (P&D) interno e cenários para o lançamento de um produto no mercado. O modelo descrito neste capítulo exemplifica um *roadmap* de produto–tecnologia, criado em combinação com um *roadmap* de tecnologia.
- **Roadmaps de competência–pesquisa** concentram-se nas competências e nas pesquisas necessárias para criar uma tecnologia específica (ou parte dela). Esse estilo de *roadmap* pode ser compilado separadamente ou, como no exemplo, integrado como parte do todo.

## Quando usar

O *roadmap* de produto–tecnologia pode ser utilizado para tornar mais claro o foco a ser dado no futuro e também para obter análises de profissionais sobre novos avanços em um mercado, sobretudo naqueles direcionados à tecnologia. O desenvolvimento de novos produtos é essencial e cada vez mais relevante à sobrevivência nesses mercados devido ao encurtamento do ciclo de vida dos produtos. O *roadmapping* é, portanto, uma estratégia essencial para empresas que continuamente buscam novos produtos, pois ajuda nesse processo de desenvolvimento por facilitar a identificação estrutural de (novos) mercados, produtos e tecnologias.

De modo geral, os *roadmaps* são divididos em quatro grupos:

1. **Entrega:** descrições do produto e pesquisa necessária.
2. **Finalidade:** mercado, produto e análise tecnológica.
3. ***Timing:*** análise crítica e tempo de entrega.
4. **Recursos:** financeiros, humanos e tecnologia necessários para criar os produtos.

A seguir, listamos algumas vantagens do *roadmapping*:

- Esse processo fornece valiosas informações estratégicas à organização participante.
- O planejamento estratégico de longo prazo baseia-se na coleta de informações bem estruturadas, que permitem melhores decisões sobre produtos e tecnologias futuras.
- Os dados internos e externos são mapeados, o que resulta numa visão bem estruturada dos fatores de mercado, das necessidades dos consumidores, do desenvolvimento tecnológico, dos fatores ambientais e das mudanças nos fornecedores.

**FIGURA 17.1** *Road-mapping*

- O *roadmapping* resulta no melhor alinhamento entre o investimento em P&D e o desenvolvimento de produtos, pois as oportunidades para a integração de novas tecnologias a novos produtos são identificadas.
- Os *roadmaps* podem ser uma fonte de opções de reutilização de tecnologia (a mesma tecnologia empregada em novos produtos).
- Os resultados podem revelar fraquezas estratégicas de longo prazo e identificar as lacunas e as incertezas de produtos e tecnologias.
- Os *roadmaps* são um poderoso instrumento não só para alinhar toda a empresa em torno de uma nova estratégia de desenvolvimento, mas também para criar novos produtos. As equipes dos projetos podem adaptar-se rapidamente às mudanças estratégicas.
- O potencial de sinergia é identificado entre fornecedores, compradores e competidores.

## Como usar

Um *roadmap* de tecnologia–mercado é baseado em resultados de:
- Análise de mercado.
- Varredura tecnológica.
- Avaliação de produto.

A análise de mercado é uma perspectiva de fora para dentro e serve para identificar demandas novas e de longo prazo dos clientes. Os resultados fornecem uma visão geral das novas demandas e do valor agregado criado por uma empresa. Uma varredura tecnológica assume uma perspectiva de dentro para fora e identifica as novas tecnologias possíveis e prováveis. A avaliação de produto também analisa a situação de dentro para fora e compara o portfólio de produtos com outros produtos disponíveis. A varredura tecnológica e a avaliação de produto, juntas, proporcionam uma visão geral das diferenças e possibilidades para novos produtos.

No estágio seguinte, os resultados do *roadmap* são discutidos durante uma *sessão de brainstorming*. Nela, novas ideias de produtos são avaliadas, considerando-se as recompensas – USPs (*unique selling points*; pontos exclusivos de venda) e ROI (retorno sobre investimento); os riscos (disponibilidade tecnológica e de mercado); e os recursos (investimento) requeridos. Naturalmente, os novos produtos com maior recompensa, menor risco e exigência de recursos são os mais valiosos. Partindo dessa análise, um plano de P&D pode ser criado com base no levantamento do que é necessário para capacitar a empresa a desenvolver o novo produto. Além disso, é possível elaborar um plano de lançamento nos mercados.

Embora a análise de mercado, a avaliação de produto e a varredura tecnológica possam ser realizadas por pessoas-chave dentro da organização (presumivelmente com a ajuda de uma consultoria externa), os mais bem-sucedidos *roadmaps* são criados por pessoas-chave de uma gama de diferentes empresas e universidades. Um dos principais fatores de sucesso dos *roadmaps* é o envolvimento de 'defensores'. Estes são especialistas respeitados e renomados em determinada área (tecnológica). Quando um defensor setorial apoia um *roadmap*, outras pessoas tendem a aceitá-lo mais facilmente.

Demais fatores necessários para o sucesso:

- Os *roadmaps* devem ser compilados por pessoas-chave, que são reconhecidos especialistas em determinado setor.
- O compromisso total da alta gerência é fundamental para que o *roadmap* tenha um impacto positivo na organização.
- Os *roadmaps* devem ser atualizados em bases regulares para implantar mudanças contínuas no produto, no mercado e na tecnologia.
- Um profissional imparcial (como um consultor) pode fazer entrevistas e facilitar o processo de elaboração do *roadmap*.
- A adoção de uma abordagem uniforme é fundamental para a comunicação eficaz e pode facilitar conexões entre *roadmaps*.
- Um *roadmap* deve ser usado como uma abordagem de longo prazo para o desenvolvimento estratégico. Se a visão estratégica não superar um período de dois anos, não será adequada para um *roadmap*.

## Análise final

O *roadmapping* é um método que facilita a criação de uma visão compartilhada para o futuro; o desenvolvimento de uma visão compartilhada do mundo é considerado tão importante quanto o *roadmap* final. Por conseguinte, esse processo pode não se aplicar a empresas com uma visão de mundo divergente da visão dominante (das empresas envolvidas).

O maior propósito de um *roadmap* é inspirar, fornecendo análises para formas de melhorar e renovar. Embora atividades e projetos concretos sejam descritos em um *roadmap*, o futuro é desconhecido e nem sempre previsível. Trata-se, portanto, apenas de uma visualização do futuro. Embora baseado em fatos tecnológicos e de mercado, não deve ser usado como um documento de previsão. Sua atualização frequente é essencial para a incorporação dos últimos avanços na visão 'planejada' do futuro.

## Referência bibliográfica

FARRUKH, C.; PHAAL, R.; PROBERT, D. "Technology road-mapping: linking technology resources into business planning". *International Journal of Technology Management,* 26(1), 2003, p. 2–19.

# Capítulo 18

# Terceirização/Realocação de processos de negócios (*off-shoring*)

## Ideia geral

Este modelo pode ser usado para decidir se atividades organizacionais podem ou não ser terceirizadas ou realocadas em outros países. A terceirização é a delegação de operações não essenciais para uma fonte externa especializada na gestão dessa operação. O *off-shoring* compara-se à terceirização, mas o processo de negócios — tal como produção, manufatura ou serviços — é transferido para outro país. Esse modelo de tomada de decisões ajuda a determinar se a realocação é válida ou não.

## Quando usar

De modo geral, as empresas optam por terceirizar ou realocar partes de seus negócios devido a pelo menos um dos seguintes motivos: reduzir custos fixos, concentrar o foco em competências essenciais ou usar a sua força de trabalho, seu capital, sua tecnologia e seus recursos de maneira mais eficaz. A decisão de transferir atividades para outro país é tomada em função de vantagens de custo ou habilidades ou da necessidade de foco internacional.

## Como usar

Os passos seguintes são necessários para decidir quais processos devem ser alocados em qual país:

1. **Por que optar pela realocação (*off-shoring*)?** Dois dos possíveis motivos para realocar processos são: o conhecimento de que os competidores estão tomando essa mesma iniciativa para obter vantagens de custos ou muita pressão sobre as margens de lucro devido à concorrência por preço.

2. **Para que países e com quais parceiros?** Ao escolher um parceiro para realocar processos, é importante considerar o tipo de experiência, habilidades e cultura indispensáveis ao fornecedor, de modo a garantir o êxito do trabalho em conjunto. Por exemplo, entre os fatores a considerar em cada país avaliado estão: potencial da força de trabalho, qualidade esperada de produção e vantagem de custo. É recomendável desenvolver várias alternativas para uma avaliação mais aprofundada, antes de tomar uma decisão.

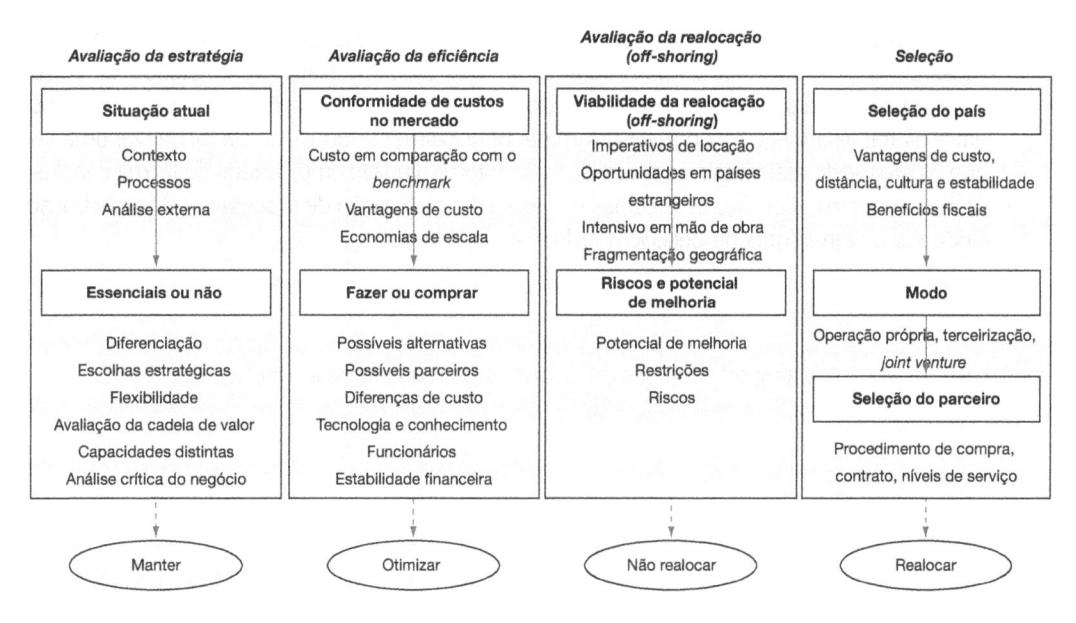

| Avaliação da estratégia | Avaliação da eficiência | Avaliação da realocação (off-shoring) | Seleção |
|---|---|---|---|
| **Situação atual** | **Conformidade de custos no mercado** | **Viabilidade da realocação (off-shoring)** | **Seleção do país** |
| Contexto<br>Processos<br>Análise externa | Custo em comparação com o *benchmark*<br>Vantagens de custo<br>Economias de escala | Imperativos de locação<br>Oportunidades em países estrangeiros<br>Intensivo em mão de obra<br>Fragmentação geográfica | Vantagens de custo, distância, cultura e estabilidade<br>Benefícios fiscais |
| **Essenciais ou não** | **Fazer ou comprar** | **Riscos e potencial de melhoria** | **Modo** |
| Diferenciação<br>Escolhas estratégicas<br>Flexibilidade<br>Avaliação da cadeia de valor<br>Capacidades distintas<br>Análise crítica do negócio | Possíveis alternativas<br>Possíveis parceiros<br>Diferenças de custo<br>Tecnologia e conhecimento<br>Funcionários<br>Estabilidade financeira | Potencial de melhoria<br>Restrições<br>Riscos | Operação própria, terceirização, *joint venture* |
| | | | **Seleção do parceiro** |
| | | | Procedimento de compra, contrato, níveis de serviço |
| ( Manter ) | ( Otimizar ) | ( Não realocar ) | ( Realocar ) |

**FIGURA 18.1** Realocação de processos de negócios (*off-shoring*)

3. **Quais são os custos, lucros e riscos e quais processos são elegíveis para terceirização?** A terceira etapa envolve uma profunda análise de custo-benefício para cada uma das alternativas. Entre os importantes componentes a considerar estão: níveis salariais, custos e encargos adicionais, níveis de preço e os efeitos na cadeia interna de valor da empresa. É importante analisar que partes da organização podem ser realocadas e quais os efeitos sobre a cadeia de valor como um todo.

4. **O que acontece depois?** Por fim, realize uma análise detalhada da viabilidade para cada país, parceiro, processo e contrato. Nesse ponto ainda há várias incertezas. Os planos devem ser aperfeiçoados antes da decisão de sua implementação. O mesmo modelo de quatro estágios pode ser aplicado às decisões sobre terceirização, excluindo-se os componentes internacionais.

## Análise final

O risco deste modelo está na tentação de pular algumas etapas para passar rapidamente à implementação. Por exemplo, contratar potenciais parceiros de *realocação de processos* antes de analisar cuidadosamente os efeitos estratégicos e as consequências para os funcionários atuais.

A realocação de processos (*off-shoring*) tem sido uma questão controversa entre os economistas. Por um lado, é considerado benéfico para ambos os países, de origem e de destino, gerando postos de trabalho e reduzindo os custos de bens e serviços. Por outro lado, também provoca a perda de empregos e a erosão dos salários nos países desenvolvidos. Os economistas contrários à realocação argumentam que trabalhadores altamente qualificados com empregos de remuneração mais alta, como contadores e engenheiros de *software*, foram substituídos por trabalhadores mais baratos, embora também altamente instruídos, de países como China e Índia. Além disso, a queda do emprego no setor de manufatura causou temor entre os trabalhadores. A controvérsia emana principalmente do medo da incerteza, uma vez que os efeitos da realocação de processos não foram (ainda) comprovados de forma conclusiva. Este modelo racionaliza as escolhas em relação à realocação de processos e à terceirização, ajudando os tomadores de decisão a reduzir as incertezas.

### Referência bibliográfica

ARON, R.; SINGH, J. "Getting off-shoring right". *Harvard Business Review*, 83(12), dez. 2005, p. 135-43.

# Parte 2

# Modelos táticos

Estes modelos ajudam a organizar processos, recursos e pessoas de uma empresa.
Eles abordam questões 'práticas' ao analisar e projetar organizações excelentes.

# Capítulo 19

# 4Ps do marketing de Kotler

## Ideia geral

Conhecido como os 'Quatro Ps', o composto de marketing descreve a posição estratégica de um produto no mercado. Sua premissa indica que as decisões de marketing geralmente se dividem nas quatro categorias controláveis a seguir:

1. Produto (características).
2. Preço.
3. Praça (distribuição).
4. Promoção.

Quando agrupadas nessas quatro categorias, as decisões de marketing podem ser justificadas e escolhidas de forma deliberada, levando-se em conta os efeitos pretendidos. Esse conceito foi popularizado por Kotler (2000) e Kotler e Keller (2006).

## Quando usar

O composto de marketing é um conjunto de ferramentas táticas que uma organização pode utilizar como parte de sua estratégia de marketing para conceber sua estratégia corporativa. O fato de uma organização poder ajustar regularmente os 4Ps permite que ela acompanhe as constantes mudanças nas necessidades dos clientes em seu segmento-alvo e de todo o público envolvido em seu ambiente de marketing.

## Como usar

Há três etapas básicas:

1. **Etapa 1: Pesquisa.** Para desenvolver um composto de marketing que satisfaça com precisão às necessidades dos clientes em seu mercado-alvo, é preciso primeiro coletar informações.

2. **Etapa 2: Análise das variáveis e determinação do composto ideal.** O composto de marketing ideal deve ser determinado, o que permitirá à organização atingir um

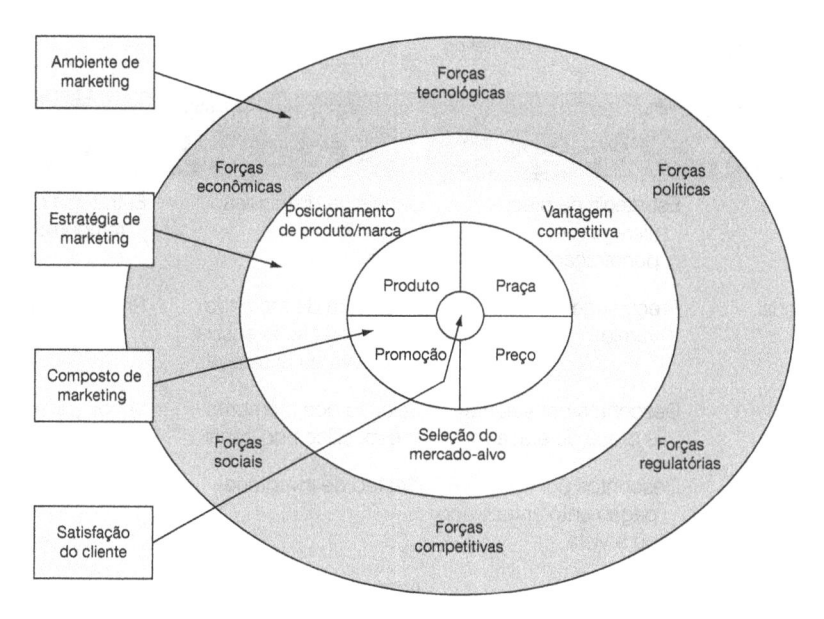

**FIGURA 19.1** Composto de marketing: os 4Ps do marketing de Kotler

*Fonte*: Kotler, P. and Keller, K. L. *Marketing management*, 12ª edição. Upper Saddle River, NJ: Prentice Hall, 2006, p. 27.

equilíbrio entre satisfazer seus clientes e maximizar sua lucratividade. Isso significa tomar decisões com relação às questões ilustradas em cada uma das categorias da tabela apresentada.

- *Produto*: você realmente produz o que seus clientes querem? Entre as possíveis decisões e atividades relativas ao produto estão: desenvolvimento de um novo produto, modificação de produtos existentes e eliminação dos produtos que não são mais atraentes nem tão rentáveis. Há também uma variedade de atividades estreitamente ligadas ao produto que podem ser consideradas, como gestão da marca, definição da embalagem, concessão de garantias e atendimento às reclamações.

- *Praça (distribuição)*: seus produtos estão disponíveis nas quantidades certas, no lugar certo, na hora certa? E você consegue isso mantendo os menores custos de estoque, transporte e armazenamento? Analise e compare as diversas possibilidades de distribuição antes de selecionar a opção mais apropriada. Novamente, há uma série de atividades relacionadas com essa categoria, tais como: selecionar e motivar intermediários, controlar estoques e administrar o transporte e a armazenagem com a maior eficiência possível.

- *Promoção*: qual a melhor maneira de informar/educar grupos de clientes sobre sua organização e seus produtos? Tipos diferentes de atividades promocionais podem ser necessários, dependendo se a organização pretende lançar um novo produto, aumentar a conscientização a respeito de características específicas de um produto já existente ou manter o interesse em um produto disponibilizado no mesmo formato há um longo tempo. Portanto, as decisões devem ser tomadas para encontrar a maneira mais eficaz de entregar a mensagem desejada ao público-alvo.

**TABELA 19.1** Decisões do composto de marketing

| Decisões de produto | Decisões de preço | Decisões de distribuição (praça) | Decisões de promoção |
|---|---|---|---|
| Nome de marca | Estratégia de preços (filtragem e penetração) | Canais de distribuição | Estratégia promocional (empurrar ou puxar) |
| Design funcional | Preço sugerido ao varejo | Cobertura de mercado (distribuição intensiva, seletiva ou exclusiva) | Propaganda |
| Qualidade | Descontos por volume e preço de atacado | Seleção dos membros específicos do canal | Venda pessoal e força de vendas |
| Segurança | Descontos por pagamento antecipado ou à vista | Gestão de inventário | Promoção de vendas |
| Embalagem | Preço sazonal | Armazenagem | Relações públicas e assessoria de imprensa |
| Reparos e assistência | Pacotes econômicos | Centros de distribuição | Marketing |
| Garantia | Flexibilidade de preços | Processamento de pedidos | Verba de comunicação |
| Acessórios e serviços | Discriminação de preços | Transporte | |
| | | Logística reversa | |

- *Preço*: quanto seus clientes estão dispostos a pagar? O valor obtido em uma compra é fundamental para os consumidores; o preço também pode ser utilizado como ferramenta competitiva, não somente nas guerras de preços, mas também no aprimoramento da imagem. As decisões de preço são, portanto, altamente delicadas.

3 **Etapa 3: Controle.** O monitoramento e o controle contínuos são essenciais para garantir a eficácia do composto escolhido e, também, da forma como está sendo executado.

## Análise final

Um dos problemas do modelo 'Quatro Ps' é que eles têm a tendência de continuar crescendo em número, trazendo a questão: "Até onde vai o marketing?". De todos os candidatos, o fator 'pessoas' é, sem dúvida, o quinto P mais aceito. Afinal, as pessoas são responsáveis pelo composto de marketing como profissionais da área, tornam os bens/serviços disponíveis no mercado como intermediários; criam a necessidade do marketing como consumidores/compradores; desempenham um papel importante quando se trata de níveis de serviço, recrutamento, treinamento, retenção e assim por diante.

É tentador considerar as variáveis do composto de marketing controláveis, mas lembre-se de que há limites: as alterações de preço podem ser restringidas por condições econômicas ou regulamentações governamentais; mudanças no *design* e na promoção dos produtos são onerosas e não ocorrem da noite para o dia; custa caro contratar e treinar pessoas. Não se esqueça de ficar de olho no que está acontecendo no macroambiente, uma vez que alguns eventos podem ter um impacto maior do que se imagina.

Em última análise, o marketing bem-sucedido tem muito a ver com a intuição. Enquanto o composto de marketing consiste em um instrumento útil quando se trata de analisar e ordenar, sempre é preciso considerar a multiplicidade de possíveis decisões de marketing.

## Referências bibliográficas

KOTLER, P. *Marketing management: the millennium edition*. Upper Saddle River, NJ: Prentice Hall, 2000.

KOTLER, P.; KELLER, K.L. *Marketing management*, 12ª edição. Upper Saddle River, NJ: Prentice Hall, 2006.

## Capítulo 20

# Análise de valor dos custos administrativos

## Ideia geral

A análise de valor dos custos administrativos (OVA — *overhead value analysis*) é uma técnica usada para encontrar oportunidades de reduzir custos administrativos. O modelo concentra-se na redução e na otimização das atividades e serviços indiretos nas organizações. Essa análise explicita as oportunidades de melhoria e compara os custos das atividades indiretas com a saída dos processos primários, usando para isso o modelo da cadeia de valor de Porter (p. 13).

## Quando usar

A metodologia OVA pode ser usada para reorganizar e eliminar o excesso de atividades administrativas. Na prática, porém, a gerência recorre a ela como uma medida preventiva ou como um último recurso. O resultado pretendido não se limita necessariamente à redução de custos; muitas organizações querem apenas aumentar o conhecimento a respeito das demandas de serviço do cliente interno. Fica claro que uma análise de valor dos custos administrativos exerce um impacto significativo nas atividades indiretas das pessoas envolvidas.

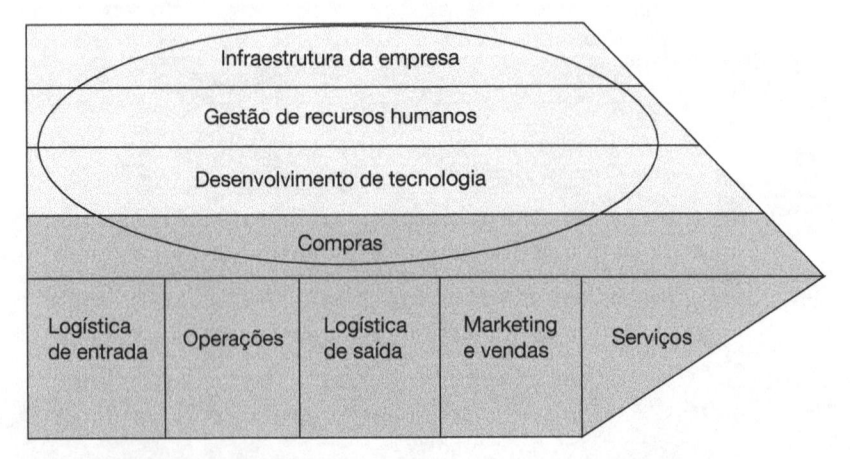

**FIGURA 20.1** Análise de valor dos custos administrativos representada na cadeia de valor

Resultados financeiros em declínio e falta de versatilidade organizacional foram os primeiros sinais de que o cliente, um desenvolvedor de tecnologia avançada para controle remoto de uso militar, deveria reavaliar suas funções organizacionais indiretas. Uma equipe específica de análise de valor dos custos administrativos foi formada para identificar atividades administrativas e fez uma lista de todos os componentes e custos. Em seguida, deu início a um projeto de OVA completo para reestruturar a empresa e reduzir drasticamente o número de funções indiretas. O resultado foi a transformação de uma estrutura funcional em uma unidade de negócios direcionada ao mercado: os departamentos entregavam valor a seus clientes internos e muitas tarefas, antes divididas entre funções primárias e secundárias, foram descentralizadas. O processo de mudança contou com amplo apoio na organização, à medida que todas as partes envolvidas sentiam que participavam de sua própria 'reinvenção'.

## Como usar

Seis etapas básicas compõem uma análise de valor dos custos administrativos:

1. A primeira delas consiste em *criar uma base*, incluindo uma definição da entrega exigida, das atividades necessárias e da avaliação do produto final.

2. Na segunda etapa, deve-se fazer uma *lista ordenada das atividades e custos*. Essa fase inclui estimar os custos de entrada/recursos, os custos das atividades e a alocação dos custos aos produtos, geralmente com o suporte do custeio baseado em atividades (ABC, p. 107).

3. Na etapa três, é necessária uma *avaliação pelo cliente* do serviço e da entrega. Os aspectos relevantes são: necessidade (ou seja, crucial, indispensável ou desejável), qualidade, quantidade e custo. Pede-se aos clientes tanto uma avaliação da entrega atual quanto uma indicação de melhorias. Entrevistas e questionários são utilizados na avaliação pelos clientes.

4. Na etapa quatro, a equipe formada para esta análise deve *identificar oportunidades de redução de custos* com base nas possíveis melhorias indicadas. Isso obriga a organização a se posicionar sobre as prioridades de entrega e atividades exigidas.

5. No passo cinco, deve-se *priorizar oportunidades* com a ajuda dos quatro elementos utilizados anteriormente na avaliação dos clientes:
    - Necessidade: agrega valor?
    - A qualidade da entrega é suficiente?
    - A quantidade da entrega é suficiente?
    - Pode ser feito a um custo razoável?

É mais importante identificar e priorizar oportunidades do que questionar se há necessidade de eliminar, alterar, automatizar, integrar e/ou terceirizar certas atividades. Trata-se de um processo muito pragmático, executado pela administração em conjunto com especialistas e gestores dos departamentos de custos administrativos.

6. Por fim, como um projeto em si mesmo, a etapa final consiste na execução do conjunto de mudanças debatidas e decididas nas cinco fases anteriores.

---

**Fatores de sucesso de um projeto de análise de valor dos custos administrativos**

- Os objetivos organizacionais são conhecidos.
- A estrutura organizacional está estabelecida.
- O escopo da análise está determinado.
- Nenhum outro projeto interfere nem interrompe a análise.
- Há apoio suficiente em toda a organização.

---

## Análise final

Os resultados de uma análise de valor dos custos administrativos são muitas vezes apresentados em números, ao passo que a maior parte da coleta de dados é na verdade qualitativa. Uma vez que os dados necessários são obtidos de funcionários cujos empregos poderão ser discutidos, recomenda-se usar *benchmarking* para verificar as informações fornecidas. Outras armadilhas potenciais dessa análise são:

- Insuficiência de dados e informações.
- Falta de apoio para resultados e argumentos.
- Falta de apoio para a implementação.

Tanto a administração quanto os analistas devem facilitar o processo o máximo possível para as *pessoas envolvidas (funcionários)*. A maior contribuição para o sucesso potencial da análise de valor dos custos administrativos é fazer com que todos se envolvam no processo a ponto de se considerarem parte dos planos. Muitas vezes essa análise é usada em combinação com o *custeio baseado em atividades* (ABC, p. 107).

## Referências bibliográficas

DAVIS, M.E.; FALCON, W. D. *Value analysis, value engineering: the implications for managers.* Nova York: American Management Association, 1964.

MOWEN, M.M.; HANSON, D.R. *Management accounting: the cornerstone for management decisions.* Mason, OH: Thomson South-Western, 2006.

Capítulo **21**

# Análise Dupont

## Ideia geral

A análise DuPont pode ser usada para ilustrar o impacto de diferentes fatores sobre importantes indicadores de desempenho financeiro, como retorno sobre capital empregado (ROCE — *return of capital equity*), retorno sobre ativos (ROA — *return of assets*) ou retorno sobre patrimônio (ROE — *return of equity*)[1]. Uma vez que essas taxas podem ser calculadas com base em uma fórmula simples, o modelo permite entender melhor os elementos implícitos que constituem essas taxas. Assemelha-se à análise de sensibilidade, no sentido de que o modelo torna possível prever o efeito da variabilidade em uma ou mais variáveis de entrada. A ferramenta é bem conhecida na área de compras por demonstrar o tremendo impacto de uma gestão eficaz de compras na lucratividade.

## Quando usar

O modelo pode ser usado de muitas maneiras. Em primeiro lugar, como base para o *benchmarking* (p. 92), isto é, a comparação entre diferentes empresas de um setor para descobrir porque algumas delas atingem retornos superiores em comparação com outras empresas semelhantes. Em segundo, serve para prever o efeito de possíveis ações gerenciais.

A análise DuPont evidencia grandes diferenças entre os setores. Quando se analisa o ROE, uma taxa alta pode ser causa tanto de 'eficiência operacional' como de 'eficiência de capital'. Setores com *turnover* alto (por exemplo, o varejo) tendem a enfrentar margens baixas de lucro, giro alto dos ativos e multiplicador moderado de patrimônio. Outros setores, como o de moda, dependem de altas margens de lucro. No setor financeiro, o ROE é determinado principalmente pela alta alavancagem: obter grandes lucros com ativos relativamente baixos. É essencial escolher cuidadosamente empresas semelhantes ao analisar como melhorar a lucratividade de uma companhia específica.

---

1. Abreviaturas dos termos em inglês.

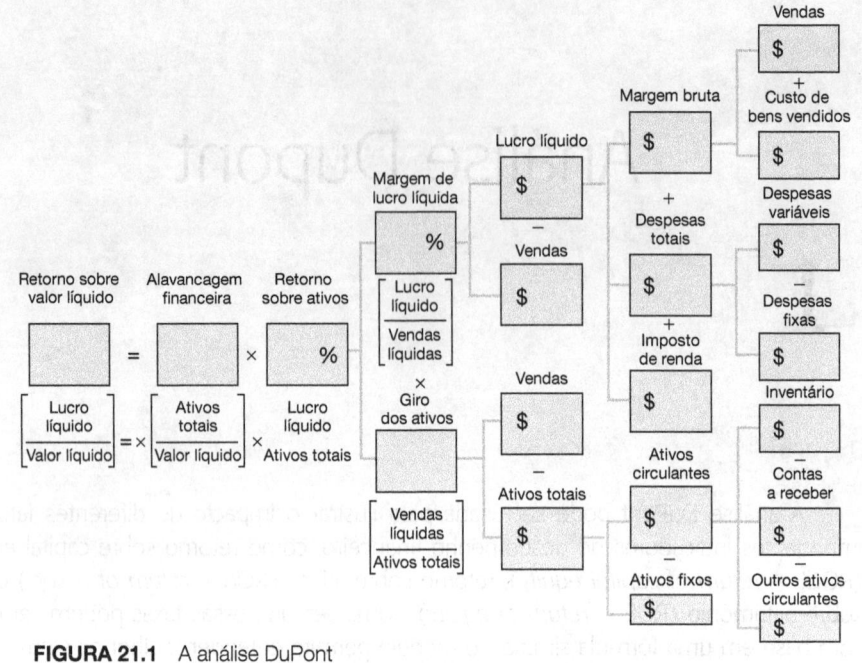

**FIGURA 21.1** A análise DuPont

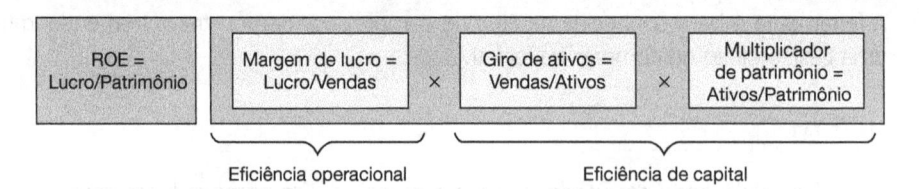

**FIGURA 21.2** Retorno sobre o patrimônio = eficiência operacional e de capital

## Como usar

As etapas a seguir devem ser executadas em uma análise DuPont:

1. Inserir as informações básicas no modelo. Em especial, identificar as informações sobre vendas, obrigações livres de impostos, custos totais, patrimônio, ativos com alta ou baixa liquidez.

2. Calcular os outros parâmetros usando as fórmulas da figura. Isso fornecerá uma visão básica da lucratividade atual.

3. Determinar as melhorias que podem ser efetuadas e seu impacto sobre custos, vendas e ativos. O efeito de uma mensuração (melhorias potenciais) pode ser calculado e usado como dado de entrada no modelo, ao passo que o modelo mostra o efeito sobre ROCE, ROA e ROE.

4. Comparar diferentes ações potenciais de melhoria de desempenho com os respectivos investimentos necessários (tempo, dinheiro e envolvimento organizacional) e seu impacto sobre a lucratividade.

**O que fazer**
- Analise empresas semelhantes para identificar como obtêm determinados ROCE, ROA e/ou ROE. Isso indica as áreas a serem melhoradas.
- Analise quais parâmetros são essenciais para melhorar a lucratividade.

**O que não fazer**
- Esta não é uma ferramenta de tomada de decisão. A comparação do impacto de uma ação de melhoria consitui um primeiro passo. Muitas vezes também se faz necessária uma análise detalhada para avaliar o resultado possível das potenciais ações de melhoria.
- Não deixe de considerar questões não financeiras que não são tratadas por essa abordagem.

## Análise final

A análise DuPont ajuda a determinar os fatores que mais influenciam a lucratividade. No entanto, a identificação desses fatores representa somente uma parte da história. O próximo passo é encontrar ações apropriadas que melhorem a lucratividade. A gestão desse projeto de melhoria no mundo real é uma tarefa desafiadora. A análise de causa-raiz / análise de Pareto (p. 176) pode ajudar a determinar quais ações são apropriadas. O *balanced scorecard* (incluindo os indicadores-chave de desempenho) também pode ser usado para medir o progresso de uma empresa em relação a parâmetros essenciais (p. 182). No entanto, a análise DuPont focaliza apenas parâmetros financeiros e exclui outros elementos, como a motivação dos funcionários e demais fatores não financeiros de extrema importância.

## Referências bibliográficas

BODIE, Z.; KANE A.; MARCUS, A.J. *Essentials of investments*. 5ª edição. Nova York: Irwin/McGraw-Hill, 2004. p. 458–9

GROPPELLI, A.A.; NIKBAKHT, E. *Finance*. 4ª edição. Nova York: Barron's Educational Series, 2000. p 444.

ROSS, S.A.; WESTERFIELD, R.; JAFFE, J. *Corporate finance*. 5ª edição. Maidenhead: McGraw-Hill, 1999.

# Capítulo 22

# Análise MABA

## Ideia geral

A análise MABA compara a relativa atratividade do mercado (MA – *market attractiveness*) no qual está inserida uma empresa ou uma combinação de produto–mercado com a atratividade do negócio (BA – *business attractiveness*), determinada pela capacidade de operar em uma combinação de produto–mercado. A matriz MABA é uma ferramenta útil para tomar decisões relacionadas com o portfólio de negócios. A atratividade de mercado é determinada por indicadores externos, como margens de lucro, tamanho do mercado, crescimento do mercado (expectativas), concentração, estabilidade e competitividade. A análise das cinco forças de Porter (p. 2) e a matriz BCG (p. 41) constituem modelos adequados para avaliar esses indicadores.

## Quando usar

A análise MABA serve especialmente para indicar novas oportunidades de negócios. A atratividade do negócio é determinada, em grande parte, por indicadores relacionados com a empresa, tais como grau de combinação produto–mercado, segmento de mercado ou atividade comercial, e sua adequação lógica a bens, serviços, atividades ou competências atuais. A posição de uma empresa na cadeia de valor e a rede de fornecedores e clientes também têm relevância. Será que a empresa é capaz de beneficiar-se de economias de escala ou de outros efeitos sinergéticos ao assumir uma alternativa específica de combinação produto–mercado?

## Como usar

O primeiro passo para fazer uma análise MABA é decidir quais indicadores são importantes na determinação das duas dimensões da atratividade e quão importantes, relativamente, elas são (peso). É óbvio que um conjunto de indicadores e pesos obtidos de uma fonte independente conduz a resultados mais objetivos. O segundo passo é definir as combinações produto–mercado, as oportunidades, os segmentos ou as atividades que estarão sujeitas à análise MABA. Embora não precisem ser mutuamente exclusivas, um fator importante deve ser considerado: o grau em que uma oportunidade afeta a atratividade de outra.

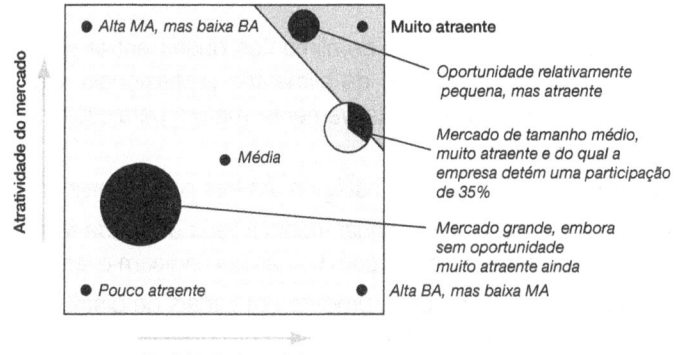

**FIGURA 22.1** A análise MABA

Gestores e consultores acham muito útil colocar as oportunidades mais atraentes no canto superior esquerdo ou direito da matriz. Alguns analistas criam quadrantes ou mais blocos dentro da matriz. Outra maneira de realçar as oportunidades mais atraentes ou separar as melhores das piores é aplicar curvas ou linhas diagonais que servem como separadores ou limiares. Às vezes, pontos na matriz MABA são substituídos por 'bolhas', para indicar a dimensão do mercado em unidades ou valores, em uma fatia de gráfico de pizza para indicar a participação de mercado atual da empresa.

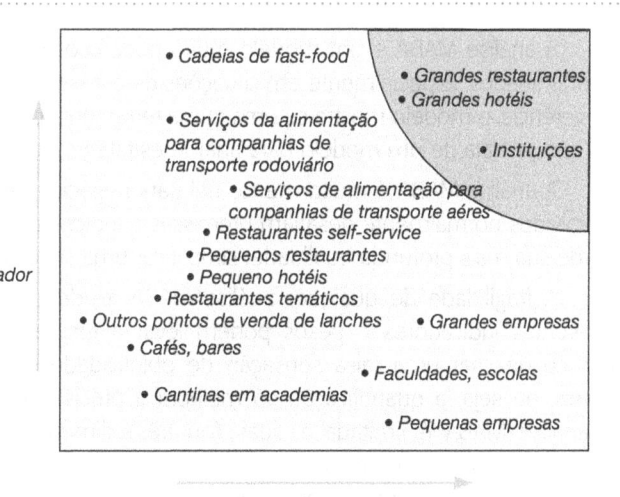

**FIGURA 22.2** Exemplo de análise MABA para uma indústria alimentícia

Uma grande empresa produtora de alimentos queria entrar no segundo estágio de desenvolvimento de sua divisão de alimentos profissionais. Com tantas novas oportunidades e uma organização relativamente imatura para esse mercado, foi recomendada uma análise MABA.

A análise foi realizada em alguns estágios. As três partes mais importantes são:

- Porcentagem de crescimento anual médio *versus* atividade relativa na combinação de produto–mercado–canal com bolhas que indicam o tamanho do mercado.
- Análise da penetração de cada produto em canais de distribuição *versus* a importância relativa do produto nos canais, com base no giro médio por ponto de vendas em relação a todos os produtos.
- O crescimento relativo da empresa em todos os mercados relevantes *versus* o crescimento anual médio desses mercados (em correspondência com a matriz BCG) com a indicação da participação da empresa.

A análise MABA ajudou nosso cliente a identificar três grandes oportunidades ao mesmo tempo em que o próprio processo de identificação de combinações produto–mercado resultou em uma nova estrutura organizacional.

*Nota:* Como na maioria dos casos, a realidade provou ser muito mais complexa do que uma simples análise MABA. As análises de apoio para a avaliação da atratividade do mercado e de negócios foram mais amplas do que descrita neste breve exemplo.

## Análise final

A análise MABA é um modelo muito poderoso para ajudar empresas a priorizar novas oportunidades. Especialmente em situações de escassez de recursos financeiros ou de tempo da gerência, o modelo mostra-se uma ótima ferramenta para a tomada de decisões. Lembre-se de que se trata de um modelo para análise estratégica similar à matriz BCG.

A análise MABA é muito menos útil para negócios existentes. Os gestores e consultores envolvidos normalmente desafiam premissas e índices em tal nível de detalhe que o modelo perde sua mais profunda qualidade: simplificar uma situação complexa.

A fragilidade de qualquer análise MABA reside em escolher e ponderar indicadores. Diferentes indicadores e pesos podem levar a resultados muito diversos. Existe também o risco de criar uma falsa sensação de objetividade quando os indicadores são quantificáveis, ou seja, a quantificação só melhora a precisão em uma escala subjetiva escolhida. A análise MABA é limitada a duas (ou três) dimensões artificialmente combinadas. Outras análises MABA muito mais abrangentes devem ser realizadas utilizando-se diferentes indicadores para compensar essa fraqueza.

## Referência bibliográfica

KOTLER, P. *Marketing management*. The millennium edition, 10ª edição. Upper Saddle River, NJ: Prentice Hall, 2000.

Capítulo **23**

# Beer e Nohria — Teorias E e O

## Ideia geral

Beer e Nohria empregaram duas abordagens diferentes à mudança organizacional no mundo atual, de acordo com suas observações, pesquisas e experiências. Eles as chamaram de *Teoria E* e *Teoria O* da mudança:

- **Teoria E.** O propósito da Teoria E é a criação de valor econômico, que geralmente significa valor para o acionista. Seu foco está na estrutura e nos sistemas formais. Orienta-se a partir da alta gerência com o amplo apoio de consultores e de incentivos financeiros. A mudança é planejada e programática.

- **Teoria O.** O propósito da Teoria O é o desenvolvimento da capacidade humana de uma organização para implementar estratégia e aprender sobre a eficácia das mudanças efetuadas a partir das ações tomadas. Seu foco está no desenvolvimento de uma cultura de alto compromisso. Seu meio de realização consiste em profundo envolvimento, situação em que se depende menos de consultores e incentivos para impulsionar a mudança. A mudança acontece naturalmente, sem ser planejada nem programática.

Ambas as abordagens devem ser implementadas simultaneamente para criar mudança sustentável na organização. Como acontece com todas as ações gerenciais, essas abordagens são guiadas por diferentes premissas assumidas pelos líderes da empresa em relação aos propósitos e meios da mudança. Na verdade, ambas as abordagens de mudança organizacional representam teorias usadas por altos executivos e pelos consultores e acadêmicos que os aconselham.

## Quando usar

A diferença entre as duas teorias é explicada na tabela a seguir, com a comparação de seis diferentes dimensões da mudança. Além disso, propõe-se uma combinação de ambas as abordagens que mostra, como argumentam os autores, como obter o melhor dos dois mundos.

**TABELA 23.1** Teorias E e O

| Dimensões da mudança | Teoria E | Teoria O | Teorias E e O combinadas |
|---|---|---|---|
| Objetivos | Maximizar o valor para o acionista | Desenvolver capacidades organizacionais | Acolher explicitamente o paradoxo entre valor econômico e capacidade organizacional |
| Liderança | Gerenciar a mudança de cima para baixo | Encorajar a participação de baixo para cima | Estabelecer a direção de cima para então engajar as pessoas abaixo |
| Foco | Enfatizar a estrutura e os sistemas | Fortalecer a cultura corporativa: comportamento e atitudes dos funcionários | Focar simultaneamente no *hard* (estruturas e sistemas) e no *soft* (cultura corporativa) |
| Processo | Planejar e estabelecer programas | Experimentar e evoluir | Planejar para a espontaneidade |
| Sistema de recompensas | Motiva por incentivos financeiros | Motiva por compromisso — usar a remuneração como troca justa | Usar incentivos para reforçar a mudança, mas não para impulsioná-la |
| Uso de consultores | Consultores analisam problemas e moldam soluções | Consultores apoiam a gerência para criar suas próprias soluções | Consultores são recursos especializados que capacitam os funcionários |

## Como usar

A teoria pode ser usada por empresas que querem determinar uma estratégia para a mudança. Em vez de usar apenas uma teoria ou ambas em sequência, uma empresa deve implementar a Teoria E e a Teoria O ao mesmo tempo. A aplicação simultânea de ambas as teorias pode ser fonte de vantagem competitiva sustentável. A empresa deve confrontar, de modo explícito, a tensão entre os objetivos E e O e admitir o paradoxo entre as duas teorias.

A empresa deve ser conduzida por um líder que defina claramente e organize as mudanças organizacionais. Ao mesmo tempo, esse líder deve ouvir e pedir opiniões dos níveis funcionais mais baixos, deslocando o poder da matriz para o local onde os negócios acontecem.

A empresa deve concentrar-se simultaneamente em mudanças *hard* e *soft*. Mudanças *hard*, como nas estruturas e sistemas corporativos, devem ser executadas ao mesmo tempo em que se fazem mudanças *soft* na dinâmica do ambiente corporativo e sua cultura. O objetivo deve ser tornar a organização financeiramente saudável e um ótimo lugar para trabalhar.

A empresa deve buscar a espontaneidade. Em vez de seguir um padrão estrito de reorganização ou uma política de experimentação, ela deve buscar o aprendizado. Os gerentes devem ser encorajados a aprender a todo custo. Contudo, aqueles que não querem ou não conseguem aprender devem ser substituídos. A ideia deve ser usar o que se aprendeu para remover peso morto.

A empresa deve usar uma variedade de incentivos para encorajar o bom trabalho dentro da estrutura corporativa. Em vez de remunerar os gerentes apenas quando atingem os objetivos financeiros, deve-se recompensá-los quando atingem metas relacionadas ao desempenho; o mesmo se aplica aos funcionários em geral. Em vez de depender de incentivos que se concentram em uma única questão, deve-se adequá-los de maneira a encorajar gerentes e funcionários a dar o melhor de si.

Por fim, os consultores devem encorajar os gerentes a não pensar e agir cegamente de acordo com um conjunto de procedimentos. A presença de consultores muitas vezes faz os gerentes renunciarem à liderança; em vez disso, os consultores devem ajudar os gerentes a se tornarem líderes melhores. Os gerentes devem ser encorajados a usar os consultores como uma ferramenta e nada mais.

## Análise final

A questão básica que este modelo tenta abordar é: "O foco (da mudança) deve estar na eficiência e na maximização econômica (Teoria E) ou na cultura e estabilidade institucionais (Teoria O)?". Tradicionalmente, as organizações tendem a destacar mais um aspecto que o outro. No entanto, as abordagens podem falhar quando utilizadas separadamente, ao passo que, em conjunto, ambas podem ser bem-sucedidas. Tentar combiná-las pode levar ao sucesso, mas requer grande habilidade e força de vontade para alcançar resultados satisfatórios. As empresas não devem recuar diante desse desafio.

## Referência bibliográfica

BEER, M.; NOHRIA, N. *Breaking the code of change*. Cambridge, MA: Harvard Business School Press, 2000.

# Capítulo 24

# Benchmarking

## Ideia geral

O *benchmarking* é a comparação sistemática dos processos e desempenhos organizacionais baseados em indicadores predefinidos. Seu objetivo é encontrar as lacunas entre as melhores práticas e o desempenho atual da organização a fim de criar novos padrões e/ou melhorar processos.

Há quatro tipos básicos de *benchmarking*:

1 **Benchmarking interno**: comparação de práticas e desempenhos entre áreas de uma organização; por exemplo, entre unidades de negócios.

2 **Benchmarking competitivo**: comparação entre indicadores e desempenhos de uma organização e seus competidores diretos.

3 **Benchmarking funcional**: comparação entre indicadores e desempenhos de uma organização e de várias outras organizações no mesmo ramo de negócios.

4 **Benchmarking genérico**: comparação entre indicadores e desempenhos de uma organização com organizações de ramos de negócios não relacionados para encontrar melhores práticas genéricas.

Todos os tipos de *benchmarking* podem ser úteis: eles podem fornecer novas visões sobre as forças e fraquezas de uma organização; são objetivos; revelam problemas e indicam possíveis melhorias; e apontam normas, novas diretrizes e ideias criativas para melhorar o desempenho organizacional.

Os métodos de *benchmarking* variam na medida em que se incluem características situacionais e/ou fatores explicativos para levar em conta as diferenças entre as empresas. Além disso, alguns métodos incluem tendências potenciais e desenvolvimento de melhores práticas ou outras questões objetivas que podem surgir em um setor.

## Quando usar

O uso do *benchmarking* depende do objetivo. Tendo em mente a diferença entre intenção e ação, podemos definir o objetivo do *benchmarking* como uma fonte para responder a qualquer uma das seguintes questões:

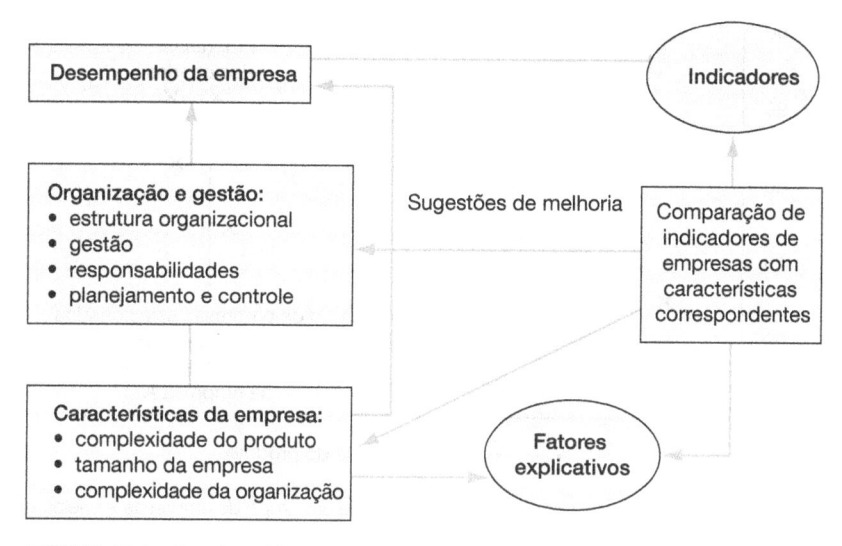

**FIGURA 24.1** *Benchmarking*

- Até que ponto somos bons no que fazemos?
- Somos tão bons quanto os outros no que fazemos?
- Como podemos fazer melhor o que fazemos?

O escopo de um projeto de *benchmarking* é determinado por seu impacto potencial sobre a organização, o grau de transparência com que os resultados podem ser comunicados para aumentar a taxa de sucesso de projetos correspondentes de melhoria, e o nível de esforço necessário para alcançar resultados que sejam valiosos na prática.

## Como usar

Idealmente, as organizações (ou empresas semelhantes) que estão sendo comparadas no *benchmarking* devem ter desempenho igual ou melhor que o da organização-alvo (ou empresas semelhantes). Em geral, o grupo de referência é identificado por meio de especialistas no ramo e de publicações. No entanto, as diferenças em produtos, processos, estrutura ou no tipo de liderança e de gestão tornam difícil fazer uma comparação direta entre as organizações.

É possível superar essa dificuldade de maneira prática. Pesquisas indicam que se pode comparar organizações com o uso transversal de alguns indicadores, com base em fatores explicativos. A entrega confiável de um produto, por exemplo, depende de sua complexidade. Portanto, um grupo de empresas cujos produtos tenham um nível similar de complexidade terá indicadores similares e formará um grupo de referência adequado sobre este assunto. Veja as figuras a seguir.

As premissas sobre o desempenho da empresa-alvo podem tornar-se mais precisas ao fazer o *benchmarking* do indicador (por exemplo, 'confiabilidade de entrega') de acordo com vários fatores explicativos.

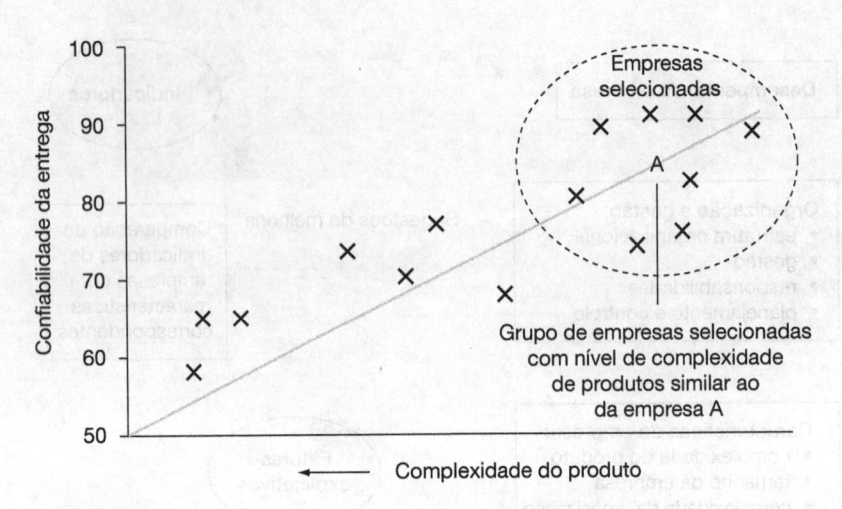

**FIGURA 24.2** Exemplo de *benchmarking*: seleção de um grupo de empresas semelhantes

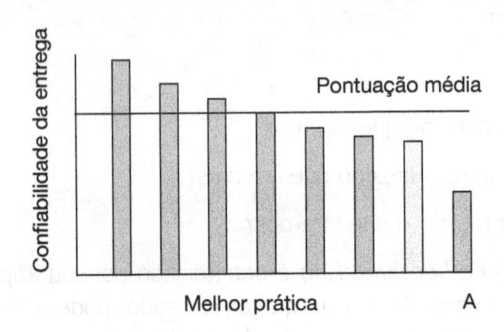

**FIGURA 24.3** Exemplo de *benchmarking*: identificação da melhor prática

---

**A prática de *benchmarking* implica as seguintes (e por vezes sobrepostas) etapas:**

1. Determinar o escopo do projeto.
2. Escolher o(s) parceiro(s) de *benchmarking*.
3. Determinar medida(s), unidades, indicadores e o método de coleta de dados.
4. Coletar os dados.
5. Analisar discrepâncias — chegar aos fatos por trás dos números.
6. Apresentar a análise e discutir implicações em termos de (novos) objetivos.
7. Gerar um plano de ação e/ou procedimentos.
8. Monitorar o progresso pelo contínuo uso de *benchmarking*.

## Análise final

O *benchmarking* não é simples. Com frequência, gestores ou consultores semicomprometidos realizam essa prática sem o uso de medidas predeterminadas ou ferramentas adequadas para análise e apresentação detalhadas. Sem dúvida, muitos projetos de *benchmarking* resultam em nada, em um exercício muitas vezes tido, com razão, como tão inútil quanto comparar peras e maçãs. Mesmo quando realizado de maneira estruturada, a síndrome do "nós somos diferentes deles" impede que o *benchmarking* resulte em mudanças para melhor. Além disso, a sensibilidade competitiva pode sufocar o fluxo livre de informações, mesmo dentro de uma organização. Aplicando-se fatores explicativos, o *benchmarking* pode fornecer não apenas dados comparativos que levam a gestão a melhorar o desempenho (na verdade, destacam as oportunidades de melhoria), mas também indicam soluções originais, porém testadas, para problemas aparentemente difíceis. Argumentamos, portanto, que as diferenças entre as empresas do grupo de referência devem ser encorajadas, em vez de se tentar excluir produtos ou processos chamados de 'não comparáveis'.

## Referência bibliográfica

WATSON, G.H. *Strategic bench-marking: how to rate your company's performance against the world's best*. Nova York: John Wiley & Sons, 1993.

Capítulo **25**

# Centro de compras e suprimentos

## Ideia geral

O centro de compras e suprimentos é um modelo desenvolvido por A.T. Kearney, que pode ser usado para planejar, avaliar e monitorar as práticas de liderança em compras, seguindo-se o exemplo de empresas de sucesso. Trata-se do resultado do estudo "Práticas de liderança em compras" realizado por A.T. Kearney em 1996, com setenta e sete empresas de alto desempenho de diversos setores na América do Norte e na Europa. O modelo, construído na forma de uma casa, constitui-se de três níveis básicos: *processos de definição de direção*, *processos essenciais de compras* e *processos de apoio*, além de oito dimensões, chamadas de 'cômodos', as quais abrangem mais de cem itens detalhados que diferenciam líderes de retardatários.[1]

### Processos de definição de direção

- **Estratégia de compras.** Capitalizar as oportunidades de mercado relativas aos suprimentos como parte integrante da estratégia empresarial para conduzir à criação de valor por meio da inovação, da liderança de custos e marketing e da realização da receita.
- **Alinhamento organizacional.** Incorporar as habilidades e o conhecimento de compras aos principais processos de negócios da organização.

### Processos essenciais de compras

- **Fornecimento.** Aplicar técnicas avançadas para alavancar todo o potencial de valor por toda a base de despesas, dessa forma ajudando a empresa a entender suas competências essenciais.
- **Gestão do relacionamento com o fornecedor.** Gerenciar com eficácia a tensão entre o potencial de criação de valor e os riscos de cada relacionamento.
- **Gestão de processos operacionais.** Automatizar processos operacionais por meio do uso agressivo e inovador de tecnologias de *e-business*.

---

1. A.T. Kearney. *"The new procurement mandate: growing within tomorrow's supply webs"*. Relatório para discussão no Congresso, disponível em: <http://www.atkps.com/news/mandate.pdf>.

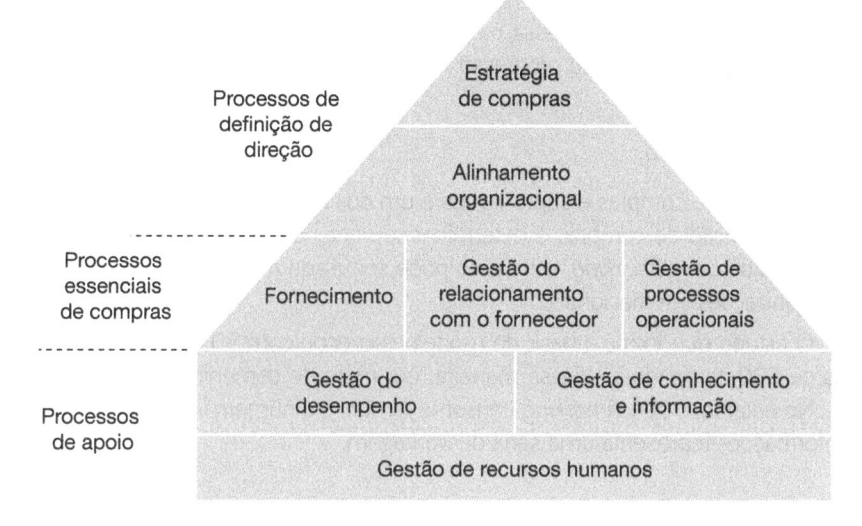

## FIGURA 25.1  O centro de compras e suprimentos

(Pirâmide)
- **Processos de definição de direção**: Estratégia de compras; Alinhamento organizacional
- **Processos essenciais de compras**: Fornecimento; Gestão do relacionamento com o fornecedor; Gestão de processos operacionais
- **Processos de apoio**: Gestão do desempenho; Gestão de conhecimento e informação; Gestão de recursos humanos

### Processos de apoio

- **Gestão do desempenho.** Vincular os números de compras aos resultados corporativos e objetivos estratégicos, tornando visível a contribuição da função de compras nos resultados.
- **Gestão de conhecimento e informação.** Capturar e compartilhar continuamente o conhecimento ao longo de processos, áreas geográficas, unidades de negócios e relacionamentos externos.
- **Gestão de recursos humanos.** Criar embaixadores da excelência em compras por meio de treinamento, incentivos e um vigoroso rodízio de funções dos profissionais de alto potencial por toda a organização.

## Quando usar

O centro de compras e suprimentos é um modelo apropriado para analisar e modificar qualquer função organizacional de compras com o objetivo de torná-la mais eficaz. O modelo ajuda a identificar oportunidades de melhoria por meio de dados de *benchmarking* específicos dessa função e, consequentemente, estimula o profissionalismo.

## Como usar

O questionário do estudo *"Assessment of excellence in procurement"* (avaliação de excelência em compras) está disponível na internet.[2] Quem responde recebe em troca um relatório customizado, contendo seus resultados em comparação com os de outras organizações e até mesmo de líderes de classe mundial. Por conseguinte, essa avaliação pode acelerar o profis-

---

2. <http://www.atkearney.com/main.taf?p=1,3,6,28>

sionalismo ao identificar rapidamente as potencialidades e oportunidades, além de mapear o curso de ação para o futuro. Dessa maneira, muitas organizações usam a avaliação em bases periódicas para monitorar seu progresso.

## Análise final

O centro de compras e suprimentos é um dos muitos modelos usados para descrever o escopo da função de compras e determinar seu nível de profissionalismo. Devido aos dados disponíveis de *benchmarking*, o modelo pode ser usado repetidas vezes, sobretudo por grandes organizações internacionais.

O estudo que forma a base do modelo começou com 50 respondentes e cresceu para mais de 600, tornando-se, dessa maneira, um meio de comunicação entre muitas organizações. No entanto, o *benchmarking* consome tempo, e o número limitado de publicações sobre as informações representa uma séria desvantagem.

## Referência bibliográfica

KEARNEY A.T. *"The new procurement mandate: growing within tomorrow's supply webs"*. Relatório para discussão no Congresso, disponível em: <http://www.atkps.com/news/mandate.pdf> (acessado em 6 de abril de 2008).

# Capítulo 26

# Ciclo de inovação

## Ideia geral

O ciclo de inovação é um modelo para analisar com eficiência e gerenciar com sucesso o ciclo de vida de uma inovação, ou seja, a criação de novos bens, processos e serviços que são essenciais à geração de vantagem competitiva (de longo prazo). Contudo, os processos de inovação são muitas vezes complexos e nada fáceis de gerenciar. Este modelo identificou, entre as fases do ciclo de vida de uma inovação, quais as mais importantes e as mais carentes de foco e atenção da gerência.

A criação de novos bens, processos e serviços representa um dos principais desafios da administração. O modelo identifica três fases principais necessárias para gerenciar com sucesso o ciclo de vida de uma inovação: *criação*, *implementação* e *capitalização*.

1. **A fase de criação.** As 'sementes' dos novos bens, processos e serviços são descobertas e organizadas nesta fase, que compreende três etapas: *recepção de incentivos*, *geração de ideias* e *processo de criação da função* (FCP, do inglês, *function creation process*):

    - **Recepção de incentivos** — nesta etapa, identificam-se e interpretam-se os incentivos externos que iniciam o processo de inovação. São exemplos de incentivos externos: diminuição do crescimento, enfraquecimento da marca, declínio da satisfação do cliente e desenvolvimento de novas tecnologias (ou de outras áreas do conhecimento).

    - **Geração de ideias** — nesta etapa, gerar novas ideias é a grande solução. Esse processo tem origem nos estímulos externos (incentivos recebidos), tal como geração de um clima criativo em que a variedade e a exploração exerçam papel central e no qual o caos e a energia sejam os maiores estímulos. Por exemplo, sessões de *brainstorming* em que se incentive um pensamento 'fora da caixa' podem resultar na geração de (muitas) novas ideias. As melhores delas são selecionadas e passam para a próxima fase. Durante esse processo, o foco deve recair sobre as necessidades do consumidor. A meta definitiva é gerar (novo) valor para os clientes, que pode ser reconhecido pela identificação do retorno sobre o investimento (ROI, do inglês, *return on investment*), dos riscos (tecnológicos e de mercado) e dos recursos (investimesto).

- **Processo de criação da função (FCP)** — nesta etapa, as ideias são transformadas em funções gerenciáveis. Além disso, os riscos são identificados e podem, portanto, ser controlados. Se as funções estão claras, é hora de passar para a próxima fase.

2. **A fase de implementação.** Nesta fase, aperfeiçoa-se o desenvolvimento do novo bem, processo ou serviço, e sua introdução no mercado é preparada e executada em duas etapas: *processo de criação do produto* (PCP, do inglês *product creation process*) e *introdução no mercado*.

   - **Processo de criação do produto (PCP)** — o novo bem e/ou serviço é desenvolvido a partir das especificações criadas na etapa de FCP. Durante o PCP, o produto é testado, por exemplo, por um protótipo ou piloto.
   - **Introdução no mercado** — nesta etapa, todos os aspectos da introdução no mercado são gerenciados. Isso também implica a preparação da fase seguinte (ORP, do inglês *order realisation process*).

3. **A fase de capitalização.** Na última fase, administra-se a comercialização do novo bem, processo e/ou serviço. Trata-se de como gerar valor (dinheiro) para a empresa a partir da(s) inovação(ões) criada(s). Esta fase é dividida em três etapas, nas quais a excelência operacional é a solução: o *processo de realização de pedidos* (ORP, do inglês *order realisation process*), o *processo de realização de serviços* (SRP, do inglês *service realisation process*) e a *utilização*.

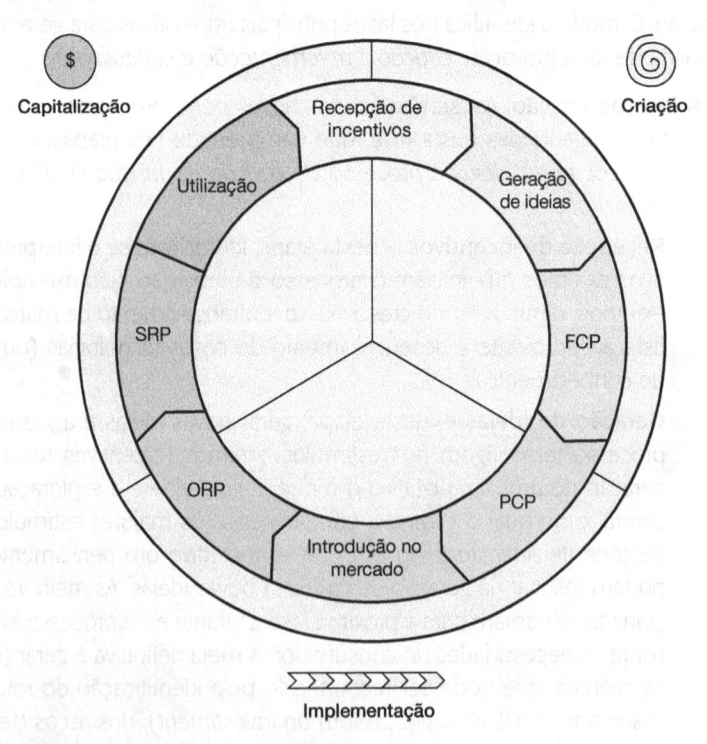

**FIGURA 26.1** O ciclo de inovação

- **Processo de realização de pedidos (ORP)** — nesta etapa, realiza-se a gestão do fluxo contínuo e repetitivo das entregas do produto, no que se refere à logística e à produção do novo bem. A integração com a logística existente e com a produção dos bens atuais é fundamental para a geração de sinergia e vantagens de escala.
- **Processo de realização de serviços (SRP)** — nesta etapa, assume-se a gestão do fornecimento de serviços (adicionais). Os novos serviços devem ser integrados ao processo atual.
- **Utilização** — A última etapa do ciclo de inovação relaciona-se à gestão das receitas dos novos produtos, o que implica a contínua preservação da margem de lucro. Para isso, há alternativas como redução dos custos de produção e pequenos ajustes no próprio produto. Esta fase termina com o fim do ciclo de vida do produto.

## Quando usar

O ciclo de inovação pode ser usado para gerenciar os ciclos de vida de uma variedade de inovações, sem deixar que passem despercebidos os aspectos relevantes do processo de inovação. Como esse processo divide-se em fases sucessivas, a atenção da gerência pode ser mais facilmente direcionada para o devido assunto durante o ciclo de vida da inovação.

## Como usar

As três fases do ciclo de inovação — criação, implementação e capitalização — devem ser gerenciadas de maneiras diferentes. Na de criação, predomina a busca por novas ideias; a gestão volta-se para a administração da criatividade, mas não da mesma maneira que no gerenciamento de programas e projetos, uma vez que os processos de busca não são direcionados a um objetivo claro (que é pré-requisito na gestão de programas e projetos). Em vez disso, esta fase pode ser gerenciada a partir de pesquisas paralelas para explorar diferentes soluções. Esse processo interativo termina quando se encontra, com certo grau de certeza, a solução mais apropriada para o problema.

A fase de implementação pode ser gerenciada com mais rigor. Seu objetivo é claro desde o início e inclui as diferentes funções do bem, processo e/ou serviço. Os recursos necessários (sobretudo, tempo e dinheiro) são, portanto, razoavelmente conhecidos e gerenciáveis. Esta fase pode ser bem administrada pela gestão de projetos.

Na fase de capitalização, o novo bem, processo e/ou serviço é integrado à operação atual, onde os programas de excelência operacional são apropriados.

## Análise final

O ciclo de inovação é uma ferramenta analítica para gestão de processos de inovação, que fornece estrutura para supervisionar a complexidade inerente a esses processos. Várias ferramentas analíticas para gestão de novos produtos foram desenvolvidas nas últimas décadas. A mais conhecida é o modelo de etapas e portões — *Stage Gate* (Cooper, 1986). Esse modelo e o ciclo de inovação são comparáveis, no sentido de que ambos fornecem uma abordagem para a gestão de diferentes estágios do processo de inovação. No entanto, o ciclo de inovação difere em dois sentidos. Em primeiro lugar, dá mais atenção à fase de capitalização. Dessa maneira, a gerência não concentra o foco somente na criação de novos produtos, mas na criação de novos produtos comercialmente interessantes e que possam ser integrados à atual infraestrutura operacional. Em segundo lugar, o ciclo de inovação difere na forma. Ele representa um processo contínuo, o que significa que a inovação não deve parar no fim do ciclo de vida de um produto. O fim de um produto pode servir como incentivo poderoso para novas ideias de produtos.

## Referência bibliográfica

COOPER, R.C. *Winning at new products*. Reading, MA: Addison-Wesley, 1986.

# Capítulo 27

# Configurações de Mintzberg

## Ideia geral

O modelo de Mintzberg descreve seis configurações organizacionais que ajudam a entender o que impulsiona as decisões e atividades de uma organização. Em sua essência, este modelo demonstra que um número limitado de configurações pode explicar muito do que se observa em diversas delas. As básicas contribuem para obter uma visão mais clara das organizações e de seus (tradicionais) problemas críticos. Seu uso pode evitar a escolha e a formatação de estruturas organizacionais 'erradas' e a coordenação ineficaz das atividades.

## Quando usar

As configurações de Mintzberg podem ser utilizadas para explorar as estruturas organizacionais e os processos associados a cada estratégia de uma organização. A gerência é capaz de determinar não apenas em qual categoria sua organização está inserida, mas também quais as mudanças necessárias para torná-la internamente consistente, bem como para resolver problemas de coordenação.

## Como usar

Ao utilizar o modelo das configurações organizacionais de Mintzberg (1990) para analisar e redesenhar (partes de) uma organização, deve-se começar por identificar seus blocos organizacionais. De acordo com Mintzberg, todas as organizações são constituídas por seis componentes essenciais:

1. Área operacional.
2. Planejamento estratégico / altas lideranças.
3. Gerências / lideranças intermediárias.
4. T.I.
5. Pessoal de apoio.
6. Ideologia.

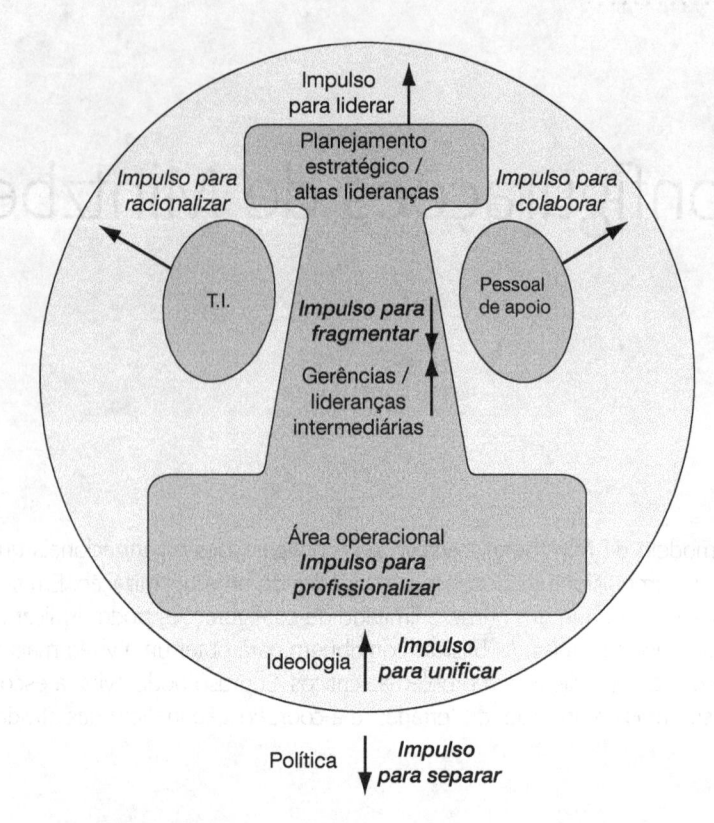

**FIGURA 27.1** Os seis componentes essenciais das organizações

*Fonte:* Mintzberg, H. *Structures in five*: designing effective organisations. Nova York: Prentice Hall, 1983, 1990.

De modo geral, as três primeiras estão conectadas por meio de uma cadeia única de autoridade formal. Na figura, portanto, essas partes são retratadas como uma peça única. TI e o pessoal de apoio de ambos os lados influenciam o núcleo de forma indireta, ao passo que a ideologia representa as normas e os valores (a 'cultura forte') que cercam e se disseminam dentro da própria organização. Esses seis blocos organizacionais constituem influenciadores internos da evolução de uma organização. Além disso, existem várias forças externas, como acionistas, fornecedores e clientes, que exercem impacto sobre ela.

Após a identificação e a configuração dos blocos organizacionais, uma empresa deve analisar e planejar mecanismos de coordenação adequados. Trabalho, administração e controle podem ser distribuídos de maneira diferente entre os blocos organizacionais. Dessa maneira, a utilização de diversos mecanismos de coordenação determina a estrutura final da organização. Além disso, na falta de um mecanismo de coordenação, há maior probabilidade de politização, já que várias partes da corporação competirão para preencher o vácuo do poder. Mintzberg distingue seis mecanismos de coordenação:

**TABELA 27.1** Configurações de Mintzberg

| Configuração | Mecanismo principal de coordenação | Parte principal da organização | Tipo de descentralização |
|---|---|---|---|
| Organização empresarial | Supervisão direta | Planejamento estratégico / altas lideranças | Centralização vertical e horizontal |
| Organização máquina | Padronização do trabalho | T.I. | Descentralização horizontal limitada |
| Organização profissional | Padronização de habilidades | Área operacional | Descentralização horizontal |
| Organização diversificada | Padronização de dados de saída | Gerências / lideranças intermediárias | Descentralização vertical limitada |
| Organização inovadora | Ajuste mútuo | Pessoal de apoio | Descentralização seletiva |
| Organização missionária | Padronização de normas e valores | Ideologia | Descentralização |
| Organização política | Nenhuma | Nenhuma | Qualquer uma |

Em seguida, Mintzberg afirma que a essência da estrutura organizacional é a manipulação de parâmetros como: especialização da tarefa; formalização do comportamento; treinamento; doutrinação; agrupamento em unidades; tamanho da unidade; sistemas de planejamento e controle; e instrumentos de vínculo (por exemplo, cargos, comitês de força-tarefa, gerentes de integração e estrutura matricial). O parâmetro mais importante no modelo das configurações de Mintzberg, porém, consiste na maneira como o poder é distribuído por toda a organização. A distribuição do poder refere-se aos tipos de descentralização e varia para cada configuração organizacional, como mostra a tabela acima.

Por fim, a escolha dos parâmetros de *design* é também determinada por fatores contextuais que estão além do controle gerencial (por exemplo, idade, tamanho, sistema técnico e elementos do ambiente, tais como as várias partes interessadas).

## Análise final

Devido à natureza robusta das configurações básicas de Mintzberg, há o risco de usá-las como receitas. No entanto, é extremamente difícil para as organizações alcançar ou mesmo se espelhar nessas configurações devido ao número relativamente limitado de critérios para defini-las, mas também porque há muitos híbridos ou combinações múltiplas delas na prática. Em nossa opinião, é irrelevante se uma organização pode ou não ser classificada exatamente como inovadora ou empreendedora. A essência do modelo de Mintzberg permite entender a relação entre a natureza de uma organização e seus mecanismos de coordenação. Como ele diz, não existe maneira certa de administrar uma empresa: o que é bom para a Ford muitas vezes é completamente inadequado para a Funilaria do Zé.

## Referências bibliográficas

MINTZBERG, H. *Structures in five*: *designing effective organisations*. Nova York: Prentice Hall, 1983, 1990.

MINTZBERG, H. *Mintzberg on management*. Nova York: Free Press, 1989.

# Capítulo 28

# Custeio baseado em atividades

## Ideia geral

O custeio baseado em atividades consiste em um modelo de contabilidade de custos. Ele é usado para alocar todos os custos, com base no tempo gasto em atividades relacionadas aos bens e serviços oferecidos aos clientes. Os modelos tradicionais de contabilidade de custos alocam os custos indiretos (despesas administrativas) com base no volume. Como resultado, os custos de produtos com alto volume tendem a ser superestimados, ao passo que os de produtos com baixo volume, subestimados. Contrariamente aos métodos tradicionais, o ABC (do inglês *activity-based costing*, ou custeio baseado em atividades) calcula os 'verdadeiros' custos de bens, clientes ou serviços, atribuindo custos indiretos não com base em volume, mas em atividades exigidas ou executadas.

Em vez de utilizar amplas porcentagens arbitrárias para alocar custos, o ABC pretende identificar relações de causa e efeito para atribuí-los de forma objetiva. Uma vez identificado, o custo de cada atividade é atribuído a cada produto na proporção em que este utiliza a atividade. Dessa maneira, o ABC muitas vezes identifica áreas com alto custo indireto por unidade, o que permite à empresa concentrar-se em encontrar maneiras de reduzir os custos ou cobrar mais por produtos com custos altos.

A premissa subjacente para a utilização do modelo ABC é que os custos não são gerados pelos próprios produtos ou clientes, mas pelas atividades executadas para fazê-los ou atendê-los. Como produtos diferentes exigem atividades diferentes, cada uma utilizando uma quantidade diferente de recursos, a alocação dos custos deve ser ponderada de acordo com isso. Ao se tomarem decisões gerenciais, o conhecimento dos custos 'verdadeiros' pode ajudar a:

- Estabelecer pontos de equilíbrio econômico.
- Identificar bens, serviços e clientes 'lucrativos' e 'perdedores' (ou seja, avaliar o 'valor do cliente').
- Destacar oportunidades para melhoria.
- Comparar alternativas de investimento.

```
         Despesas
       por departamento
```

Fatores geradores de recursos

```
    Custos das atividades
       por departamento
```

Fatores geradores de atividades

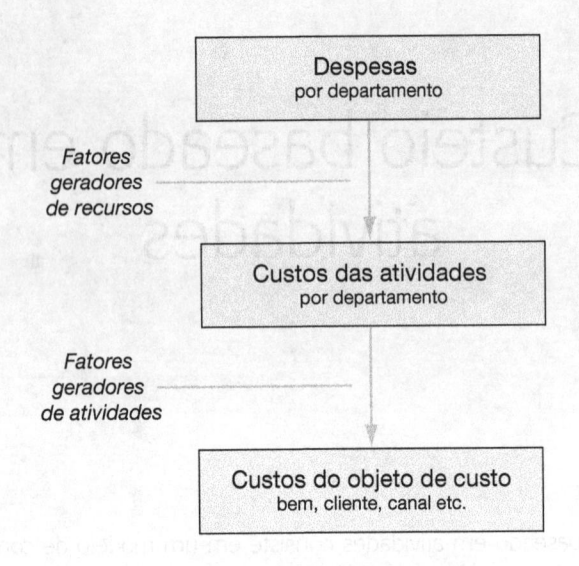

```
  Custos do objeto de custo
     bem, cliente, canal etc.
```

**FIGURA 28.1** Custeio baseado em atividades

## Quando usar

O custeio baseado em atividades pode ser útil se as despesas administrativas forem altas e os produtos/clientes, muito variados em relação à complexidade e à gestão dos custos. Esse modelo transforma custos indiretos em custos diretos e, por ser um sistema de gerenciamento de custos mais preciso que os tradicionais, identifica oportunidades de melhoria da eficácia e da eficiência dos processos de negócios pela determinação do 'verdadeiro' custo de um bem ou serviço. Outros modelos semelhantes ao ABC são o custo total de propriedade (TCO, do inglês *total cost of ownership*) e os custos do ciclo de vida. O TCO é um cálculo que reflete o custo total do investimento, incluindo compras únicas, despesas recorrentes e custos operacionais. Trata-se de um conceito amplamente utilizado na implementação de TI, em que os benefícios são difíceis de quantificar e o foco é minimizar os custos do projeto. A análise de custo do ciclo de vida calcula o custo de um sistema ou um produto por toda sua vida.

## Como usar

Há cinco etapas na execução de uma simples análise ABC:

1. Definir objetos de custo, atividades indiretas e recursos usados para as atividades indiretas.
2. Determinar os custos por atividade indireta.
3. Identificar os fatores geradores de custo para cada recurso.
4. Calcular os custos indiretos totais do produto para o tipo de objeto de custo.
5. Dividir os custos totais por quantidade para custo indireto por objeto de custo individual.

Objetos de custo são bens, clientes, serviços ou qualquer outra coisa que seja objeto do esforço de contabilização de custos. Atividades envolvem tudo que uma empresa faz para realizar seus negócios: receber, carregar, embalar, manipular, visitar, explicar, vender, comprar, promover, calcular/computar, tirar pedidos, processar pedidos etc. Atividades indiretas não são diretamente atribuíveis a objetos de custo. Recursos compõem-se de máquinas, computadores, pessoas ou qualquer outra capacidade ou ativo que possa ser (parcialmente) alocado a uma atividade.

## Análise final

O custeio baseado em atividades permite a segmentação com base em lucratividade real e ajuda a definir o valor do cliente com mais precisão. Como tal, é o primeiro passo na direção da gestão baseada em atividade (ABM, do inglês *activity-based management*). Esse modelo não avalia a eficiência nem a produtividade das atividades, embora isso possa ser muito importante para melhorias. Além disso, ele presume que é possível identificar de maneira individualizada os objetos de custo, as atividades e os recursos. No fim do dia, o resultado de uma análise ABC é tão precisa quanto seus dados de entrada.

## Referência bibliográfica

KAPLAN, R.S.; COOPER, R. *Cost and effect: using integrated cost systems to drive profitability and performance.* Cambridge, MA: Harvard Business School Press, 1998.

# Capítulo 29

# Dimensões culturais de Hofstede

## Ideia geral

As dimensões culturais de Hofstede podem ser utilizadas para desenvolver uma estratégia eficaz de cooperação com pessoas de vários países. Ao realizar um levantamento sobre os valores culturais dos funcionários da IBM em mais de 50 países, Hofstede identificou diferenças muito grandes nesses valores. Em muitos países, os desafios e problemas a respeito desses valores culturais pareciam os mesmos, mas as interpretações e soluções aplicadas diferiam fortemente em cada um. Esse modelo ajuda a nos tornar mais eficazes ao interagirmos com estrangeiros. Os tipos de (diferentes) valores que foram identificados no estudo representam as quatro dimensões da cultura:

1. Distanciamento do poder.
2. Individualismo *versus* coletivismo.
3. Masculinidade *versus* feminilidade.
4. Aversão às incertezas.

Contudo, com base nas diferenças entre os países ocidentais e orientais, uma quinta dimensão foi adicionada, a saber:

5. Orientação de longo prazo.

Conhecer as diferenças entre culturas nacionais permite entender comportamentos específicos. Tomar consciência e reconhecer essas diferenças é o primeiro passo para se tornar mais eficaz ao interagir em ambientes multiculturais.

## Quando usar

A maioria de nós provavelmente faz negócios com pessoas de diferentes culturas quase todos os dias. A internacionalização conduz a mais clientes, parceiros e fornecedores estrangeiros, podendo também resultar na contratação de funcionários de todo o mundo. Essa tendência aumenta o risco de mal-entendidos culturais e fracassos. O modelo de dimensões culturais de Hofstede e os dados sobre as nacionalidades envolvidas nessas dimensões podem ajudar a evitar atritos e garantir um bom começo no relacionamento com clientes ou parceiros potenciais.

**FIGURA 29.1** Dimensões culturais de Hofstede

## Como usar

O modelo de dimensões culturais de Hofstede não é uma diretriz para as interações interpessoais; apenas ajuda a compreender certos comportamentos.

- **Índice de distanciamento do poder** (PDI, do inglês *power distance index*) representa o quanto os membros menos poderosos de organizações e instituições aceitam e esperam que o poder seja distribuído de maneira desigual entre os indivíduos. Quando se compara um gerente de marketing austríaco com outro malaio, trabalhando no mesmo nível hierárquico dentro de uma organização, as diferenças de PDI são visíveis. O gerente malaio (alto PDI) não tem praticamente nenhuma responsabilidade ou poder em comparação com o austríaco (baixo PDI). Em uma organização malaia, o poder é muito mais centralizado.
- **Índice de individualismo** (IDV) (e coletivismo, na outra ponta) descreve a relação entre o individual e o coletivo que prevalece em uma determinada nação. O individualismo é relacionado a sociedades nas quais os laços entre as pessoas são frouxos; espera-se que cada um cuide de si e de seus familiares mais próximos. O coletivismo é relacionado a sociedades nas quais as pessoas estão bastante integradas em grupos coesos, com fortes laços. Os membros desses grupos protegem-se por toda a vida em troca de uma lealdade inquestionável. Nas empresas norte-americanas, por exemplo, as pessoas estão mais interessadas em si mesmas e menos no bem-estar de toda a equipe, em comparação com as asiáticas.
- **Índice de masculinidade** (MAS, do inglês *masculinity*) é o oposto da feminilidade e refere-se às diferenças entre os sexos. Nas culturas masculinas, a assertividade é característica predominante em *oposição a metas pessoais e a cuidar dos outros*. No Japão, valorizam-se a ambição, a competitividade, o acúmulo de riqueza e bens materiais, enquanto na Suécia os relacionamentos e a qualidade de vida são muito mais importantes.

- **Índice de aversão à incerteza** (UAI, do inglês *uncertainty avoidance index*) indica em que medida uma cultura programa seus membros para se sentirem ameaçados por situações ambíguas. As culturas com aversão às incertezas tentam minimizar a possibilidade de tais situações por meio de leis e regras rigorosas e medidas de prevenção e segurança. Além disso, essas culturas caracterizam-se por empregos de longa duração. Outras culturas têm um baixo UAI e, portanto, estão mais propensas e relativamente dispostas a correr riscos.
- **Índice de orientação de longo-prazo** (LTO, do inglês *long-term orientation*) *versus* orientação de curto prazo. Os valores associados a orientações de longo prazo são parcimônia e perseverança; os de curto prazo são respeito pela tradição, cumprimento de obrigações sociais e discrição pessoal. Países asiáticos, como China, Vietnã e Japão, têm elevado LTO, enquanto nos ocidentais, como Austrália, Alemanha e Noruega, este índice é relativamente baixo.

**O que fazer**

Perceber que as ações e reações de pessoas de outros países podem ser completamente diferentes do que aquelas com as quais você está acostumado.

**O que não fazer**

Estar ciente de que as possíveis diferenças não são garantia de uma interação efetiva, uma vez que não existem dois indivíduos iguais.

## Análise final

O modelo de dimensões culturais de Hofstede tem sido útil para que as empresas tomem consciência sobre as várias diferenças culturais que se evidenciam quando pretendem operar em âmbito internacional. No entanto, nas últimas décadas, as distâncias diminuíram, as culturas mesclaram-se e as diferenças tornaram-se menos visíveis. Além disso, pode-se questionar algumas classificações, devido ao fato de que nem todos os grupos culturais de um país são representados. Em qualquer dos casos, os índices das dimensões podem variar entre os diferentes habitantes daquele país específico. Por fim, nenhuma pessoa é igual a outra, e devemos ter em mente que mal-entendidos ainda podem acontecer.

## Referências bibliográficas

HOFSTEDE, G. *Culture's consequences*: comparing values, behaviours, institutions, and organisations across nations. Thousand Oaks, CA: Sage Publications, 2001.

HOFSTEDE, G. *Cultures and organisations: software of the mind.* Londres: McGraw-Hill, 1991.

# Capítulo 30

# Henderson e Venkatraman – modelo de alinhamento estratégico

## Ideia geral

O modelo de alinhamento estratégico de Henderson e Venkatraman mapeia as relações entre a estratégia da empresa e TI e entre as operações e a infraestrutura de TI. Ele ajuda a avaliar o alinhamento da estratégia de TI com a empresarial e distingue duas dimensões:

- **O ajuste estratégico** – o grau de harmonia da infraestrutura e dos processos internos da organização com a estratégia externa.
- **A integração funcional** – o grau de alinhamento do planejamento de TI com o planejamento estratégico.

O modelo usa o termo 'ajuste estratégico' para indicar o alinhamento tecnológico entre os quadrantes estratégicos baseados nas dimensões mencionadas e esclarece duas questões:

1. O apoio eficaz à estratégia de negócios pela área de TI.
2. A adaptação da infraestrutura de TI aos processos operacionais resultantes das escolhas estratégicas.

## Quando usar

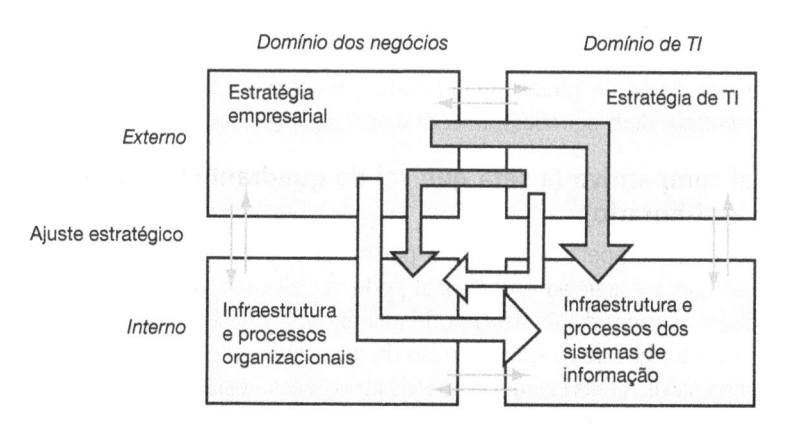

**FIGURA 30.1** O modelo de alinhamento estratégico

O modelo enfatiza ainda que a estratégia de TI não pode ser elaborada nem modificada sem que esteja alinhada com a estratégia empresarial. Nunca é demais enfatizar isso. O modelo funciona como uma ferramenta para efetuar esse indispensável alinhamento.

Recomenda-se o uso desse modelo como embasamento para mapear as relações entre a estratégia de negócios e a de TI, e entre as operações e a infraestrutura de TI, em situações nas quais a área de TI é muito importante para a realização da estratégia de negócios escolhida. Ele fornece três visões:

1. Identifica o vínculo entre a estratégia de negócios e a de TI.
2. Reconhece o valor (estratégico) da estratégia de TI e do sistema de automação como um apoio — e possível direcionamento — da estratégia de negócios.
3. Otimiza o potencial de utilização da atividade de TI dentro da empresa.

## Como usar

A visão de Henderson e Venkatraman vincula quatro perspectivas estratégicas que se alinham conforme ilustrado na figura da página anterior.

### Desenvolvimento estratégico (a seta que sai do quadrante superior esquerdo, no sentido anti-horário)

Nessa visão tradicional da gestão estratégica, há um relacionamento hierárquico entre a estratégia de negócios da empresa e a infraestrutura e os processos dos sistemas de informação. A (alta) gerência define a estratégia, que é posteriormente traduzida para uma infraestrutura de TI. Considera-se que a estratégia de negócios é a condutora tanto da infraestrutura organizacional (a estrutura segue a estratégia) quanto da lógica da infraestrutura de TI.

### Potencial tecnológico (a seta que sai do quadrante superior esquerdo, no sentido horário)

A estratégia empresarial é o ponto de partida para a estratégia e a infraestrutura de TI. A visão gerencial de tecnologia, conforme definida na estratégia de negócios, conduzirá as escolhas na estratégia de TI. Esta é então traduzida em uma infraestrutura apropriada de TI. O potencial tecnológico difere da perspectiva estratégica (anterior), porque exige que a estratégia de TI seja formulada em alinhamento com a empresarial. A estratégia de TI deve também apoiar a especificação da infraestrutura (interna) e dos processos de TI. A infraestrutura, quando implementada, deve ser coerente com a estratégia (externa) de TI.

### Potencial competitivo (a seta que sai do quadrante superior direito, no sentido anti-horário)

O potencial competitivo difere em perspectiva da estratégia anterior, porque parte do princípio de que a estratégia empresarial pode ser alterada de acordo com as capacidades de TI. Explorar as capacidades de TI pode influenciar no desenvolvimento de novos bens ou serviços, novas formas de direção e gestão de relacionamentos e em novos elementos da estratégia empresarial. A (alta) gerência apenas apoia a estratégia de negócios, nessa perspectiva, na medida em que percebe como as capacidades de TI e novas formas de administrar podem influenciar a estratégia de negócios. O gestor de TI deve traduzir as evoluções e tendências da sua área em oportunidades e ameaças para a (alta) gerência.

**Nível de serviço (a seta que sai do quadrante superior direito, no sentido horário)**

A partir da perspectiva do nível de serviço, a estratégia empresarial é indireta e muito pouco visível. A infraestrutura organizacional baseia-se na infraestrutura de TI, que resulta diretamente da estratégia de TI. Existe um risco de que uma empresa assim construída exija enormes investimentos em processos de TI, aquisições e licenças. A gerência deve, por conseguinte, ser envolvida na alocação de recursos.

## Análise final

O modelo pressupõe que tanto as estratégias de negócios como as de TI são responsabilidade da alta gerência. Na realidade, os projetos de TI fracassam porque a alta gerência analisa-os apenas sob a perspectiva da estratégia de TI. Com efeito, ela tem 'delegado' a estratégia de TI a 'peritos'. O modelo identifica a necessidade de alinhamento, mas não oferece soluções para esse conflito frequente.

## Referências bibliográficas

HENDERSON, J.C.; VENKATRAMAN, N. "Understanding strategic alignment". *Business Quarterly,* 55(3), 1991, p. 72.

HENDERSON, J.C.; VENKATRAMAN, N. "Strategic alignment: leveraging information technology for transforming organisations". *IBM Systems Journal,* 32(1), 1993, p. 4-16.

Capítulo **31**

# Inventário gerenciado pelo fornecedor

## Ideia geral

O inventário gerenciado pelo fornecedor (VMI, do inglês *vendor managed inventory*) é uma ferramenta para otimizar o desempenho da cadeia de suprimentos em que o fornecedor é responsável por manter os níveis de inventário do varejista: ele não só tem acesso aos dados de estoque, como também gera os pedidos de compra.

Quando as empresas em uma cadeia de suprimentos decidem colaborar, o resultado dessa colaboração geralmente vai além de uma boa troca de informações; as atividades de coordenação e os processos também são aperfeiçoados (reciprocamente). Um exemplo desse tipo de colaboração é o VMI, em que um comprador autoriza um fornecedor a gerenciar o sistema completo de reabastecimento e concede-lhe a responsabilidade de controlar seus níveis de estoque. Em outras palavras, o fornecedor recebe a tarefa de manter o varejista estocado com seus produtos, de modo que ambos possam concentrar-se na questão mais importante: como vender mais produtos ao consumidor final com mais eficiência. Isso faz com que o fornecedor altere seu papel, incentivando o varejista a vender mais, ao invés de pressioná-lo a comprar mais.

Para isso, o varejista proporciona ao fornecedor acesso a informações de inventário e de demanda (quer fisicamente, quer via troca eletrônica de dados) e define metas de disponibilidade. O fornecedor toma decisões periódicas relativas a quantidades a serem pedidas, remessa e tempo de entrega. Como resultado, em vez de esperar que o varejista faça um novo pedido, ele inicia por conta própria as transações de reabastecimento. O VMI é uma prática de reabastecimento eficiente que permite ao fornecedor atender a uma demanda sem as distorções das decisões de compra da cadeia de varejo (como o efeito chicote). Além disso, o VMI foi planejado para eliminar ou pelo menos minimizar faltas de estoque, bem como para reduzir os custos de todos os membros da cadeia de suprimentos. Como resultado, a medida do desempenho de um fornecedor deixa de ser o tempo de entrega e passa a ser a disponibilidade de inventário e o giro de estoque.

## Quando usar

Alguns pesquisadores estipulam que o VMI adequa-se sobretudo a ambientes relativamente estáveis, com pouca incerteza de demanda e itens padronizados de alto volume. No

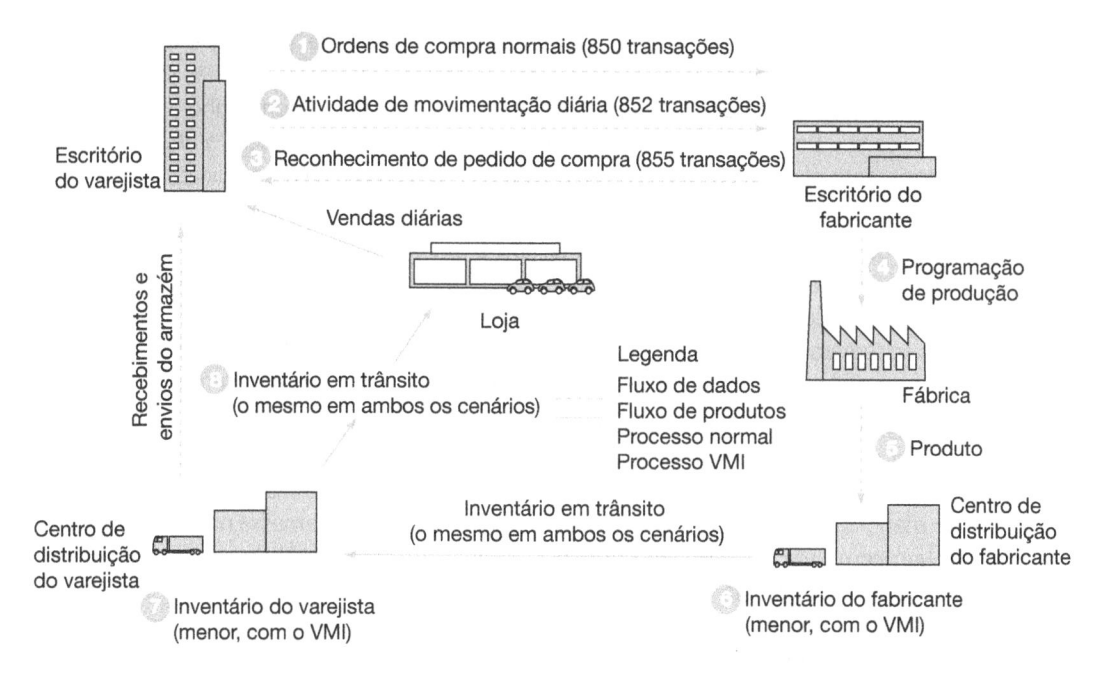

**FIGURA 31.1** Inventário gerenciado pelo fornecedor

entanto, estudos empíricos e simulações indicam que esse método também é muito mais eficiente que os métodos tradicionais de reabastecimento para produtos de baixo volume com alta variação de demanda, embora a implementação nesse caso seja mais trabalhosa.

O VMI representa uma oportunidade particularmente promissora para fornecedores, uma vez que lhes permite adequar seus estoques de acordo com sua capacidade e atingir altas eficiências de produção, sem aumento do inventário ou redução de metas de atendimento de pedidos. Além disso, quando há escassez de recursos, é extremamente útil saber quais entregas podem ser atrasadas sem que isso provoque perda de vendas para o varejista.

## Como usar

Identificamos várias implicações gerais — e algumas específicas para fornecedores e varejistas — do VMI. Todas as empresas participantes precisam entender que sua implementação bem-sucedida depende fortemente de relacionamentos interorganizacionais. Se for considerada uma solução puramente técnica, sem levar em conta os aspectos sociais e humanos das pessoas envolvidas, é pouco provável que se atinjam os benefícios prometidos. Na verdade, o VMI exige um eficaz trabalho em equipe e a participação e o compromisso de todas as empresas envolvidas. Sem os relacionamentos, as métricas da cadeia de suprimentos e a estrutura organizacional correta, esse método certamente fracassará.

Da perspectiva de um varejista, a decisão de adotar o VMI pode ser tomada sem preocupação sobre os relacionamentos do fornecedor com outros clientes. Além disso, os varejistas podem relutar em abandonar suas atividades de compras, uma vez que essa costuma ser considerada uma de suas competências essenciais (p. 21). Desse modo, os incentivos e as métricas da organização devem estar alinhados com as metas de VMI. Por exemplo, bônus de vendas são muitas vezes ligados a metas de vendas de curto prazo que não são coerentes com esse método. Além disso, os varejistas devem monitorar o desempenho do fornecedor por meio de seu próprio nível de serviço aos clientes, uma vez que esse é o objetivo final do reabastecimento eficiente. Seja como for, o VMI resolve o problema de medidas de desempenho conflitantes tanto no nível do inventário quanto no do serviço ao cliente.

Para os fornecedores, a principal vantagem é que o VMI reduz a incerteza da demanda, permitindo reservas de capacidade menor e inventário. O fornecedor tem melhores oportunidades de coordenar remessas a diferentes clientes e pode programar — antecipando ou adiando — remessas, de acordo com programações de produção, situações de inventário do cliente e capacidade de transporte. A frequência de remessas geralmente aumenta com o VMI.

A coordenação de pedidos e entregas de reabastecimento para múltiplos varejistas ajuda a melhorar o serviço. Uma entrega não urgente a um varejista pode ser retardada em um dia ou dois para permitir uma entrega crítica para outro cliente. Da mesma forma, um reabastecimento menor que o habitual para um varejista pode permitir uma remessa maior que o normal para outro com uma necessidade premente. A capacidade de equilibrar as necessidades de todos os parceiros permite ao fornecedor melhorar o desempenho do sistema, sem por em risco um cliente específico. Os varejistas beneficiam-se da garantia de que suas necessidades mais cruciais receberão a maior atenção. Sem o VMI, o fornecedor terá dificuldades para priorizar com eficácia as remessas.

Foi observado um efeito colateral interessante do VMI: o serviço de entrega também melhora para os varejistas não envolvidos nesse sistema, mas que compram de fornecedores usuários do VMI com outros clientes. Isso é o resultado da habilidade do fornecedor em planejar a produção de forma mais eficiente e, consequentemente, melhorar os serviços de entrega em geral. Além disso, as vendas crescem como resultado de melhores níveis de serviço devido à melhor disponibilidade dos produtos. Isso faz com que a lucratividade seja ampliada a todas as empresas da cadeia.

### Os benefícios do VMI são inúmeros, tanto para o fornecedor quanto para o varejista

**Benefícios para ambos**

- Os erros de entrada de dados são reduzidos devido a comunicações computador-a-computador. A velocidade de processamento também aumenta.
- As duas partes estão interessadas em oferecer um serviço melhor ao consumidor final. Ter o item correto em estoque quando surge a demanda beneficia todas as partes envolvidas.
- Uma verdadeira parceria é formada entre fornecedor e varejista. Eles colaboram mais intimamente e estreitam seus laços.
- Estabilização dos períodos de pedidos de compra (gerados em uma base pre-definida na prática).

**Benefícios para o varejista**
- O objetivo é obter melhorias nas taxas de abastecimento do fornecedor para o consumidor final, um decréscimo na probabilidade de falta de estoque e uma redução nos níveis de estoque.
- Os custos de planejamento e de pedidos decresce, devido ao deslocamento da responsabilidade para o fornecedor.
- O nível geral de serviço é melhorado ao se ter o produto certo disponível no tempo certo.
- O fornecedor está mais focado que nunca em oferecer um serviço de excelente qualidade.

**Benefícios para o fornecedor**
- A visibilidade dos dados de vendas do varejista facilita as previsões de produção.
- As promoções podem ser mais facilmente incorporadas ao plano de inventário.
- Os erros de pedidos do varejista (que antes resultariam em uma devolução) são reduzidos.
- A visibilidade dos níveis de estoque ajuda a identificar prioridades (reabastecer ou não). Antes do VMI, um fornecedor não tinha uma visão geral da quantidade ou dos produtos pedidos. Com o VMI, o fornecedor pode perceber a necessidade potencial para um item antes que ele seja pedido.

## Análise final

O VMI já era adotado por Wal-Mart e Procter & Gamble no fim da década de 1980, mas recentemente recebeu muito mais atenção devido ao surgimento de tecnologias sofisticadas de informação e comunicação que possibilitam a transferência de dados em tempo real. Na verdade, desde a implementação nas empresas citadas, o VMI tornou-se cada vez mais popular em vários setores e conquistou a atenção de empresas como Kmart, Dillard, JCPenney, Campbell, Johnson & Johnson e Barilla.

A troca eletrônica de informações entre fornecedor e varejista constitui a parte mais importante da implementação do VMI. Na verdade, sua implementação bem-sucedida depende de sistemas integrados de informação, incluindo plataformas computacionais, tecnologias de comunicação, identificação de produtos e sistemas de rastreamento. Protocolos não compatíveis e numeração incomum de produtos podem, portanto, prejudicar a adoção do VMI.

## Referência bibliográfica

PAQUETTE, L. *The sourcing solution: a step-by-step guide to creating a successful purchasing program*. Nova York: AMACON, 2003.

# Capítulo 32

# Manufatura responsiva*

## Ideia geral

A manufatura responsiva (QRM, do inglês *quick response manufacturing*) foi desenvolvida por Rajan Suri (1998). O QRM visa atender às necessidades dos clientes por meio de rápida criação e fabricação de produtos sob medida para essas necessidades. Concentra-se na redução contínua do prazo de produção de todas as atividades de uma empresa, resultando na melhoria da qualidade, na redução de custos e na agilidade.

## Quando usar

As raízes do QRM estão em uma estratégia denominada 'competição baseada no tempo' (TBC, do inglês *time-based competition*), proposta por George Stalk e Thomas Hout (1990). A base da TBC é o uso da rapidez para obter vantagem competitiva: essa estratégia permite que a empresa entregue bens ou serviços de modo mais rápido que seus competidores e pode ser aplicada a qualquer tipo de negócio, inclusive bancos, companhias de seguros e hospitais. O QRM é, na realidade, a aplicação da TBC a indústrias, pois, ao concentrar seu foco nos processos de produção, ele refina os princípios da TBC e acrescenta-lhe várias e novas dimensões.

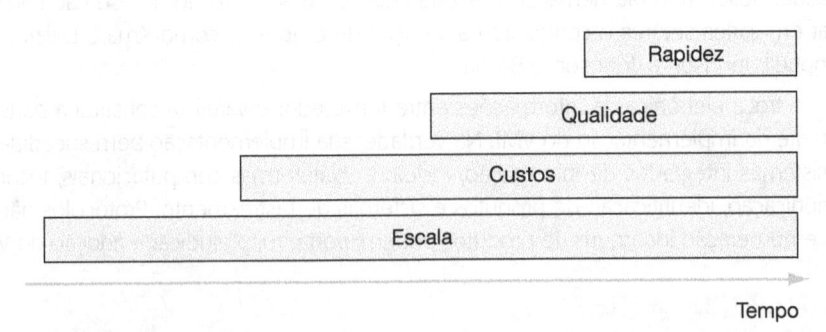

**FIGURA 32.1** Manufatura responsiva

---

* *Manufatura responsiva* é uma expressão já consagrada na área comercial, que está atrelada a agilidade e produção (N.R.T.).

## Como usar

O QRM é uma estratégia prática que une o conceito da busca pela redução do *lead time*\* aos princípios detalhados de gestão, métodos de produção, técnicas e ferramentas de análise e a uma metodologia sistemática para atingir a desejada diminuição de prazos. Baseia-se na ideia de que funcionários e gestores precisam entender o funcionamento básico dos sistemas de produção. Especificamente, saber como o planejamento de capacidade, a utilização de recursos e a definição do tamanho de lotes interagem uns com os outros e como afetam o *lead time*.

As empresas precisam incorporar políticas de QRM em todas as áreas. Isso envolve repensar como cada área opera, não apenas as óbvias como gestão de produtos e de suprimentos, mas também outras como expedição, compra de equipamentos, contratação de funcionários, contabilidade e avaliação de desempenho. Todas essas políticas precisam estar alinhadas com o ideal da manufatura responsiva. Além disso, o programa de QRM precisa ser implementado tanto no chão da fábrica como nas operações administrativas. Apesar de representarem uma porção significativa do tempo de processamento total de produtos, percebemos que as atividades administrativas costumam ser ignoradas como oportunidades para a redução do *lead time*.

## Análise final

A diferença entre o QRM e a mentalidade enxuta (p. 122) mostra que a última visa reduzir as formas de desperdício que não agregam valor (por meio de programas de melhoria contínua), enquanto o QRM concentra-se na redução contínua de *lead times* por meio da melhoria da qualidade, do aumento na confiabilidade nos processos e da eliminação do desperdício. A redução do *lead time* não pode ser realizada como um projeto tático. O QRM precisa ser uma estratégia organizacional liderada pela alta gerência. Para que haja um impacto significativo nos *lead times*, as empresas devem alterar suas maneiras tradicionais de operar e redesenhar suas estruturas organizacionais. Tais mudanças não podem ser feitas sem o compromisso total da alta gerência. Portanto, a primeira etapa de um programa de QRM deve ser ensinar essa estratégia aos gerentes seniores e obter sua adesão ao guia de implementação.

Um aspecto fundamental do enfoque de QRM é a *redução dos lead times*. Algumas abordagens populares da gestão de produtos parecem uma coleção de ideias desconjuntadas; gestores e funcionários são obrigados a lembrar-se de uma lista de conceitos como os 'cinco S' do método Kaizen (p. 195). Por sua vez, todo o conjunto de princípios da estratégia de QRM deriva de um único tema, mas é poderoso o bastante para abranger a organização inteira, do chão da fábrica ao escritório, do recebimento de pedidos à contabilidade, de compras a vendas. Essa abordagem é mais palatável aos gerentes do que uma coleção de ideias sem conexão entre si, porque lhes permite transmitir uma mensagem consistente à organização como um todo.

## Referências bibliográficas

STALK, Jr. G.; HOUT, T.M. *Competing against time; how time-based competition is reshaping global markets*. Boston, MA: Harvard Business Press, 1990.

SURI, R. *Quick response manufacturing*. Nova York: Productivity Press, 1998.

---

\* *Lead time* é uma expressão usual nas empresas no Brasil, que significa o tempo decorrido desde o recebimento de um pedido até a entrega desse pedido ao cliente (N.R.T.).

# Capítulo 33

# Mentalidade enxuta/ *just-in-time**

## Ideia geral

O modelo de mentalidade enxuta, também conhecido como manufatura enxuta ou filosofia Toyota, tem foco na eliminação de *muda* (palavra japonesa que significa desperdício) e se propõe a cortar todos os itens ineficientes e desnecessários na produção de bens ou serviços. Nesse modelo, os estoques são considerados a raiz de todos os males. Estoques elevados ocultam todos os problemas reais de uma organização e a impedem de se tornar mais flexível e eficiente. Se os estoques são reduzidos por meio de mudanças estruturais, os verdadeiros problemas se evidenciam e podem, em seguida, ser resolvidos adequadamente.

A mentalidade enxuta e, em particular, sua estratégia de operações *just-in-time* (JIT), é uma filosofia de gestão japonesa desenvolvida por Taiichi Ohno para as fábricas da Toyota, que obriga qualquer empresa a identificar continuamente e eliminar as fontes de desperdício, de acordo com os sete zeros:

1. Zero defeitos.

2. Zero (excesso de) tamanho de lotes.

3. Zero ajuste de máquinas.

4. Zero quebras e paradas.

5. Zero (excesso de) manipulação.

6. Zero tempo de chegada ao mercado.

7. Zero variação de produção.

De acordo com os sete zeros, a mentalidade enxuta defende a produção em fluxo, com ênfase na entrega JIT.

---

* *Just-in-time* significa produzir e entregar produtos a tempo de serem vendidos, em lotes pequenos (ou suficientes), evitando desperdício (N.R.T.).

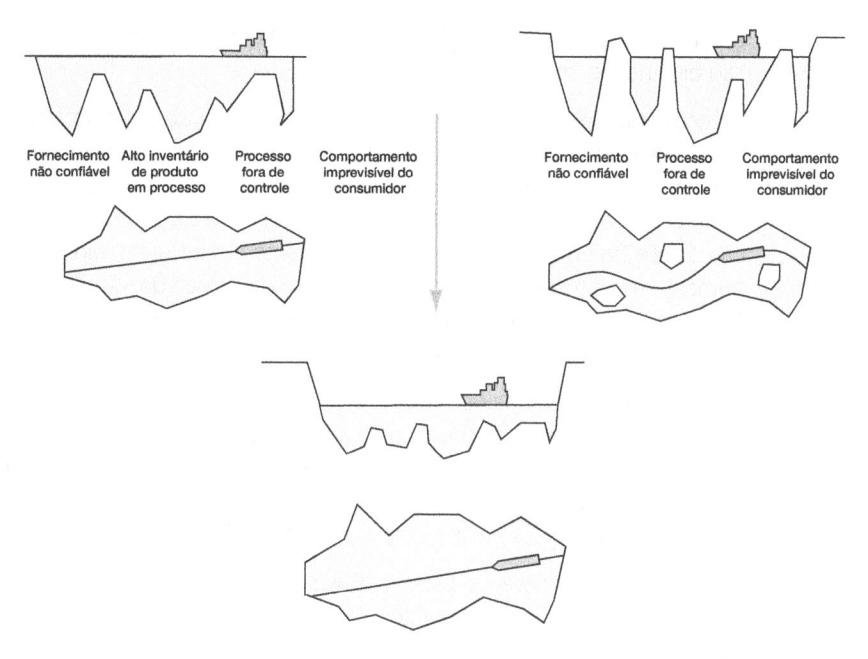

**FIGURA 33.1** Mentalidade enxuta

## Quando usar

Embora a mentalidade enxuta tenha-se revelado muito eficaz em operações repetitivas de alto volume, pode ser aplicada a qualquer organização, desde que a gerência apoie suas premissas subjacentes.

- As pessoas valorizam o efeito visual do fluxo.
- O desperdício é a principal restrição à lucratividade.
- Diversas pequenas melhorias sucessivas são mais benéficas do que qualquer estudo analítico.
- Os efeitos do processo de interação serão resolvidos por meio do refinamento do fluxo de valor.

## Como usar

Há cinco passos essenciais na mentalidade enxuta:

1. *Identificar os fatores geradores para criação de valor* (identificar o que é valor para seus clientes). A avaliação dos fatores geradores de valor deve ser feita a partir da perspectiva dos clientes internos e externos. O valor é proporcional à satisfação das necessidades do consumidor sobre um determinado bem ou serviço, a um preço específico, em um momento específico.

2. *Identificar o fluxo de valor* (a sequência de atividades que geram valor a um bem ou serviço). As atividades que contribuem para agregar valor são identificadas com o

auxílio de um mapeamento do fluxo de valor. Por fim, aquelas que não agregam valor são eliminadas, sempre que possível.

3. *Fazer as atividades fluírem* (garantir uma produção de fluxo contínuo: fazer com que bens e serviços fluam através dos processos). Esforços de melhoria adicionais são direcionados para fazer fluírem as atividades no fluxo de valor. Esse fluxo é o movimento ininterrupto de um bem ou serviço através do sistema até o cliente. Seus principais inibidores são o trabalho em fila de espera, processamento em lotes e o transporte. Esses fatores aumentam o tempo de produção de um bem ou serviço do início até sua entrega. Eles também imobilizam capital que poderia ser usado com mais eficácia em outras partes da organização e ocultam os efeitos das falhas do sistema e outros tipos de desperdício.

4. *Deixar o cliente atrair os bens ou serviços através do processo* (controle de produção *puxado*). Sincronize a produção com a demanda real. Os produtos devem ser atraídos para fora do sistema com base na demanda atual do cliente. O fluxo de valor deve ter uma capacidade de resposta tal, que forneça o bem ou serviço apenas quando o consumidor precisa dele — nem antes nem depois.

5. *Otimizar continuamente o sistema*. Busque a perfeição pela melhoria contínua dos processos com a ajuda de eventos Kaizen (p. 195), da eliminação do desperdício e de uma boa *arrumação na planta*.

## Análise final

A implementação da mentalidade enxuta parece tão fácil! No entanto, para adotá-la com sucesso, várias questões e elementos devem ser considerados (na seguinte ordem):

- Que resultados realmente se deseja do JIT? Vale a pena em vista dos custos e obstáculos à implementação? Faça uma rápida análise dos custos e benefícios, incluindo um possível plano do projeto.
- A sequência da implementação do JIT é de fundamental importância. A redução de estoque antes da criação de flexibilidade na produção pode gerar um péssimo desempenho na entrega. Em geral, a implementação é mais bem-sucedida quando começa no fim do processo de produção e gradualmente se move para o início. No entanto, a 'melhor' ordem de implementação depende da situação individual. Aumentos temporários nos níveis de estoque devem ser considerados para garantir o desempenho de entrega durante a implementação.
- Jamais se deve forçar os fornecedores a adotar o JIT enquanto a implementação não estiver completa ou muito avançada.
- O *design* do produto é adequado para produção ou entrega JIT? Alterações são necessárias?
- A seguir, redesenhe o processo de produção para possibilitar o JIT. É muito comum que melhorias e eficiências significativas sejam criadas nessa etapa.
- Ajuste os sistemas de informação para atender às demandas do processo primário.
- Busque melhorias com fornecedores e clientes. Isso deve produzir os resultados mais significativos do JIT.

O objetivo central da mentalidade enxuta é reduzir o desperdício (sobretudo o excesso de estoque). Ainda assim, os estoques não podem ser completamente eliminados, uma vez que todos os sistemas de suprimento exigem um estoque de bens não acabados, sem o qual não se obtém qualquer saída de produção. Quanto maior a diversidade no sistema (tais como diferentes tipos de pedido, diferentes tipos de tecnologia), mais fatores inibidores serão necessários como forma de prevenção contra ela. Assim, para que um sistema de produção enxuta seja bem-sucedido, é importante ter não apenas um sistema de produção controlado pela demanda do mercado, lotes de pequeno tamanho e tempos de ajuste curtos, mas também uma demanda estável e confiável e uma operação correspondente. Em ambientes de negócios dinâmicos, outras abordagens como a teoria das restrições (p. 168) ou a manufatura responsiva (p. 120) são mais apropriados.

- Não espere ser capaz de simplesmente eliminar o desperdício.
- Não acredite que o controle está relacionado a indicadores de saída e de processo.
- Não subestime o poder da casa de Gemba (o princípio do Kaizen) (p. 195).
- Não subestime os aspectos culturais e gerenciais da mentalidade enxuta. Esses aspectos são tão, ou possivelmente ainda mais, importantes que as técnicas e ferramentas da produção enxuta. Há muitos exemplos de projetos de mentalidade enxuta que falharam, devido à incompreensão de seu impacto sobre a organização.

## Referência bibliográfica

OHNO, T. *Toyota production system: beyond large-scale production*. Nova York: Productivity Press, 1988.

# Capítulo 34

# Modelo 7S

## Ideia geral

O 7S é um modelo de diagnóstico utilizado para o desenvolvimento eficiente de uma organização holística. Foi desenvolvido inicialmente para incentivar a ampla reflexão sobre como organizar uma empresa de maneira eficaz. Ao implementar uma estratégia, deve-se analisar de forma abrangente como ela pode funcionar em conjunto com sete elementos essenciais (7S): estratégia (*strategy*), estrutura (*structure*), sistemas (*systems*), habilidades (*skills*), equipe (*staff*), estilo (*style*) e valores compartilhados (*shared values*). A premissa desse modelo é que esses sete elementos devem estar alinhados, pois se reforçam mutuamente. Esses elementos organizacionais interdependentes podem ser classificados como inflexíveis (*hard*) ou flexíveis (*soft*). Os *inflexíveis* (ou tangíveis, racionais) são estratégias, estrutura e sistemas. Os *flexíveis* (ou emocionais) são valores compartilhados, estilo, equipe e habilidades.

Os elementos do modelo 7S podem ser melhor entendidos com as seguintes explicações:

- **Estratégia** — refere-se aos objetivos da organização e às escolhas conscientes que ela faz para alcançá-los, como priorizar certos produtos e mercados e alocar recursos.
- **Estrutura** — refere-se à estrutura, à hierarquia e à coordenação organizacionais, incluindo a divisão de trabalho e a integração de tarefas e atividades.
- **Sistemas** — são os processos primário e secundário que a organização emprega para que as tarefas sejam executadas, como os sistemas de manufatura, o planejamento de suprimentos e os processos de obtenção de pedidos.
- **Habilidades** — são capacidades distintivas da força de trabalho e da organização como um todo; independem dos indivíduos.
- **Equipe** — compreende as pessoas de uma organização e, em particular, sua presença coletiva.
- **Estilo** — refere-se à evidência não escrita, embora tangível, de como a administração realmente estabelece prioridades e gasta seu tempo. O comportamento simbólico e o relacionamento da gerência com os funcionários são indicadores do estilo organizacional.
- **Valores compartilhados** — são aqueles que fundamentam a própria razão de existir da empresa. Por isso, ficam no centro do modelo. Os valores compartilhados incluem as principais crenças e expectativas dos funcionários sobre a empresa.

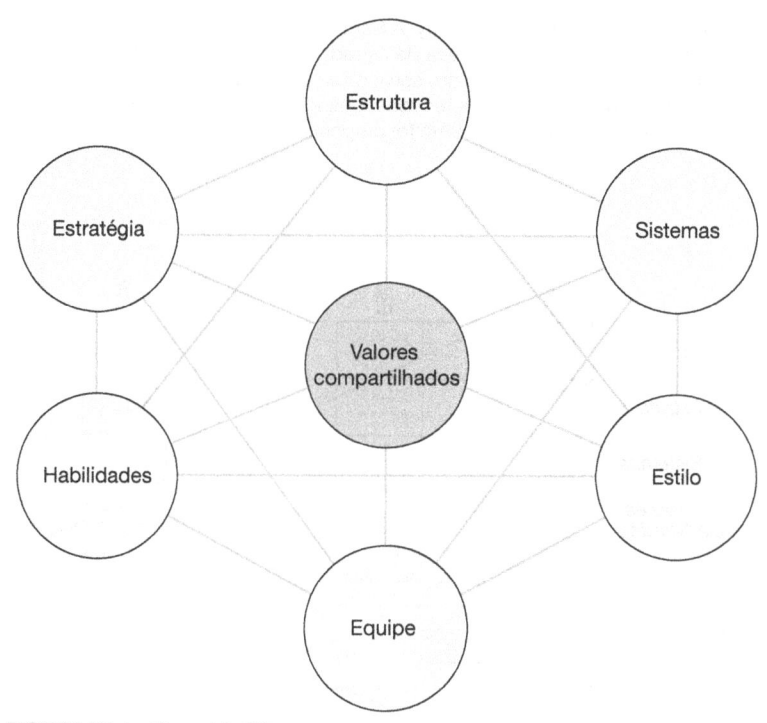

**FIGURA 34.1** O modelo 7S

## Quando usar

O modelo 7S é composto de uma listagem adequada para definir e analisar os elementos mais importantes de uma organização, que obriga o usuário a trabalhar com um alto nível de disciplina e, ao mesmo tempo, permite perspectivas flexíveis e inflexíveis sobre a empresa. Pode-se utilizá-lo para analisar a situação atual ou a futura desejada, ajudando a identificar eventuais lacunas e inconsistências entre ambas. Também serve para avaliar a viabilidade de um plano estratégico segundo a perspectiva da capacidade da organização para ter sucesso com a estratégia proposta. Nesse caso, o modelo 7S é como uma bússola indicando se todos os elementos organizacionais apontam na mesma direção.

## Como usar

O modelo 7S pode ser mais eficiente se usado como uma matriz ou tabela de avaliação do impacto da estratégia proposta pela organização. Construa uma matriz com base nos conflitos e possíveis soluções ou combinações dos 7S. Em seguida, decida sobre como ajustar a estratégia, ou mudar a organização para adaptá-la à estratégia. Se for seguido com um alto nível de disciplina, o modelo 7S poderá ajudar a tornar a estratégia mais proveitosa do que a maioria delas jamais foi.

Rede de supermercados Sammy. A Sammy está deixando o modelo tradicional de varejista de 'beira de estrada' para se tornar uma loja de conveniência de alto nível, com serviço completo. Uma decisão inicial de contratar especialistas pode ter consequências que vão além da abrangência da estratégia como foi proposta.

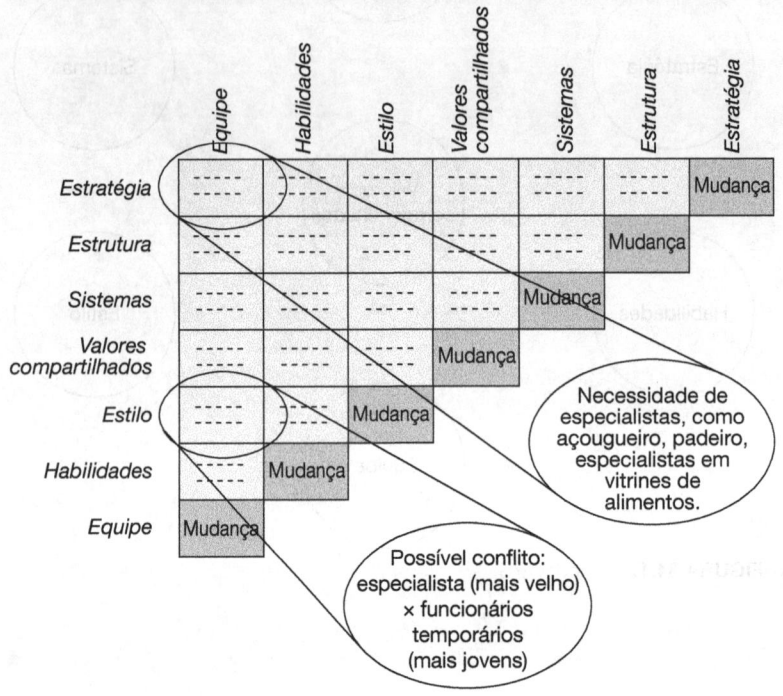

|  | Equipe | Habilidades | Estilo | Valores compartilhados | Sistemas | Estrutura | Estratégia |
|---|---|---|---|---|---|---|---|
| Estratégia | ----- | ----- | ----- | ----- | ----- | ----- | Mudança |
| Estrutura | ----- | ----- | ----- | ----- | ----- | Mudança | |
| Sistemas | ----- | ----- | ----- | ----- | Mudança | | |
| Valores compartilhados | ----- | ----- | ----- | Mudança | | | |
| Estilo | ----- | ----- | Mudança | | | | |
| Habilidades | ----- | Mudança | | | | | |
| Equipe | Mudança | | | | | | |

Necessidade de especialistas, como açougueiro, padeiro, especialistas em vitrines de alimentos.

Possível conflito: especialista (mais velho) × funcionários temporários (mais jovens)

**FIGURA 34.2** A matriz 7S

| | | | |
|---|---|---|---|
| Estratégia | Planejada | ⟷ | Oportunista |
| Estrutura | Elitista | ⟷ | Pluralista |
| Sistemas | Obrigatórios | ⟷ | Discricionários |
| Valores compartilhados | Racionais | ⟷ | Emocionais |
| | Administrativo | ⟷ | Transformador |
| Estilo | Coleguismo | ⟷ | Individualismo |
| Habilidade | Maximizar | ⟷ | 'Meta-mizar' |
| Equipe | | | |

**FIGURA 34.3** Os 7S como vetores de controvérsia

Note que os fundadores do modelo 7S tinham intenção de usá-lo de uma forma mais sofisticada: foi postulado que o sucesso de uma empresa depende da gestão bem-sucedida dos vetores de controvérsia (polos opostos) dos elementos ou dimensões 7S. As empresas mais inteligentes transformam o conflito em vantagem.

## Análise final

O 7S é um modelo de diagnóstico claro e robusto. No entanto, seus elementos 'flexíveis' impõem um desafio para seu uso, pois é difícil defini-los de maneira mensurável. Por conseguinte, o modelo 7S é frequentemente subutilizado: a verificação de problemas em uma listagem. Sua utilização integral, que consiste em analisar as relações entre os sete elementos ou analisar conflitos organizacionais dentro deles, é muitas vezes omitida. Usado dessa maneira, ele não fornece sugestões de melhoria. Afinal de contas, o desenvolvimento de uma nova capacidade organizacional requer mais que a compreensão do porquê de as capacidades atuais serem insuficientes. No entanto, muitos modelos adicionais que operam no âmbito dos sete elementos individuais podem ajudar a liberar um potencial imprevisto.

## Referências bibliográficas

PASCALE, R.T. *Managing on the edge: how successful companies use conflict to stay ahead*. Nova York: Simon & Schuster, 1990.

PASCALE, R.T.; ATHOS, A. *The art of Japanese management: applications for American executives*. Nova York: Simon & Schuster, 1981.

# Capítulo 35

# Modelo de compras de Kraljic

## Ideia geral

O modelo de compras de Kraljic é usado para determinar uma estratégia de compras adequada para bens (ou serviços) que otimize a escolha entre custos e riscos. Diretrizes apropriadas podem ser derivadas desse modelo para gerenciar as relações com diversos fornecedores, por meio da categorização de itens de abastecimento em uma matriz 2 × 2. Originalmente desenvolvido por Kraljic como uma ferramenta interna para a Basf, o modelo tornou-se conhecido após ser publicado na *Harvard Business Review* em 1983. A ideia geral do modelo de compras de Kraljic é 'minimizar a vulnerabilidade do abastecimento e obter o máximo do potencial de compra'.

O modelo classifica os produtos com base em duas dimensões: *impacto financeiro* e *risco de abastecimento*. Os resultados são dispostos em quatro quadrantes, cada um dos quais requer uma estratégia de compras distinta:

- **Itens estratégicos** — têm alto risco de abastecimento e alto impacto financeiro. No geral, trata-se de materiais escassos de alto valor, como metais raros e componentes de preço elevado. Dependendo da relativa posição de poder das partes envolvidas, a estratégia de compras para itens estratégicos direciona-se a parcerias ou colaborações.

- **Itens de alavancagem** — aqueles com baixo risco de abastecimento, porém alto impacto financeiro. Os suprimentos existem em abundância, mas os itens são muito importantes para a organização. Motores elétricos e óleo para calefação constituem exemplos de itens de alavancagem. Estes itens requerem uma estratégia de compras baseada em ofertas ou propostas competitivas.

- **Itens de gargalo** — exercem impacto reduzido sobre o lucro da organização, porém têm alto risco de abastecimento. Este risco deriva, em grande parte, da escassez na produção e, de forma geral, predominantemente de novos fornecedores globais com novas tecnologias. Exemplos de itens de gargalo são os componentes eletrônicos e serviços externos. A política de compras desses itens visa assegurar a continuidade do abastecimento. Além disso, produtos e fornecedores alternativos devem ser desenvolvidos, a fim de reduzir a dependência de fornecedores.

## CAPÍTULO 35 • MODELO DE COMPRAS DE KRALJIC

```
Impacto sobre o resultado financeiro

Alto  | Itens de alavancagem | Itens estratégicos |
Baixo | Itens não críticos   | Itens de gargalo   |
        Baixo                   Alto
              Risco de abastecimento
```

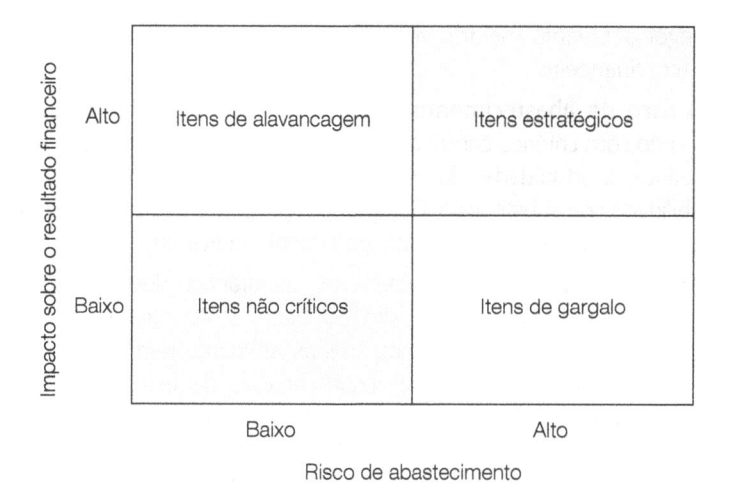

**FIGURA 35.1**  Os quatro quadrantes do modelo de compras de Kraljic

- **Itens não críticos** – aqueles com baixo risco de abastecimento e baixo impacto financeiro. A oferta é abundante e os itens são necessários apenas para a eficiência funcional. Exemplos de itens não críticos são todos os tipos de *commodity*, tais como barras de aço, carvão e materiais de escritório. Como o manuseio desses itens exige mais investimentos do que o próprio valor dos bens, a estratégia de compras deve concentrar-se na redução da complexidade administrativa e logística.

## Quando usar

O modelo de compras de Kraljic é usado para determinar uma estratégia de compras adequada para bens (ou serviços) que habilite uma organização a desenvolver diferentes estratégias por fornecedor, de modo que cada um receba a devida atenção. O modelo é uma ferramenta eficaz para apoiar a discussão, a visualização e a ilustração das possibilidades de diferenciação das estratégias de compras e de fornecedores e também permite que uma empresa torne a função de compras mais eficaz e eficiente, devido à abordagem estruturada e sistemática que oferece.

## Como usar

Para preencher a matriz 2 × 2 e, a seguir, determinar a estratégia adequada, todos os bens (e serviços) devem ser primeiramente segmentados. Uma boa regra prática para agrupar os produtos de forma lógica consiste em avaliar se podem ser comprados de um ou mais fornecedores. Em segundo lugar, determinam-se o impacto financeiro e o risco de abastecimento para cada um dos segmentos de produto:

- **O impacto financeiro** – diz respeito ao impacto sobre o lucro de um determinado item fornecido, medido em relação a critérios como: volume de compras, porcentagem do custo total de compras, qualidade do produto e crescimento do negócio. Quanto maior o volume ou a quantia de dinheiro envolvido, maior o impacto financeiro.

- **O risco de abastecimento** — diz respeito à complexidade da oferta, avaliada de acordo com critérios como: disponibilidade, número de fornecedores, demanda competitiva, oportunidades de produção *versus* aquisição, riscos de armazenagem e possibilidades de substituição. Comprar um produto de apenas um fornecedor, sem uma fonte alternativa de suprimento, geralmente indica um alto risco de abastecimento.

Finalmente, as linhas que dividem os quadrantes devem ser determinadas, porque o que distingue exatamente o alto do baixo, tanto para impacto financeiro quanto para risco de abastecimento, é mais ou menos arbitrário. Isso resulta em um mapeamento dos segmentos na matriz e uma recomendação da estratégia de compras a seguir. Note, contudo, que a estratégia de compras adequada não é determinada apenas de modo racional, pela classificação dos produtos, mas também pelas escolhas estratégicas da organização. Aspectos emocionais e de relacionamento também são importantes na escolha ou na manutenção dos fornecedores.

## Análise final

O modelo de compras de Kraljic forneceu a primeira abordagem abrangente de gestão de portfólio direcionada à gerência de compras e abastecimento. Os conceitos e as ideias básicas de Kraljic tornaram-se a abordagem dominante nesta área, e sua matriz passou a ser o padrão no campo de modelos de portfólio de compras. Sua terminologia foi amplamente aceita e passou a ser adotada como padrão por acadêmicos e profissionais.

## Referências bibliográficas

KRALJIC, P. "Purchasing must become supply management". *Harvard Business Review*, 61(5), set./out., 1983, p. 109-17.

WEELE, A.J. van. *Purchasing and supply chain management: analysis, planning and practice*. Londres: Thomson Learning, 2002.

# Capítulo 36

# Modelo de compras de Monczka

## Ideia geral

O modelo de compras de Monczka (também conhecido como modelo de compras da Michigan State University – MSU) é usado para avaliar a maturidade (ou seja, o nível de profissionalismo) da função de compras em uma organização e para sugerir programas de melhoria destinados a impulsionar o desenvolvimento, na forma de um guia prático. Monczka lançou a Iniciativa de *Benchmarking* em Compras Globais e Cadeia de Suprimentos (GPSCBI, do inglês *Global Procurement and Supply Chain Benchmarking Initiative*) em 1993. Um total de 150 companhias multinacionais compartilhou o conhecimento de processos e os dados quantitativos de suas operações nas cadeias de suprimentos. A análise dos processos mais bem-sucedidos resultou no modelo de compras da MSU, que serve como um guia prático para a excelência em compras.

O modelo contém oito processos estratégicos de compras e seis capacitadores estratégicos. Os processos estratégicos de compras têm como objetivo melhorar o desempenho com base em uma gestão mais eficaz dos fornecedores. Os processos capacitadores visam criar condições e meios para que os processos estratégicos sejam executados de modo profissional. Módulos de aprendizagem estão disponíveis para cada processo.

### Os oito processos estratégicos de compras
- Recursos internos/terceirização.
- Desenvolvimento de estratégias de *commodity*/grupos de mercadorias.
- Estabelecimento e alavancagem de uma base de abastecimento de classe mundial.
- Desenvolvimento e gestão de relacionamentos com fornecedores.
- Integração do fornecedor no processo de desenvolvimento de um novo produto/processo.
- Integração do fornecedor no processo de realização de pedidos.

- Desenvolvimento de fornecedores e gestão da qualidade.
- Gestão estratégica de custos.

**Os seis processos capacitadores estratégicos**

- Estabelecimento de estratégias e planos de compras e de cadeias de suprimentos globalmente integrados e alinhados.
- Desenvolvimento de estratégias de organização e gestão de equipes.
- Instalação das bases para a globalização.
- Desenvolvimento de métricas de mensuração de compras e da cadeia de suprimentos.
- Desenvolvimento e implementação de sistemas de capacitação em informação científica e tecnológica (ICT).
- Gestão de recursos humanos.

## Quando usar

As organizações usam o modelo para mensurar a maturidade da função de compras. O modelo, contudo, funciona não só como uma métrica, mas como um guia prático. Ele permite que as organizações determinem tanto a situação presente quanto a desejada. Além disso, os referenciais de *benchmarking* do modelo estimulam o intercâmbio de melhores práticas dentro das organizações e entre elas.

## Como usar

O modelo constitui-se de autoavaliações para mensurar o nível de maturidade da organização. Os critérios de avaliação são desenvolvidos para cada um dos 14 processos, visando classificar a maturidade em uma escala de um a 10. Os níveis mais baixos correspondem a critérios operacionais, ao passo que os mais altos, a critérios táticos e estratégicos. A autoavaliação segue uma abordagem rígida de etapas, em que se deve cumprir todos os critérios em um dado nível, antes que os critérios do próximo nível se tornem relevantes. Dessa maneira, uma organização pode desenvolver e implementar projetos feitos sob medida para melhorar e profissionalizar a função de compras, com base no resultado da avaliação de maturidade, que a levará ao próximo nível de maturidade. Observe, contudo, que o nível de maturidade medido não se caracteriza como uma nota com média definida. Trata-se de uma prerrogativa da organização decidir qual nível de maturidade é desejável e apropriado. Em alguns casos, esse nível pode ser oito, ao passo que em outros um índice cinco pode bastar. A decisão dependerá do tipo de organização e do tipo de setor em que ela opera.

Tanto os processos estratégicos quanto os capacitadores devem ser seguidos para que os resultados sejam duradouros. Quando se cuida apenas dos processos estratégicos, faltará à organização unidade ou infraestrutura de informação. Abordar apenas os processos capacitadores, por outro lado, resultará em investimentos com retorno insuficiente ou nulo.

## Processos estratégicos

1. Recursos internos/terceirização
2. Desenvolver estratégias de *commodity*/grupos de mercadorias
3. Estabelecer e alavancar uma base de abastecimento de classe mundial
4. Desenvolver e gerenciar relacionamentos com fornecedores
5. Integrar fornecedores ao processo de desenvolvimento de um novo produto/processo
6. Integrar fornecedores no processo de realização de pedidos
7. Desenvolver fornecedores e gerenciar a qualidade
8. Gerenciar os custos estrategicamente ao longo da cadeia de suprimentos

*Processos críticos integrados de cadeias de suprimento*

## Capacitadores estratégicos

1. Estabelecer estratégias e planos de compras e de cadeias de suprimentos globalmente integrados e alinhados
2. Desenvolver estratégias de organização e gestão de equipes
3. Instalar as bases para a globalização
4. Desenvolver métricas de mensuração de compras e da cadeia de suprimentos
5. Desenvolver e implementar sistemas de capacitação ICT
6. Estabelecer o desenvolvimento e o treinamento de recursos humanos

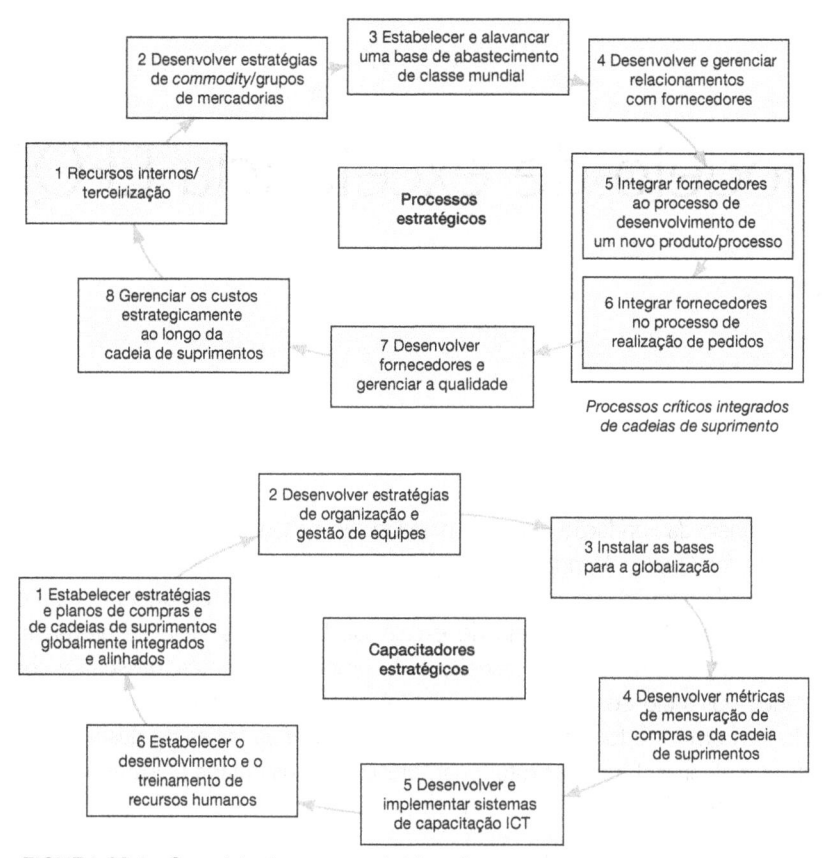

**FIGURA 36.1** O modelo de compras de Monczka

## Análise final

O modelo de compras da MSU oferece uma perspectiva significativamente mais ampla da área de compras do que muitos outros modelos bem conhecidos. O uso desse modelo leva à integração das atividades da organização e de seus fornecedores. No entanto, é discutível se todos os seus processos devem passar por cada categoria ou segmento e se devem ser executados na sequência determinada. Seja como for, o modelo possibilita uma abordagem profissional para a área de compras.

## Referência bibliográfica

TRENT, R.J.; MONCZKA, R.M. "Purchasing and supply management: trends and changes throughout the 1990s". *Journal of Supply Chain Management,* 34(2), 1998, p, 2-11.

# Capítulo 37

# Modelo de excelência EFQM

## Ideia geral

O modelo da Fundação Europeia para Gestão da Qualidade (EFQM, do inglês *European Foundation for Quality Management*) ajuda as organizações a estabelecer uma arquitetura organizacional adequada e um sistema de gerenciamento correspondente para colocá-las no caminho da excelência. O modelo de excelência EFQM baseia-se na premissa de que excelentes resultados, no que diz respeito a desempenho, clientes, pessoas e sociedade, são alcançados por meio de parcerias, recursos e processos. Orientado para os resultados, este modelo tem um forte foco no cliente, além de explicar as falhas de desempenho e ajudar a identificar melhorias. É uma estrutura não prescritiva, sustentada pelos assim chamados 'conceitos fundamentais':

- Liderança e consistência de propósitos.
- Administração por processos e fatos.
- Desenvolvimento e envolvimento de funcionários.
- Aprendizagem, inovação e melhoria contínuas.
- Desenvolvimento de parcerias.
- Responsabilidade social.

## Quando usar

O modelo de excelência da EFQM caracteriza-se por um enfoque geral para avaliar e projetar a arquitetura da empresa em relação às melhores práticas. Baseia-se em diferentes elementos estruturais e culturais, com vistas a desenvolver uma organização excelente. Pode ser utilizado por gestores de qualquer tipo de organização que pretendam implementar estratégia e redesenhar e desenvolver estruturas organizacionais e processos.

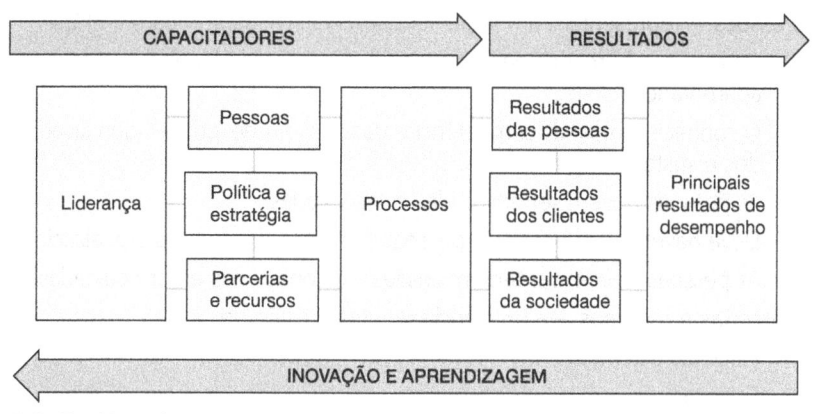

**FIGURA 37.1** O modelo de excelência EFQM

## Como usar

O modelo distingue cinco áreas organizacionais (capacitadoras) e quatro áreas de desempenho (resultados). As organizacionais constituem os elementos fundamentais para a gestão eficaz de uma organização: *liderança, política e estratégia, pessoas, parcerias e recursos e processos.* Os principais resultados de desempenho não apenas refletem o desempenho de uma organização, mas também medem a saúde da empresa a partir de diferentes perspectivas: *resultados de clientes, resultados de pessoas* e *resultados da sociedade,* além dos *principais resultados de desempenho.*

**Liderança** – exige que os gestores:

- Desenvolvam missão, visão e valores.
- Sejam modelos inspiradores de uma cultura de excelência.
- Envolvam-se pessoalmente com o desenvolvimento, a implementação e a melhoria do sistema de gestão organizacional.
- Envolvam-se com clientes, parceiros e representantes da sociedade.
- Motivem, apoiem e reconheçam as pessoas da organização.

**Política e estratégia** – os seguintes critérios servem como base para determinar a excelência:

- Necessidades presentes e futuras, além das expectativas, de todos os grupos de interesse.
- Informações para mensuração de desempenho, pesquisa, aprendizagem e atividades relacionadas com a criatividade.
- Desenvolvimento, revisão e atualização contínuos.
- Distribuição por meio de uma malha de processos essenciais.
- Comunicação e implementação.

**Pessoas** — representam um papel fundamental. De acordo com a EFQM:
- Os recursos humanos devem ser cuidadosamente planejados, administrados e aprimorados.
- O conhecimento e as competências das pessoas devem ser identificados, desenvolvidos e sustentados.
- As pessoas devem ser envolvidas e capacitadas.
- Deve haver diálogo entre as pessoas e os diferentes níveis organizacionais.
- As pessoas devem ser recompensadas, reconhecidas e bem cuidadas.

**Parcerias e recursos** — a excelência requer a gestão de:
- Parcerias externas.
- Finanças.
- Edifícios, equipamentos e materiais.
- Tecnologia.
- Informação e conhecimento.

**Processos** — os processos são excelentes quando:
- Projetados e administrados de forma sistemática.
- Melhorados de forma inovadora, para satisfazer às demandas do cliente e aumentar o valor.
- Produzem bens e serviços bem projetados e bem desenvolvidos, que satisfazem às necessidades e expectativas do cliente.
- Produzem, entregam e mantêm bens e serviços.
- Administram e aprimoram o relacionamento com o cliente.

Na EFQM, os resultados do cliente, das pessoas e da sociedade são mensurados por meio de *medidas de percepção* e *indicadores de desempenho*.

Os resultados que a organização atinge em relação ao desempenho planejado são coletivamente chamados de *principais resultados de desempenho* e consistem em *principais produtos do desempenho* e *principais indicadores de desempenho*.

Um elo de *feedback* das áreas de desempenho para criar objetivos em áreas organizacionais é essencial para estabelecer um efeito coordenado de aprendizagem. Indicadores de desempenho podem ser desenvolvidos para medir o efeito das melhorias.

## Análise final

O modelo de excelência da EFQM é uma ferramenta reconhecida para melhorar a eficácia e o profissionalismo do ciclo de planejamento e controle de uma empresa. Esse modelo foi codesenvolvido por gestores de alto nível de companhias como Renault, Philips e Ciba Geigy. Ele fornece os elementos essenciais para análise, avaliação, estruturação, aperfeiçoamento e gestão eficazes de uma organização. O site é da EFQM (<www.efqm.org>) é uma fonte valiosa de informações sobre o uso do modelo de excelência da EFQM para autoavaliação, bem como um modelo de *benchmarking*. O modelo de excelência da EFQM é frequentemente retratado para ajudar na tomada de decisões estratégicas. No entanto, não se trata de um modelo prescritivo concebido para auxiliar em análises administrativas.

## Referências bibliográficas

*The EFQM Excellence Model for self-appraisal.* EFQM: Bruxelas, Bélgica, 1992.

OAKLAND, J. *Total Quality Management: text with cases*. 2ª edição. Oxford: Butterworth Heinemann, 2000.

Capítulo **38**

# Modelo de remuneração de Milkovich

## Ideia geral

O modelo de remuneração é uma estrutura conceitual para o projeto, a implementação e a avaliação de uma estratégia de remuneração nas organizações. Originalmente desenvolvido por Milkovich e Newman (2007) para examinar opções estratégicas na gestão de todos os aspectos da remuneração, o modelo é descrito em três setores:

1. **Técnico** — vincula as políticas e os objetivos de remuneração.
2. **Objetivo** — do sistema de remuneração.
3. **Político** — delineia as bases do sistema.

## Quando usar

Este modelo fornece uma estrutura para examinar os atuais sistemas de remuneração. Ele também desempenha um papel central na criação e na implementação da estratégia de remuneração de uma organização.

## Como usar

1. **Objetivo** — constitui a força central do sistema. Os sistemas de remuneração são projetados para alcançar certos objetivos. O lado direito do modelo mostra seus objetivos básicos: eficiência, imparcialidade e conformidade. *Eficiência* pode ser descrita como o controle de custos de mão de obra ao mesmo tempo que melhora o desempenho e a qualidade, de modo a satisfazer os clientes e grupos de interesse. *Imparcialidade* refere-se a tratar os funcionários com justiça ao reconhecer suas contribuições e necessidades. *Conformidade* consiste em seguir as leis e os regulamentos de remuneração.

2. **Político** — serve como orientação para gerenciar a remuneração de modo a cumprir os objetivos do sistema. Os empregadores devem prestar atenção a todas as decisões de política mostradas na coluna à esquerda no modelo. O conceito de *alinhamento interno* refere-se às relações de remuneração dentro da organização e à lógica por trás

delas. É de suma importância a predisposição da organização em remunerar em comparação com o mercado (*competitividade externa*). A *contribuição do funcionário* está relacionada com as diferenças individuais na remuneração, baseadas na produção, nas competências, no tempo de serviço ou na senioridade. A última política importante do modelo relaciona-se com o *gerenciamento* do sistema de remuneração. Até o melhor sistema de remuneração do mundo seria inútil sem definições explícitas de quem é responsável pela aplicação, manutenção e tomada de decisões.

3. **Técnico** – constitui o sistema de remuneração. As técnicas de remuneração variam de análise de cargos a levantamentos e diretrizes de mérito; refletem o método de vincular os objetivos do sistema a políticas de compensação. Por exemplo, o *benchmarking* é um método usado para mapear a competitividade externa. O alinhamento interno pode ser determinado pela avaliação e pela correspondência de cargos. Ao usar o modelo de remuneração, deve estar claro, ao longo do processo, se o modelo contribui para se atingir metas organizacionais. Além disso, como não há uma abordagem única ao uso do modelo, faz-se necessária uma constante reavaliação da abordagem atual.

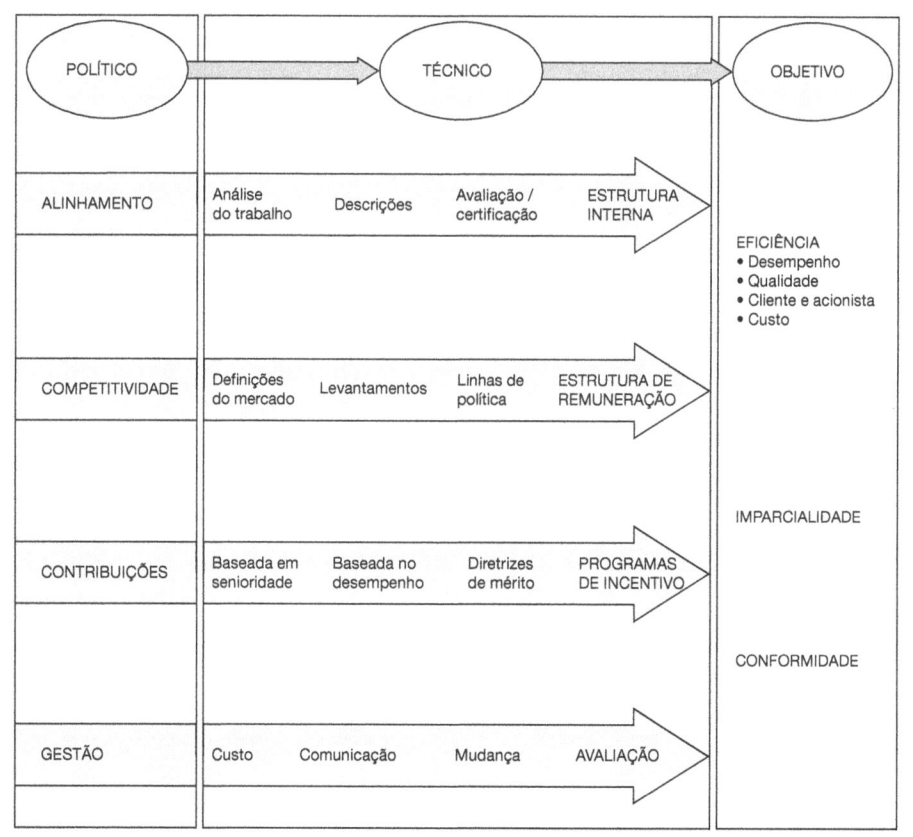

**FIGURA 38.1** Os três setores do modelo de remuneração de Milkovich
*Fonte:* Milkovich, G.T.; Newman, J.M. *Compensation*. Nova York: McGraw-Hill, 2007.

## Análise final

Ao projetar, examinar ou implementar sistemas de remuneração, é essencial levar em conta a cultura e a fase de desenvolvimento da empresa. Isso é prioritário na determinação de que instrumentos aplicar, assim como o grau de sofisticação possível para a aplicação.

## Referência bibliográfica

MILKOVICH, G.T.; NEWMAN, J.M. *Compensation*. Nova York: McGraw-Hill, 2007.

# Capítulo 39

# Oito fases da mudança de Kotter

## Ideia geral

Este modelo de Kotter é uma abordagem sistemática para realizar uma mudança bem-sucedida e sustentável a partir da quebra do processo em oito fases. Baseia-se em um estudo de mais de cem empresas que passaram por um processo de mudança. Kotter (1990, 1995) descobriu que os erros mais comuns cometidos durante o processo são: permitir o excesso de complacência, não construir uma forte coalizão, subestimar a necessidade de uma visão clara, não comunicar a visão com objetividade, permitir que haja obstáculos à mudança, não planejar e conquistar vitórias de curto prazo, declarar vitória cedo demais e não ancorar as mudanças na cultura corporativa. Kotter afirma que esses erros podem ser evitados ao entender porque as organizações mudam e as muitas etapas requeridas para fazer a mudança acontecer.

## Quando usar

Na dinâmica atual do mundo dos negócios, a capacidade de *liderar* a mudança tornou-se um requisito importante para a criação e a manutenção do sucesso em todas as organizações. Kotter faz uma distinção clara entre liderar a mudança e gerenciá-la. Ele afirma que a gestão consiste em um conjunto de processos capaz de manter um sistema complexo de pessoas e tecnologias funcionando tranquilamente. A liderança, por outro lado, define o futuro, alinha as pessoas com a visão da empresa e inspira-as a persegui-la. A abordagem das oito fases da mudança proporciona uma ferramenta sistemática para conduzir esse processo, permitindo que as pessoas façam mudanças duradouras em suas empresas e evitando erros (possivelmente) fatais.

## Como usar

Kotter salienta a importância de passar por todas as oito fases, como detalhado a seguir. No entanto, ao se executarem múltiplas mudanças em projetos, é provável que uma organização se encontre em mais de uma fase do modelo, em um determinado momento. A figura a seguir apresenta as 8 fases da mudança de Kotter.

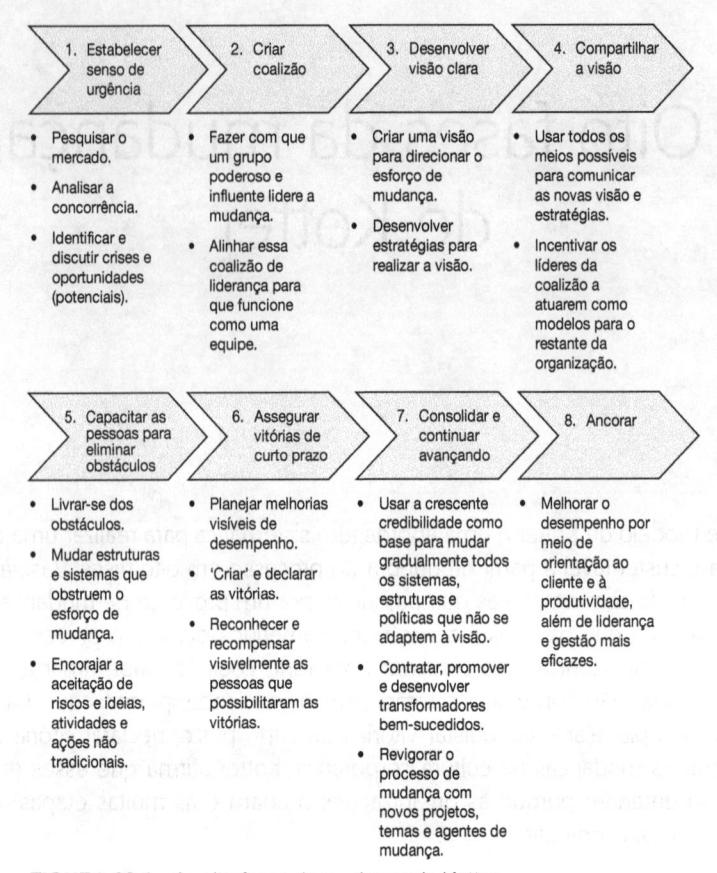

## FIGURA 39.1 — As oito fases da mudança de Kotter

**1. Estabelecer senso de urgência**
- Pesquisar o mercado.
- Analisar a concorrência.
- Identificar e discutir crises e oportunidades (potenciais).

**2. Criar coalizão**
- Fazer com que um grupo poderoso e influente lidere a mudança.
- Alinhar essa coalizão de liderança para que funcione como uma equipe.

**3. Desenvolver visão clara**
- Criar uma visão para direcionar o esforço de mudança.
- Desenvolver estratégias para realizar a visão.

**4. Compartilhar a visão**
- Usar todos os meios possíveis para comunicar as novas visão e estratégias.
- Incentivar os líderes da coalizão a atuarem como modelos para o restante da organização.

**5. Capacitar as pessoas para eliminar obstáculos**
- Livrar-se dos obstáculos.
- Mudar estruturas e sistemas que obstruem o esforço de mudança.
- Encorajar a aceitação de riscos e ideias, atividades e ações não tradicionais.

**6. Assegurar vitórias de curto prazo**
- Planejar melhorias visíveis de desempenho.
- 'Criar' e declarar as vitórias.
- Reconhecer e recompensar visivelmente as pessoas que possibilitaram as vitórias.

**7. Consolidar e continuar avançando**
- Usar a crescente credibilidade como base para mudar gradualmente todos os sistemas, estruturas e políticas que não se adaptem à visão.
- Contratar, promover e desenvolver transformadores bem-sucedidos.
- Revigorar o processo de mudança com novos projetos, temas e agentes de mudança.

**8. Ancorar**
- Melhorar o desempenho por meio de orientação ao cliente e à produtividade, além de liderança e gestão mais eficazes.

---

Para melhor entendimento, as 8 fases da mudança de Kotter são detalhadas a seguir:

1. **Criar um senso de urgência.** Ao lidar com a complacência, é importante eliminar falsos sinais de segurança. A gerência deve assegurar que as pessoas que fazem diferença na empresa tenham um senso de urgência diante de uma crise real ou potencial e que estejam convencidas de que fazer negócios como sempre se fez não é mais uma opção aceitável.

2. **Reunir uma equipe de liderança.** Uma forte coalizão orientadora é necessária para criar uma mudança organizacional. Os membros desse grupo precisam reconhecer o valor das mudanças almejadas e devem partilhar confiança e compromisso. Além disso, devem ter credibilidade, habilidades, conexões, reputação e autoridade formal para proporcionar uma liderança transformadora.

3. **Criar visão e estratégia.** A visão representa o componente central ao liderar a mudança. É a ponte entre o estado atual e o futuro, proporcionando senso de direção e alinhando esforços. As melhores visões são sensatas, claras, simples, inspiradoras e específicas para uma situação.

4. **Comunicar a visão modificada.** Comunicar a visão a todos os envolvidos é crucial para que entendam e se comprometam com a mudança. Comunicar a visão de maneira inadequada e com mensagens inconsistentes são as maiores armadilhas que prejudicam o sucesso da mudança

5. **Capacitar as pessoas.** A equipe de coalizão deve remover quaisquer barreiras à ação que possam estar incrustadas nas estruturas e processos organizacionais, ou que existam na percepção dos funcionários. Isso permite que todos participem do esforço de mudança.

6. **Gerar vitórias de curto prazo.** A mudança pode demandar tempo e um esforço significativo, por isso as pessoas devem ser incentivadas e apoiadas com a criação de vitórias de curto prazo. Essas vitórias devem ser claras, visíveis a todos e estreitamente relacionadas com o esforço de mudança.

7. **Consolidar e possibilitar mais mudanças.** Aproveite o astral da equipe e ganhe impulso consolidando os ganhos realizados, utilizando-os como degraus para alcançar vitórias maiores e capacitando as pessoas a gerar novas atividades relacionadas à visão que impulsiona o esforço.

8. **Ancorar novas abordagens na cultura.** Após a concretização de mudanças efetivas, os líderes devem tornar as alterações permanentes e impedir que as coisas voltem a ser como eram. Kotter afirma que a verdadeira chave para a mudança duradoura reside na mudança da própria cultura corporativa, por meio da consistência de ações bem-sucedidas ao longo de um período suficiente.

## Análise final

Kotter não se intimida diante da complexidade da mudança organizacional, oferecendo uma abordagem simplista. Ele reconhece que há muitas maneiras de se cometerem erros nos esforços de mudança. Na verdade, até os esforços bem-sucedidos são confusos e cheios de surpresas. Contudo, qualquer um que tente mudar um ambiente organizacional deve considerar o modelo de Kotter justamente para evitar os 'erros comuns' e ser capaz de enfrentar os desafios específicos do esforço de mudança em questão.

## Referências bibliográficas

KOTTER, J.P. *Force for change: how leadership differs from management*. Nova York: Free Press, 1990.

KOTTER, J.P. *Leading change*. Cambridge, MA: Harvard Business School Press, 1996.

KOTTER, J.P. *The heart of change: real-life stories of how people change their organisations*. Cambridge, MA: Harvard Business School Press, 2002.

# Capítulo 40

# Pirâmide de Curry: gestão do marketing e do relacionamento com o cliente

## Ideia geral

Se você conseguir identificar seus clientes mais valiosos, conquistá-los, mantê-los e fazer com que comprem mais, gerará um valor significativamente maior do que com uma abordagem padronizada para todos eles. O paradigma da pirâmide do cliente fornece às empresas um mecanismo para segmentar a base de clientes e, dessa forma, visualizar e analisar o comportamento, a fidelidade e o valor deles em cada um desses segmentos. Jay e Adam Curry (2000) revitalizaram o conceito da pirâmide do cliente.

## Quando usar

A gestão do relacionamento com o cliente (CRM, do inglês *customer relationship management*) parece ser o assunto em voga na área de negócios atualmente, mas é muito mais que um modismo tecnológico. Na verdade, o debate sobre o CRM já se estende há mais de três décadas. A pirâmide de Curry fornece um guia para a implementação do CRM. Ela força uma empresa a segmentar os clientes quanto à geração de receita, o que indica a importância relativa de cada um. Os clientes são tratados de maneira diferenciada em cada segmento da pirâmide. Recursos de marketing e vendas são alocados de maneira diferente para os diversos segmentos. Além disso, a pirâmide de Curry permite a visão de oportunidades de *cross-selling* (venda de produtos relacionados) e *up-selling* (oferta de um produto superior ao solicitado).

## Como usar

Os clientes podem ser segmentados na *pirâmide do cliente* com base em fatores específicos à empresa. Esses fatores geralmente incluem o *turnover* e a lucratividade por cliente, mas não se limitam a eles. A segmentação reflete como uma organização entende e trata um cliente (futuro), segmentos de clientes ou o potencial total da base de clientes. Geralmente se usa a *regra 80/20*. Essa regra popular diz que 20% dos clientes são responsáveis por 80% do lucro e que os outros 80% somente contribuem com os 20% restantes. Na prática, as porcentagens são diferentes, mas a ideia básica por trás dessa regra é que nem todos os clientes são lucrativos — alguns até lhe custam dinheiro!

```
                    A
Ativo versus inativo    ╱ (os mais ╲   Os 1% de clientes mais importantes
(exige cronograma)     ╱ importantes╲
Mais importantes      ╱──────B──────╲
versus pequenos      ╱   (grandes)   ╲  Os próximos 4% dos clientes
(exige mensuração)  ╱─────────────────╲
Novos versus       ╱        C          ╲   Os próximos 15%
existentes        ╱      (médios)       ╲     dos clientes
                 ╱─────────────────────╲
                ╱          D            ╲   Os próximos 80%
               ╱       (pequenos)         ╲    dos clientes
              ╱───────────────────────────╲
                     Clientes inativos
             ╱─────────────────────────────╲
                Prospects (clientes potenciais)
            ╱───────────────────────────────╲
                Suspects (clientes duvidosos)
```

**FIGURA 40.1** A pirâmide de Curry

*Fonte:* Curry, J.; Curry, A. *The customer marketing method: how to implement and profit from customer relationship management,* Nova York: Free Press, 2000.

Assim que uma empresa descobre quem são seus clientes (potenciais) mais valiosos, deve seguir os passos indicados:

1. Reunir o máximo possível de informações relevantes sobre clientes (potenciais), em especial os grandes e os mais importantes.

2. Analisar essas informações e, se necessário, repensar as necessidades de obtenção de informação.

3. Estabelecer metas para como você quer que seu cliente o perceba, na condição de fornecedor de seus bens, serviços e/ou experiências.

4. Escolher os meios, os sistemas e o conteúdo para a comunicação e a interação com os clientes.

5. Desenvolver regras de relacionamento e 'pacotes' para cada segmento de cliente.

6. Construir na empresa uma cultura orientada para o cliente.

7. Desenvolver sistemas próprios de gestão do cliente à medida que aprende.

## Análise final

Há uma infinidade de modelos e ferramentas disponíveis para apoiar gestores e analistas de negócios na gestão do marketing e do relacionamento com os clientes. Um dos perigos inerentes é a tendência de focar a instalação de um *software* de CRM (prontamente disponível), em vez de empregar o tempo necessário para estudar o escopo dos clientes potenciais.

O sucesso de uma organização em almejar, conquistar e reter clientes é obviamente influenciado por muito mais fatores que a mera gestão do relacionamento com o cliente. A precificação e a proposição de valor intrínseco do bem ou serviço constituem apenas dois exemplos de fatores que são muito facilmente engolidos pela engrenagem do marketing corporativo. Áreas problemáticas mais genéricas também existem, como a falta de uma estratégia de marketing coerente ou do apoio da cultura organizacional a uma abordagem centrada no cliente.

## Referência bibliográfica

CURRY, J.; CURRY, A. *The customer marketing method: how to implement and profit from customer relationship management.* Nova York: Free Press, 2000.

# Capítulo 41

# Preço de fábrica (FGP)

## Ideia geral

O preço de fábrica (FGP, do inglês *factory gate pricing*) é um método moderno de reabastecimento que tem o objetivo de remover custos desnecessários de transporte e melhorar a eficiência da cadeia de suprimentos. Ele envolve a solicitação dos varejistas para que os fabricantes forneçam os produtos a 'preços de fábrica', isto é, de modo que os custos do produto excluam os de entrega ao varejo. O varejista então assume a responsabilidade e o controle do reabastecimento e coleta os produtos dos fornecedores quando necessário. Nessa abordagem de reabastecimento, ele deixa de pagar um adicional de preço pelo transporte do fornecedor (ou de um operador logístico terceirizado), já que os bens são comprados 'na fábrica'.

O FGP oferece duas potenciais economias de custos na cadeia de suprimentos. Em primeiro lugar, o varejista tem acesso a uma diversidade completa de produtos de vários fornecedores para os quais os custos de transporte e inventário são compensados pelas vantagens da entrega coordenada. O varejista é capaz de planejar antecipadamente a logística de cada coleta e entrega, otimizando assim o custo e o uso de transporte ao coletar bens de vários fornecedores. Em segundo lugar, a combinação de viagens de distribuição primárias e secundárias em uma única rota (transporte de cargas em sentido inverso, isto é, do destino à origem) leva a custos mais baixos — a distribuição primária refere-se à coleta de bens dos fornecedores, ao passo que a secundária refere-se à distribuição de bens aos vários pontos de venda do varejista.

Os movimentos não econômicos dos veículos são evitados pela coleta de produtos de diferentes fontes na mesma viagem e pela garantia de que todos os veículos estejam com carga completa ao iniciar a rota de entrega.

| Preço do produto | = | Preço de fábrica (FGP) | + | Preço de transporte |

**FIGURA 41.1** Preço de fábrica (FGP)

## Quando usar

O FGP é especialmente apropriado quando o número de fornecedores na cadeia de suprimentos é muito maior que o de varejistas. O que importa é a proporção entre o número de pontos de despacho (localizações do fornecedor) e o número de pontos de entrega (localizações do varejista). A sinergia entre a facilidade de fornecimento e a velocidade de entrega constitui um importante tipo de vantagem. Quanto mais próximos estiverem localizados os fornecedores, maior a eficiência do processo e maior a vantagem para o varejista.

Uma consideração importante no processo FGP é o valor intrínseco das remessas, que depende tanto do volume como do valor por volume. Volumes altos resultam em cargas completas, e os custos de transporte são bastante homogêneos, seja quem for o responsável pelo transporte. No entanto, entregas muito frequentes em pequenos volumes podem facilmente resultar em cargas incompletas, tornando-se então razoável otimizar viagens e carregamentos, sobretudo se o valor por volume é alto. Se esse valor for baixo, não haverá necessidade de optar entre custos de transporte e de armazenamento. Por outro lado, quando o valor por volume for alto, os custos de transporte serão compensados pelos de armazenamento.

Outros pré-requisitos para a aplicação do FGP são as capacidades logísticas dos varejistas e a disposição deles em compartilhar os benefícios de maneira justa com vários fornecedores. Além disso, a falta de confiança pode prejudicar a adoção bem-sucedida do FGP. No entanto, essas são barreiras que prejudicariam qualquer método de reabastecimento colaborativo.

### Os benefícios do FGP

- Transporte eficiente — refere-se à melhoria da eficiência do transporte a partir do entendimento de seus verdadeiros custos. Por exemplo, fornecedores extremamente capacitados para o fornecimento de soluções logísticas com eficiência de custos continuarão a fornecer esse serviço ao varejista. Contudo, o FGP promove a fornecedores que não tenham o transporte como uma de suas competências essenciais, ou que não desenvolvam uma operação altamente eficiente, a oportunidade de transferir a responsabilidade ao varejista ou operador logístico.
- Aumento na disponibilidade — a maior colaboração entre varejista e fornecedor tem um efeito positivo sobre a cadeia de suprimentos como um todo. O FGP procura garantir que mais produtos estejam disponíveis nas prateleiras para os consumidores.
- Preços mais baixos para os consumidores — a redução dos custos de transporte leva a preços mais baixos que beneficiarão o consumidor.
- Meio-ambiente — cargas maiores por veículo significam menos viagens, o que, combinado com sistemas de planejamento de rotas cada vez mais sofisticados, resulta na redução de emissões nocivas.

## Como usar

As empresas potencialmente interessadas em adotar o preço FGP devem perguntar:
- Se é possível uma redução na frequência de entrega.
- Se a transferência da responsabilidade pelo transporte leva a vantagens de custo ou a melhorias no serviço.

São essas considerações que determinam em grande medida as possíveis vantagens do FGP. Várias outras condições também se revelam importantes, como:
- A flexibilidade de transporte do varejista (isto é, a flexibilidade de contratos com provedores de serviços logísticos ou a presença de uma frota de transporte bem equipada).
- As características dos produtos (por exemplo, necessidade de conservação, tamanho e peso), que determinam a possibilidade de combinar diferentes produtos em um único veículo.

Além disso, é preciso levar em conta a existência de janelas de oportunidade de entrega, assim como o grau de transparência dos métodos de precificação do fornecedor.

Com o FGP, os fornecedores já não são responsáveis pelo transporte de seus produtos. Contudo, sua área de docas precisa ser aumentada, já que a carga e a descarga nos centros de distribuição do fornecedor mudarão de maneira drástica. Por outro lado, atividades administrativas serão reduzidas devido à diminuição das atividades e responsabilidades de transporte.

Os varejistas normalmente enfrentam um aumento necessário na capacidade de transporte e carga e um aumento nas atividades administrativas. Na realidade, as estratégias de compra deles devem assumir a responsabilidade da separação dos produtos e dos serviços de transporte relacionados. Em geral, os fornecedores têm de reduzir seus preços.

## Análise final

O incentivo à participação de um varejista no FGP gera aumento do seu poder de compra e várias vantagens de economia de escala. Os fornecedores, por outro lado, geralmente não ficam satisfeitos com essas mudanças e relutam em participar desse modelo, argumentando que a maior transparência (de preços) associada a ele enfraquece sua posição de negociação. A ausência de um mecanismo justo para realocar a vantagem sinérgica impede a introdução do FGP, uma vez que bloqueia a criação de confiança.

São alternativas ao FGP o VMI (do inglês *vendor managed inventory*, ou inventário gerenciado pelo fornecedor, p. 116), o CPFR (do inglês *collaborative planning, forecasting and replenishment*, ou planejamento, previsão e reabastecimento colaborativo) e o CRP (do inglês *continuous replenishment planning*, ou planejamento de reabastecimento contínuo). O CRP é uma estratégia relativamente simples em que membros consecutivos da cadeia de suprimentos (isto é, um fornecedor e um varejista) trocam informações sobre a demanda real, níveis reais de estoque e entregas. Esses membros reabastecem com base nos dados dos pontos de vendas, em vez de dar início ao reabastecimento baseado em modelos simples de inventário e em quantidades tradicionais econômicas de pedido. Nessa abordagem, os membros da cadeia de suprimentos colaboram na etapa de coordenação, substituindo o inventário por informação. O CRP leva a entregas frequentes de pequenas quantidades baseadas no uso real (ou seja, cria-se uma atração por demanda). O VMI e o FGP são similares porque ambos os conceitos deslocam as decisões sobre a cadeia de suprimentos e a responsabilidade pelos níveis de estoque para um de seus membros de modo a reduzir custos e aumentar o valor para o cliente.

## Referência bibliográfica

ASSEN, M.F. van; HEZEWIJK, A.P. van; VELDE, S.L. van de. *Reconfigurations of chain and networks*. Amsterdã: Elsevier Business Publishers, 2005.

# Capítulo 42

# Quadrantes essenciais

## Ideia geral

Cada pessoa tem qualidades essenciais que descrevem verdadeiramente o seu 'eu'. Uma qualidade essencial permeia todos os aspectos da vida do indivíduo, tais como palavras, sentimentos, ações e valores. Despojado de todas as barreiras externas protetoras e reguladoras conscientes e inconscientes do cotidiano, sua qualidade essencial descreve 'o verdadeiro você'. Qual é sua *qualidade essencial*? O modelo de quadrantes essenciais de Ofman (2001) pode ajudar a identificar, descrever e diagnosticar sua qualidade essencial.

## Quando usar

O modelo de quadrantes essenciais pode ser usado para descobrir quais são seus pontos fortes e fracos, bem como suas armadilhas, desafios e dificuldades. Uma vez ciente dessas características, você pode reconhecê-las mais facilmente em outras pessoas. Além do mais, isso lhe fornece melhor compreensão de suas reações em relação aos outros. Quando você entende melhor suas próprias competências essenciais, pode ter uma visão mais ampla dos problemas racionais das pessoas que o cercam e aumentar sua autoconsciência.

## Como usar

Embora seja difícil apontar exatamente qual é sua qualidade essencial, quando você analisa seu perfil de diferentes perspectivas fica mais fácil percebê-la:

- Qual é sua maior *armadilha*? (Excesso de sua qualidade essencial.)
- Qual é seu maior *desafio*? (O oposto de sua armadilha.)
- Qual é sua *dificuldade* no que se refere às qualidades essenciais em outras pessoas? (O oposto de sua qualidade essencial – e excesso de desafio.)

O quadrante essencial mostra as diferentes, embora interdependentes, perspectivas de sua qualidade essencial. O entendimento dessas qualidades essenciais, armadilhas, desafios e dificuldades e a reflexão ativa sobre elas aumentam muito a eficiência e a eficácia das interações humanas.

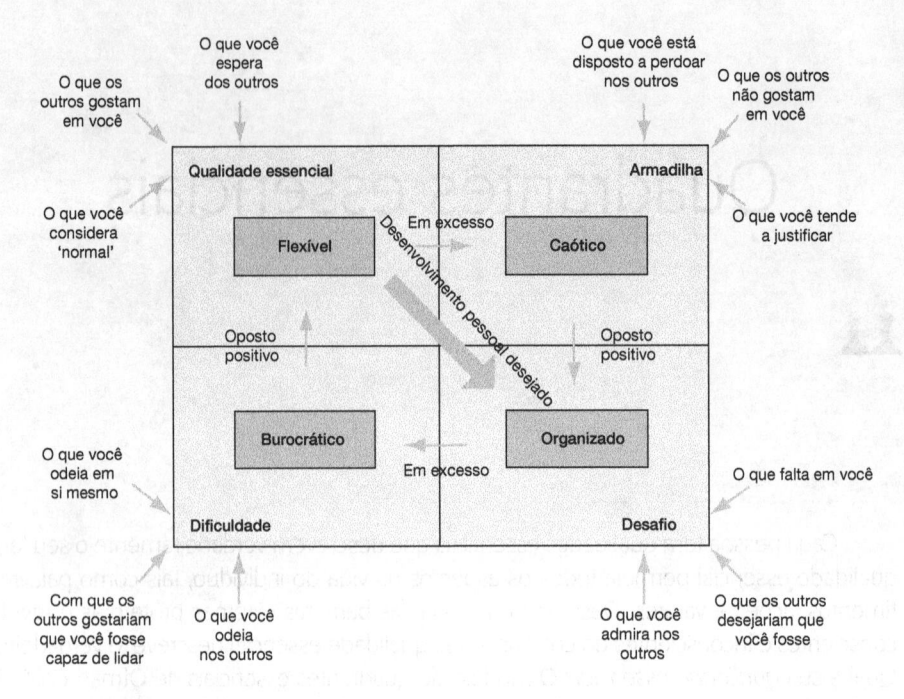

**FIGURA 42.1** Os quadrantes essenciais

O poder desse modelo reside no fato de que ele oferece quatro perspectivas sobre uma 'qualidade essencial'. No entanto, existem diferenças sutis. A mesma qualidade essencial pode ter armadilhas, desafios e dificuldades ligeiramente diferentes. Por isso é importante especificar os quadrantes de cada indivíduo com mais detalhes.

Com esse propósito, Ofman sugere que se acrescentem três perspectivas complementares a cada um dos quatro elementos, que podem então ser combinadas para formar um 'superquadrante' personalizado.

- Alguma coisa que *você* diria, sentiria, admiraria, perdoaria, desejaria, necessitaria ou odiaria *em você mesmo*.
- Alguma coisa que *você* diria, sentiria, admiraria, perdoaria, desejaria, necessitaria ou odiaria *nos outros*.
- Alguma coisa que os *outros* diriam, sentiriam, admirariam, perdoariam, desejariam, necessitariam ou odiariam em você.

O 'superquadrante' faz uma revelação incômoda: as inconsistências entre essas três perspectivas são um indicador relativamente seguro de que você não é quem e/ou como desejaria. Você está, na verdade, tentando esconder seus verdadeiros sentimentos, evitar suas armadilhas e conter o mal-estar de sua dificuldade. Em outras palavras, você está 'atuando'. A incongruência em um quadrante essencial também pode indicar que você está descrevendo os sintomas ou efeitos de uma armadilha. Por exemplo, a qualidade essencial 'entusiasmo' pode conduzir à armadilha 'fanatismo', acarretando um *feedback* negativo, causando decepção, levando ao recuo e finalmente ao egoísmo. No entanto, o egoísmo em si não é a armadilha.

Os quadrantes essenciais podem ser usados na preparação de reuniões em que pessoas com qualidades essenciais opostas interagem. Em vez de um confronto, as partes podem mostrar (mais) respeito e tentar aprender uns com os outros.

## Análise final

Os quadrantes essenciais provaram-se muito úteis para aumentar a compreensão e o respeito mútuos entre pessoas com qualidades essenciais opostas. Entretanto, há um perigo inerente em 'classificar' a si mesmo ou outra pessoa de modo incorreto. É importante envolver outras pessoas nas perspectivas. Em última análise, o esforço contínuo para manter-se consciente de sua própria qualidade essencial, embora difícil, talvez seja o mais próximo que se pode chegar de ser verdadeiro consigo mesmo e ter sucesso na vida.

## Referência bibliográfica

OFMAN, D.D. *Inspiration and quality in organizations.* 12ª edição. Antuérpia: Kosmos-Z&K, 2001.

# Capítulo 43

## Redesenho de processos de negócios

### Ideia geral

Hammer e Champy (1993) definem redesenho de processos de negócios (BPR, do inglês *business process redesign*) como a reconsideração necessária e o redesenho radical dos processos organizacionais, a fim de alcançar drástica melhoria do desempenho em custos, qualidade, serviço e rapidez. Gerar valor para o cliente é o fator mais importante para o redesenho do processo, no qual a tecnologia da informação muitas vezes tem um papel importante.

### Quando usar

O BPR é útil nos casos em que há:

- Numerosos conflitos dentro da organização (ou em partes dela).
- Alta frequência de reuniões.
- Quantidade excessiva de comunicações não estruturadas (tais como memorandos, e-mails e avisos).

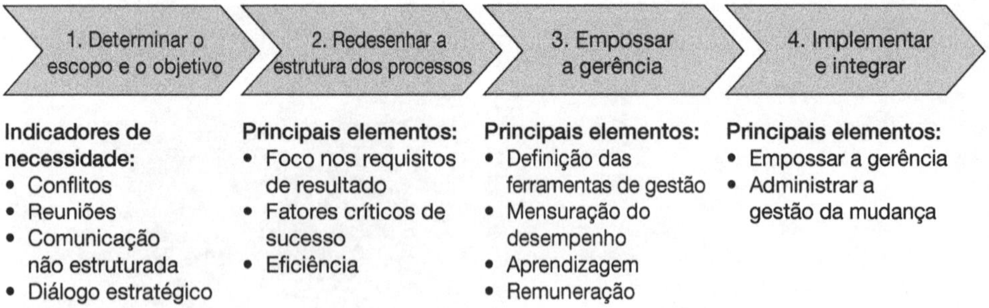

| 1. Determinar o escopo e o objetivo | 2. Redesenhar a estrutura dos processos | 3. Empossar a gerência | 4. Implementar e integrar |
|---|---|---|---|
| **Indicadores de necessidade:** <br> • Conflitos <br> • Reuniões <br> • Comunicação não estruturada <br> • Diálogo estratégico | **Principais elementos:** <br> • Foco nos requisitos de resultado <br> • Fatores críticos de sucesso <br> • Eficiência | **Principais elementos:** <br> • Definição das ferramentas de gestão <br> • Mensuração do desempenho <br> • Aprendizagem <br> • Remuneração | **Principais elementos:** <br> • Empossar a gerência <br> • Administrar a gestão da mudança |

**FIGURA 43.1** Redesenho de processos de negócios

**Resultados da execução bem-sucedida de projetos de BPR por consultores da Berenschot**
- 70% de redução do prazo de entrega dos pedidos.
- 60% de redução no nível médio de estoque.
- 25% de aumento da receita.
- 50% de redução da mão de obra indireta.
- 98% de confiabilidade na entrega, anteriormente de 70%.

## Como usar

Há quatro regras essenciais que devem ser consideradas em qualquer projeto de BPR:

1. Determinar a estratégia antes de redesenhar.
2. Redesenhar primeiro cada processo primário (ou seja, adotar um conjunto de transformações nos elementos de entrada em produtos com propriedades específicas) e posteriormente otimizar os processos secundários (isto é, otimizar processos que apoiam o funcionamento apropriado dos processos primários).
3. Otimizar o uso da tecnologia de informação.
4. Garantir que os modelos de estrutura organizacional e governança sejam compatíveis com o processo primário.

Além disso, há uma condição geral para o sucesso do BPR: tanto a gerência quanto a equipe operacional devem participar. Muitas vezes, a decisão de redesenhar acarreta uma abordagem de 'volta ao ponto de partida'. No esforço para permitir a discussão de qualquer nova visão sobre como desenhar a organização, a estrutura organizacional e os processos existentes são considerados 'não existentes' ou irrelevantes no redesenho.

Uma vez definida a necessidade do redesenho, a segunda etapa do BPR é o redesenho da organização (ou de parte dela), de acordo com os requisitos estratégicos. As seguintes perguntas devem ser feitas:
- Qual é o foco de nossos esforços (pensar em bens, serviços e clientes-alvo)?
- Quais são os fatores críticos de sucesso?
- Como podemos alcançar a máxima eficiência com base nos resultados exigidos?

A terceira etapa é determinar a gestão necessária à recém-desenhada organização. As perguntas típicas aqui são:
- Como podemos garantir que os processos funcionarão da maneira pretendida?
- Como podemos mensurar o desempenho?
- Como podemos fazer ajustes para buscar melhorias, se necessário?
- Como podemos remunerar ou premiar?

A última etapa compreende a implementação da nova estrutura organizacional, a instalação da forma de gestão e de procedimentos e a integração dos métodos de trabalho da organização em seu ambiente.

## Análise final

O BPR é um conceito difícil de colocar em prática. A falta de uma adequada gestão de projetos, o apoio limitado da gerência e a 'delegação' de projetos de BPR ao departamento de TI costumam ser fatais e constituem as três principais razões para o fracasso de sua implementação. Outro problema é que, embora faça sentido do ponto de vista funcional, a parte de gestão de recursos humanos pode ser mais desafiadora do que inicialmente previsto (por exemplo, fazer com que as pessoas trabalhem dentro de uma nova estrutura e sob novas regras). Muitos projetos de BPR empacam durante a fase inicial.

O redesenho de estruturas e processos organizacionais, ou a implementação de novas tecnologias como parte de um projeto de BPR, não corrigem automaticamente todas as falhas de uma organização, muito menos oferecem soluções permanentes e sustentáveis. Exatamente por isso a gerência, os demais funcionários e a cultura organizacional são chamados de 'elementos essenciais' do BPR.

## Referência bibliográfica

HAMMER, M.; CHAMPY, J. *Reengineering the corporation: a manifesto for business revolution*. Nova York: Harper Business, 1993.

# Capítulo 44

# Seis sigma

## Ideia geral

Sigma é o símbolo matemático que indica desvio padrão. O nome seis sigma, originário da terminologia estatística, representa uma medida para o número máximo de defeitos permitido em um sistema. No nível seis sigma, 99,999998 por cento de todos os produtos devem ser bons, isto é, têm de se encaixar dentro dos limites de tolerância. Isso implica que não mais que 3,4 defeitos são produzidos em um milhão de oportunidades. Esse nível de qualidade pode ser atingido pela redução e pelo controle da variação no processo. Para atingi-lo, os processos precisam ser aperfeiçoados. No entanto, as melhorias no processo e na qualidade não são a meta final, e sim a melhoria financeira.

O seis sigma consolidou-se primeiro na Motorola. Para enfrentar a forte concorrência japonesa, em 1987 a Motorola concentrou sua atenção na melhoria da qualidade. Seus engenheiros decidiram que a norma que usavam, de defeitos por mil unidades, já não era apropriada e passaram a medir os defeitos por milhão, um método aperfeiçoado pela Allied Signal e pela General Electric. Essas empresas tiveram enormes benefícios, economizando bilhões de dólares e ao mesmo tempo aumentando a satisfação do cliente. Hoje, os projetos seis sigma são implementados não só em indústrias, mas também no setor de serviços.

Segundo o seis sigma, o foco na redução da variação resolve problemas de processos e de negócios. Ao usar um conjunto de ferramentas estatísticas para entender a flutuação de um processo, a gerência pode começar a prever o resultado esperado desse processo. Se ele não for satisfatório, outras ferramentas estatísticas podem ser usadas para entender melhor os elementos que influenciam o processo.

## Quando usar

O seis sigma é usado para melhorar o desempenho operacional de uma organização, identificando e tratando suas deficiências. Os projetos executados com essa metodologia ajudam a atingir melhores resultados financeiros pela melhoria da qualidade e pela confiabilidade do processo. Cada um desses projetos tem como objetivo melhorias financeiras e economias de custos. A filosofia seis sigma sugere que a alta gerência não autorize um projeto que não tenha como alvo a economia de pelo menos U$ 175 mil.

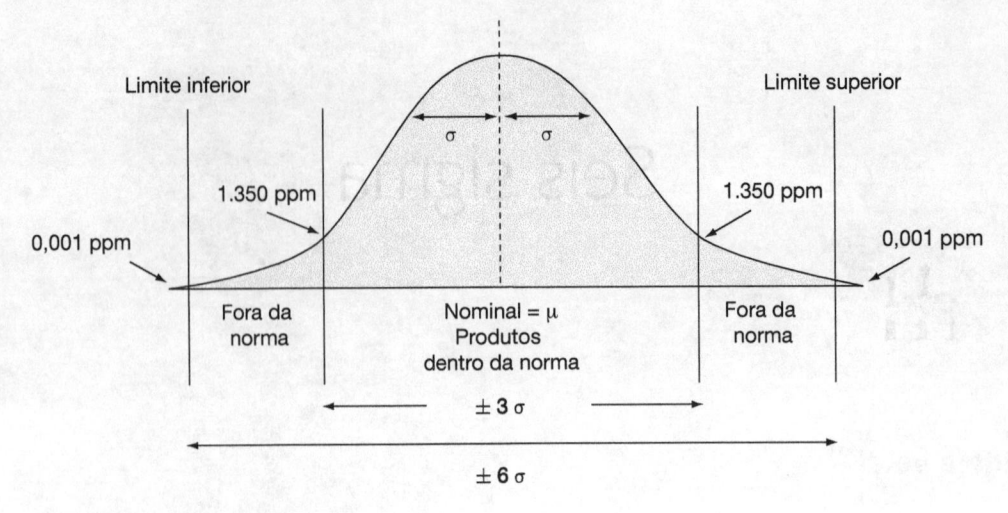

**FIGURA 44.1** Os seis sigma

O seis sigma é um método 'de cima para baixo' em que a gerência precisa comunicar a meta de cada projeto e auditá-lo, ao passo que os funcionários da organização devem executar os projetos de maneira muito estruturada, desempenhando um dos seguintes papéis:

- **Defensores executivos** — presidente ou outros membros da diretoria, que tenham uma clara visão geral dos projetos seis sigma.
- **Mestres faixas-pretas** — consultores externos, que treinam os faixas-pretas e apoiam os projetos seis sigma.
- **Faixas-pretas** — líderes de projeto; executam a gestão geral do projeto.
- **Faixas-verdes** — líderes de uma parte do projeto, que implementam projetos seis sigma.
- **Equipes de projeto** — cada faixa-verde tem uma equipe de projeto. Esses funcionários são treinados nas técnicas seis sigma.

A infraestrutura de um projeto seis sigma é única para cada organização, mas requisitos gerais para uma implementação bem-sucedida podem ser determinados:

- Ter domínio de ferramentas e técnicas estatísticas.
- Investir recursos adequados na fase de definição.
- Investir recursos adequados na fase de implementação.
- Contar com liderança e comprometimento adequados da gerência.
- Efetuar uma mudança cultural antes da implementação.
- Dispor de um plano de comunicação eficaz.
- Proporcionar treinamento adequado para as equipes de melhoria.
- Dispor de faixas-pretas capacitados para a facilitação.

## Como usar

O seis sigma inclui cinco etapas: definir, mensurar, analisar, melhorar e controlar (conhecidas como DMAIC, do inglês *define, measure, analyse, improve and control*).

1. **Definir** — em primeiro lugar, deve-se selecionar os processos a serem melhorados e definir as metas de melhoria (SMART).[1]

2. **Mensurar** — após a fase de definição, reúnem-se dados para avaliar o desempenho do processo atual para futura comparação.

3. **Analisar** — a diferença entre o estado atual e o desejado é determinada nessa fase.

4. **Melhorar** — o processo é subsequentemente otimizado com base na análise.

5. **Controlar** — os novos processos aperfeiçoados devem ser controlados e formalizados.

## Análise final

O seis sigma compreende técnicas *hard* e *soft*. As primeiras envolvem uma abordagem estruturada de solução de problemas, ferramentas de controle estatístico de processos (aplicadas pela metodologia DMAIC) e técnicas de gestão de projetos. As técnicas *soft* abrangem gestão de pessoas, criatividade e motivação para a melhoria.

Usa-se *benchmarking* em projetos seis sigma. As características importantes do produto, o cliente, os processos internos e o sistema de fabricação são comparados com os produtos e processos de competidores. Isso é útil na gestão da área financeira, pois a comparação no âmbito do processo torna possível o uso de técnicas seis sigma.

Nos projetos seis sigma, é importante ter visão e entusiasmo, mas um requisito mais importante para o sucesso desses projetos é adotar uma infraestrutura bem definida de treinamento, apoio e coordenação de projeto.

## Referência bibliográfica

BREYFOGLE III, F.W. *Implementing six sigma: smarter solutions using statistical methods*. Hoboken, NJ: John Wiley & Sons, 2003.

---

1. SMART, do inglês, *specific, measurable, acceptable, realistic and time-specific* (específicas, mensuráveis, aceitáveis, realistas e com prazo definido).

Capítulo **45**

# Senge — A quinta disciplina

## Ideia geral

A quinta disciplina é um modelo desenvolvido por Senge (1990), que descreve as cinco disciplinas necessárias para criar uma organização de aprendizagem: domínio pessoal, modelos mentais, visão compartilhada, aprendizagem em equipe e raciocínio sistêmico. Esta última é a disciplina que integra todas as cinco. Uma 'disciplina' engloba uma série de princípios e práticas que estudamos, dominamos e integramos em nossas vidas. As cinco disciplinas devem ser consideradas em três níveis diferentes:

- Práticas — o que você faz.
- Princípios — ideias e visões orientadoras.
- Essências — o estado de ser das pessoas com alto grau de domínio na disciplina.

Cada disciplina proporciona uma dimensão vital que as organizações devem aprender.

## Quando usar

A quinta disciplina é um modelo que pode ser usado para criar uma organização de aprendizagem, ou seja, aquela na qual as pessoas expandem de modo contínuo sua capacidade de criar os resultados que realmente desejam e em que se cultivam novos e abrangentes padrões de raciocínio; onde a aspiração coletiva seja libertada e as pessoas aprendam continuamente a enxergar o conjunto.

## Como usar

As cinco disciplinas necessárias para criar uma organização de aprendizagem são:

1. **Raciocínio sistêmico.** Trata-se da pedra fundamental para uma organização de aprendizagem. Essa é a disciplina que integra as outras e funde todas as outras em um corpo coerente de teoria e prática.

2. **Domínio pessoal.** As organizações só aprendem por meio de indivíduos. O aprendizado individual não garante o aprendizado organizacional, mas este último não ocorre sem o primeiro. O domínio pessoal é a habilidade de "continuamente esclarecer

## 1 Domínio pessoal

| | |
|---|---|
| ESSÊNCIAS | • Ser<br>• Geração<br>• Conectividade |
| PRINCÍPIOS | • Visão<br>• Tensão criativa *versus* tensão emocional<br>• Subconsciente |
| PRÁTICAS | • Esclarecer a visão pessoal<br>• Manter a tensão criativa com foco nos resultados e enxergar a realidade atual<br>• Fazer escolhas |

## 2 Modelos mentais

| | |
|---|---|
| ESSÊNCIAS | • Amor pela verdade<br>• Franqueza |
| PRINCÍPIOS | • Teoria defendida *versus* teoria em uso<br>• Escada de inferência<br>• Equilíbrio entre inquirição e defesa |
| PRÁTICAS | • Dados *versus* abstrações a partir dos dados<br>• Testar premissas<br>• Coluna da esquerda |

## 5 Raciocínio sistêmico

| | |
|---|---|
| ESSÊNCIAS | • Holismo<br>• Interconectividade |
| PRINCÍPIOS | • A estrutura influencia o comportamento<br>• Resistência ao plano de ação<br>• Alavancagem |
| PRÁTICAS | • Arquétipos do sistema<br>• Simulação |

## 3 Visão compartilhada

| | |
|---|---|
| ESSÊNCIAS | • Propósito comum<br>• Parceria |
| PRINCÍPIOS | • Visão compartilhada dos indivíduos<br>• Comprometimento em vez de obediência |
| PRÁTICAS | • Visualizar por meio do compartilhamento de visões, da escuta e da livre escolha<br>• Reconhecer a realidade atual |

## 4 Aprendizagem em equipe

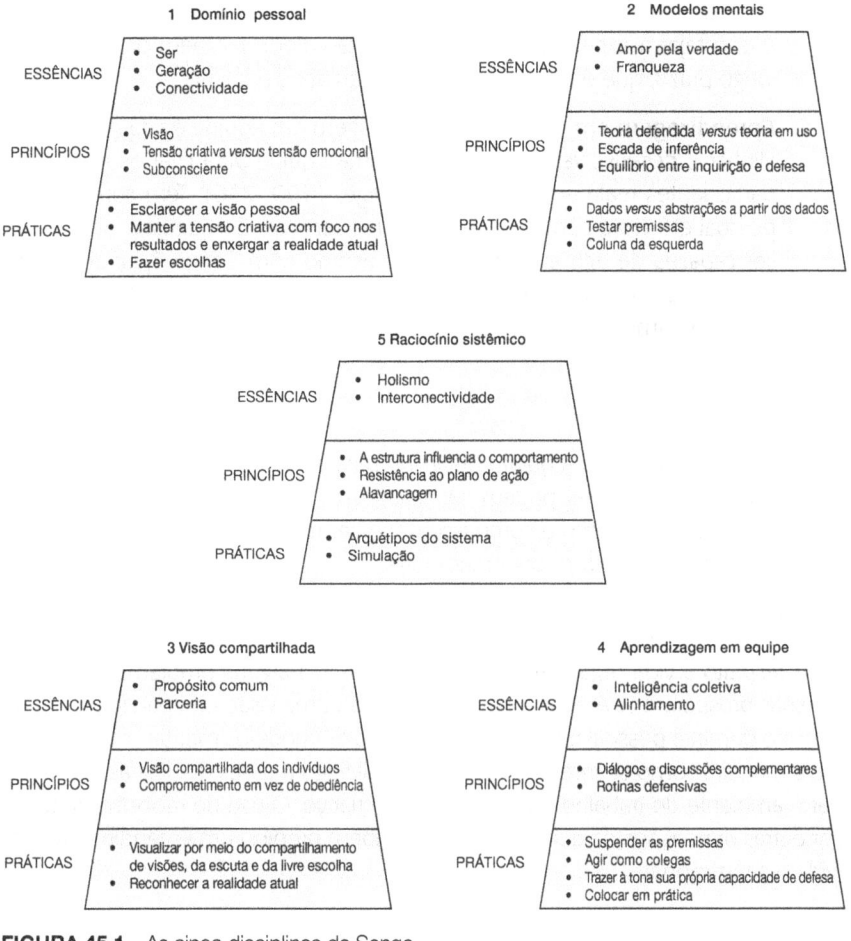

| | |
|---|---|
| ESSÊNCIAS | • Inteligência coletiva<br>• Alinhamento |
| PRINCÍPIOS | • Diálogos e discussões complementares<br>• Rotinas defensivas |
| PRÁTICAS | • Suspender as premissas<br>• Agir como colegas<br>• Trazer à tona sua própria capacidade de defesa<br>• Colocar em prática |

**FIGURA 45.1**   As cinco disciplinas de Senge
*Fonte:* Senge, P.M. *The fifth discipline: the art and practice of the learning organisation.* Nova York: Currency, 1990.

e aprofundar nossa visão pessoal, concentrando energias, desenvolvendo a paciência e enxergando a realidade de modo objetivo".

3. **Modelos mentais.** São "premissas profundamente enraizadas, generalizações ou — até mesmo — imagens que influenciam o modo como entendemos o mundo e agimos". A disciplina de modelos mentais pressupõe uma interiorização, virando o espelho para dentro, aprendendo a resgatar nossas imagens internas do mundo, trazendo-as à superfície e submetendo-as a uma análise rigorosa. Também inclui a habilidade de estabelecer conversas 'voltadas ao aprendizado', que equilibrem inquirição e defesa, e nas quais as pessoas possam expor seu próprio raciocínio de forma efetiva e abrir esse raciocínio para a influência de outros.

4. **Construindo uma visão compartilhada.** Senge afirma que a capacidade de desenvolver e compartilhar uma visão clara da situação no futuro é importante para que

os líderes inspirem seus funcionários a aprender. Essa visão tem o poder de inspirar e encorajar a experimentação e a inovação. Pode também promover um senso de longo prazo, que é fundamental para a 'quinta disciplina'.

5. **Aprendizagem em equipe.** A aprendizagem em equipe é tida como "o processo de alinhar e desenvolver as aptidões de uma equipe para criar os resultados que seus participantes realmente desejam" (Senge, 1990: 236). Tem como base o domínio pessoal e a visão compartilhada, mas requer mais do que isso: as pessoas precisam ser capazes de agir em conjunto. De acordo com Senge, quando os membros de uma equipe aprendem juntos, eles não só atingem bons resultados para a organização, mas também aprendem mais depressa do que aprenderiam sozinhos.

## Análise final

Senge escreveu o livro *A quinta disciplina* para inspirar gestores e líderes e também para identificar quais intervenções podem ser feitas para transformar uma organização em uma organização de aprendizagem e como isso pode ser feito. Ele se preocupa sobretudo com *as questões internas* e a *abertura* organizacionais.

A questão é saber se a visão que Senge tem da organização de aprendizagem e de suas disciplinas correspondentes contribuiu para uma ação mais informada e comprometida no que diz respeito à vida organizacional. Embora existam alguns problemas conceituais, ela faz as pessoas prosperarem. A ênfase na construção de uma visão compartilhada, no trabalho em equipe, no domínio pessoal e no desenvolvimento de modelos mentais mais sofisticados, bem como a maneira como se integra o conceito de diálogo a essas disciplinas, tem o potencial de tornar o ambiente de trabalho mais agradável e criativo. O uso do raciocínio sistêmico para integrar outras dimensões da quinta disciplina também propicia um entendimento mais holístico da vida organizacional.

## Referências bibliográficas

FLOOD, R.L. "Fifth discipline: review and discussion". *Systemic Practice and Action Research*, 11(3), 259-73, 1998.

SENGE, P.M. *The fifth discipline: the art and practice of the learning organisation*. Nova York: Currency, 1990.

SENGE, P.M. *The dance of change: the challenges of sustaining momentum in learning organisations*. Nova York: Currency/Doubleday, 1999.

Capítulo **46**

# Sete hábitos das pessoas altamente eficazes de Covey

## Ideia geral

Muito popular na década de 1990 e no começo do século XXI, Stephen Covey (1989) mudou a maneira de pensar de muitos profissionais, e suas obras tornaram-se os livros de cabeceira dos mais ambiciosos. Covey afirma que as pessoas altamente eficazes têm sete hábitos que as tornam muito bem-sucedidas na vida e nos negócios:

1. Ser pró-ativo.
2. Ter desde o início o objetivo final em mente.
3. Colocar o que é mais importante em primeiro lugar.
4. Pensar em vencer-vencer.
5. Primeiro compreender e depois ser compreendido.
6. Trabalhar com sinergia.
7. 'Afinar o instrumento'.

Além disso, Covey argumenta que os gestores altamente eficazes tomam decisões importantes com base em suas emoções e o fazem de modo consciente.

## Quando usar

A teoria dos sete hábitos tenta explicar porque alguns são bem-sucedidos tanto nos negócios quanto na vida pessoal. Aplica-se, portanto, a líderes e gestores. O modelo fornece um programa de autoajuda, com base em uma abordagem de dentro para fora. De acordo com Covey, nossos paradigmas pessoais afetam nossas interações com os outros, o que por sua vez afeta o modo como os outros interagem conosco. Dessa forma, melhorar as interações começa com uma profunda compreensão de nossos próprios paradigmas e razões. Para ter sucesso, um indivíduo deve analisar com que eficácia age e interage.

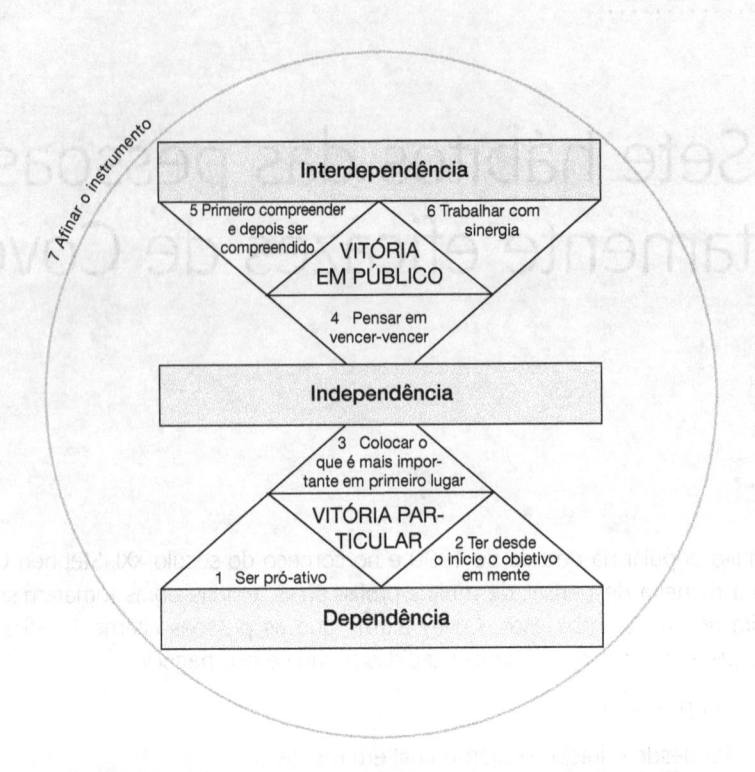

**FIGURA 46.1**  Os sete hábitos das pessoas altamente eficazes de Covey

## Como usar

De acordo com Covey, primeiro é preciso libertar-se da dependência dos outros. As pessoas tornam-se mais independentes ao adotar os três primeiros hábitos:

**Seja pró-ativo.** De agora em diante, *você* assume a responsabilidade por seu próprio comportamento, sem culpar as circunstâncias, as condições ou — talvez o mais importante — seu condicionamento pela maneira como se comporta. Você escolhe ativamente como reagir a qualquer situação ou pessoa e deve fazê-lo com orgulho — mesmo que isso exija muito esforço ou desconforto.

**Tenha desde o início seu objetivo em mente.** Quando assumir uma responsabilidade, qualquer que seja, visualize o resultado ou o futuro que deseja alcançar. Se não tiver uma visão clara de onde quer ir, não chegará lá nunca. Você deve saber exatamente o que pretende realizar, ou optar por não realizar nada. Você vive a vida e toma decisões de acordo com crenças profundamente enraizadas, princípios ou 'verdades fundamentais'.

**Coloque o que é importante em primeiro lugar.** Assumindo o controle total e permanecendo disciplinado, você poderá concentrar-se nas atividades mais importantes, embora não necessariamente as mais urgentes. A lista de prioridades de Covey inclui construir relacionamentos, escrever uma declaração de missão pessoal, elaborar um plano de longo prazo, fazer exercícios físicos e preparar-se para aquela apresentação na próxima semana. Faça, agora, todas as coisas que seriam relegadas ao último minuto, postergadas ou mesmo descartadas. Isso o ajudará a eliminar aquelas atividades urgentes que estavam no topo de sua sobrecarregada agenda, mas que na verdade não eram tão importantes. Agora que chegou ao ponto de ser independente e está usando seu tempo para *perseguir de maneira eficaz* os objetivos mais importantes de sua vida, você deve aumentar sua eficácia em relação aos que o cercam.

**Pense em vencer-vencer.** É preciso acreditar em 'abundância': há muito para todos. O sucesso de uma pessoa não implica necessariamente o fracasso de outra. Você busca soluções para problemas que propiciam benefícios a todos os envolvidos (inclusive a si mesmo).

**Compreenda antes de tentar ser compreendido.** Usando essa abordagem, você pode fazer as pessoas que o cercam sentirem-se vencedoras. Além disso, pode aprender alguma coisa com elas nesse processo, já que finalmente conseguiu se *calar* e *ouvir*. Na verdade, você deve ouvir com a firme intenção de compreender a outra pessoa, tanto no nível intelectual e analítico quanto no emocional. Diagnosticar antes de prescrever, diz Covey.

**Atue com sinergia.** Por fim, é preciso abrir a mente para ideias novas e criativas. Você se torna um agente de inovação, um pioneiro e se convence de que o todo é maior do que a soma das partes. Valoriza as diferenças entre as pessoas e tenta construir com base nessas diferenças (para mais informações, veja as referências bibliográficas e os papéis de equipe de Belbin, na p. 189). Você pensa em maneiras criativas para solucionar conflitos.

**'Afine o instrumento'.*** Agora você alcançou um estágio de interdependência. É eficaz e admirado por familiares, amigos e colegas, mas nunca deve se permitir descansar sobre os louros. Deve continuamente melhorar a si mesmo e manter-se sempre ansioso por aprender e explorar.

## Análise final

A questão é a seguinte: o que leva as pessoas a fazer o que fazem e como elas podem ser felizes com isso? Covey fala aos gestores de empresas e a todos os demais profissionais que se levam a sério, direcionando todas as ideias a um conceito comumente assimilado: a eficácia. O que aconteceu com aquela viagem pelo mundo com a qual você sonhava 20 anos atrás? Ser eficaz e ter tempo de realizar todas aquelas coisas importantes que fazem com que amemos a vida e com que os outros nos amem é o sonho absoluto do profissional sobrecarregado de trabalho.

## Referências bibliográficas

COVEY, S.R. *The seven habits of highly effective people*. Nova York: Simon & Schuster, 1989.

COVEY, S.R. *The 8th habit: from effectiveness to greatness*. Nova York: Free Press, 2004.

---

* No original, Covey utiliza o termo 'afiar o serrote', a partir da história do lenhador cuja eficácia é muito maior que a dos outros porque para regularmente para afiar seu serrote (N.T.).

Capítulo **47**

# Teoria das restrições

## Ideia geral

A essência da teoria das restrições (TOC, do inglês *theory of constraints*) mostra que o resultado de um dado sistema de produção é determinada por seu elo mais fraco. Todo sistema tem restrições que impedem a empresa de atingir seu principal objetivo: obter lucro. Segundo essa teoria, ao se remover a maior restrição (o gargalo), o resultado do sistema será aumentado. Quando o novo gargalo que resulta da ação anterior é eliminado, o resultado do sistema pode passar por uma nova melhoria. Essa é a função da TOC: procurar pelo gargalo no sistema e tentar eliminá-lo. O problema do gargalo ocorre quando uma linha de produção opera mais rápido do que sua estação de trabalho mais lenta, gerando acúmulo de inventário. A TOC faz uso do princípio 'tambor–pulmão–corda' (do inglês *drum–buffer–rope*) para controlar o ritmo do sistema de produção. O gargalo age como o tambor (determina o ritmo), os materiais são planejados por meio da corda e os pulmões evitam que o gargalo fique seco.

Em seu livro *A meta*, Goldratt e Cox (1984) ilustram esse princípio com uma fila de escoteiros. Eles não podem marchar mais rápido do que a pessoa mais lenta (a restrição). Se tentarem, a fila ficará mais longa (veja isso como o inventário) à medida que os escoteiros da frente adiantam-se em relação à restrição. A fila pode marchar uniformemente ao permitir que a restrição determine o ritmo. O desempenho de toda a fila pode ser melhorado ao se fazer a pessoa mais lenta caminhar mais rápido.

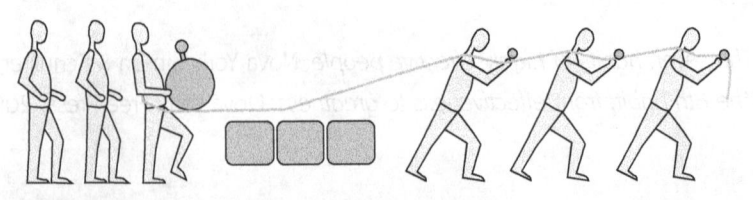

**FIGURA 47.1** Ilustração da teoria das restrições

## Quando usar

A TOC é utilizada para maximizar o resultado de um sistema de produção. O objetivo é gerar lucros. Goldratt e Cox apresentam diferentes indicadores financeiros e operacionais que contribuem para a meta:

- Resultado: a diferença entre o fluxo de caixa de entrada e de saída.
- Inventário: todos os meios financeiros investidos no sistema para aquisição de ativos, os quais devem ser vendidos.
- Custos operacionais: todos os custos gerados pelo sistema para transformar inventário em produção (por exemplo, custos de mão de obra, custos de materiais, depreciação).

Goldratt e Cox afirmam que, para gerar o máximo de lucro possível, o resultado do sistema deve ser maximizado. O resultado é um foco operacional muito mais dedicado a melhorar o resultado e o tempo de saída do que apenas reduzir custos. Se aplicada da maneira correta, a TOC pode evitar um erro comum que resulta do pensamento baseado em eficiência: em vez de maximizar a utilização da máquina mais cara para abater o menor preço por produto, pode ser mais eficaz aumentar o resultado de uma máquina velha e depreciada (o gargalo).

## Como usar

A TOC concentra-se na melhoria do sistema, aqui definida como uma série de processos interdependentes. Uma boa analogia para isso é uma corrente: um grupo de elos interdependentes ligados por um mesmo objetivo. Um elo fraco representa uma restrição. O desempenho da corrente como um todo é limitado pela força do elo mais fraco. Em processos de fabricação, a TOC concentra-se naqueles que diminuem o ritmo da produção ao longo do sistema.

Há cinco etapas na teoria das restrições:

1. **Identifique a restrição no sistema (identificação da restrição)**

A restrição é identificada por meio de vários métodos, mas um indicador clássico é o volume de trabalho que espera em fila na operação de um processo. Outro exemplo ocorre quando os produtos são processados em lotes.

2. **Determine como a restrição pode ser eliminada (exploração da restrição)**

Uma vez identificada a restrição, o processo é melhorado ou apoiado para atingir a capacidade máxima sem atualizações ou alterações caras. Em outras palavras, a restrição é explorada.

3. **Faça com que tudo esteja subordinado à decisão tomada no passo 2 (subordinação dos outros processos à restrição)**

Quando o processo restritivo está trabalhando em capacidade máxima, o ritmo de outros processos subordinados se submetem a essa velocidade ou à capacidade da restrição. Alguns processos sacrificam a produtividade individual em benefício do sistema como um todo. Os processos subordinados geralmente estão à frente da restrição no fluxo de valor.

Os processos após a restrição não são a principal preocupação, pois provavelmente já estão produzindo abaixo da capacidade porque têm que acompanhar o ritmo restritivo.

4. **Fortalecer ou eliminar a restrição do sistema (elevação da restrição)**

Se o resultado do sistema como um todo não é satisfatória, mais melhorias são necessárias. A empresa agora pode conduzir maiores mudanças na restrição. As mudanças podem envolver aumento do capital, reorganização ou outros grandes gastos de tempo ou dinheiro. Isso se chama elevação da restrição (tomar qualquer atitude necessária para eliminá-la).

5. **Assim que a restrição for eliminada, volte para o passo 1 (repita o ciclo)**

Não deixe que a inércia introduza uma nova restrição no sistema. Após a eliminação da primeira restrição, outra parte do sistema ou da cadeia de processos torna-se a nova restrição. Agora é o momento de repetir o ciclo de melhoria. O desempenho de todo o sistema é reavaliado em busca de uma nova restrição, com base na exploração, subordinação e elevação.

Ao abordar as restrições, esse método produz efeitos positivos sobre o tempo de fluxo do bem ou serviço através do sistema. A redução do desperdício aumenta a produção e diminui o prazo do processo. Quando se soluciona a restrição, a variação é reduzida e a qualidade melhora. O foco na restrição não requer um conhecimento profundo de análise de dados, ou o entendimento de um grande número de pessoas sobre os elementos do sistema. Basta que seja compreendido por algumas pessoas com o poder de mudar as coisas. O esforço pode ser localizado com o mínimo envolvimento da força de trabalho.

Ao executar os passos, devemos ter em mente dois tipos de restrição:

- **Restrições internas:** são limitações dentro dos limites do sistema e da organização, que impedem o alcance do objetivo. Por exemplo, capacidade insuficiente, limitações de gestão ou aquelas relacionadas ao comportamento.
- **Restrições externas:** são limitações que ocorrem fora do processo e impedem o alcance do objetivo, como queda de demanda, excesso de capacidade e concorrência.

Goldratt faz uso frequente da árvore da realidade atual (CRT, do inglês *current reality tree*) juntamente com o efeito indesejado (UDE, do inglês *un-desired effect*) para encontrar o gargalo e determinar a melhor solução. Essas técnicas são ilustradas em seu livro *Mais que sorte* e assemelham-se aos métodos utilizados na *análise de causa e efeito* (p. 176).

## Análise final

Procurar e solucionar restrições é um dos elementos fundamentais da teoria das restrições. Desse modo, examinam-se inventários frequentes, falhas e paralisações. No entanto, não se deve apenas considerar os aspectos técnicos e logísticos dos pontos de gargalo. Os aspectos organizacionais e de informação também são importantes.

A metodologia TOC atua com várias hipóteses:

- Como no caso da mentalidade enxuta (p. 122), a organização atribui um valor ao ritmo de produção do bem ou serviço ao longo do processo. Rapidez e volume são os principais determinantes do sucesso.
- Os processos atuais são essenciais para produzir o resultado desejado.
- O *design* do bem ou serviço é estável.

Mesmo os funcionários que agregam valor não precisam entender profundamente essa metodologia de melhoria. As sugestões da força de trabalho não são consideradas vitais para o êxito da implementação da teoria das restrições. Organizações com uma estrutura hierárquica e conhecimento centralizado valorizam essa abordagem.

As principais críticas à TOC concentram-se no fato de que os gargalos podem deslocar-se, uma vez que vários produtos diferentes podem ser produzidos pelo mesmo sistema. Dependendo da duração do processo, o gargalo pode variar para focos diferentes. Além disso, diferentes tipos de produto possibilitam variedades de gargalos que só podem ser suavizados pelo prazo, capacidade e inventário. A TOC considera somente a capacidade. No entanto, se essa variedade for negligenciada, poderá haver um grande acúmulo de processos em andamento (e, consequentemente, aumento no prazo de produção), o que entra em conflito direto com o objetivo.

## Referências bibliográficas

GOLDRATT, E.M.; COX, J. *The goal: a process of ongoing improvement*. Great Barrington, MA: North River Press, 1984.

GOLDRATT, E.M. *It's not luck*. Great Barrington, MA: North River Press, 1994.

# Capítulo 48

# Valores concorrentes de eficácia organizacional

## Ideia geral

O sistema de valores concorrentes é um modelo para avaliar a eficácia das organizações (Quinn e Rohrbaugh, 1983), mas também pode ser utilizado para analisar e definir programas de desenvolvimento de supervisão e gestão. O estudo de Quinn e Rohrbaugh (1983) foi uma tentativa de obter melhor compreensão dos critérios de eficácia organizacional, o que resultou em uma escala multidimensional ou modelo espacial com três dimensões:

1. Foco organizacional interno *versus* foco organizacional externo.
2. Flexibilidade *versus* estabilidade da organização.
3. Orientação por processo *versus* orientação por objetivos (os meios para a consecução do fim).

## Quando usar

Em um contexto organizacional, o modelo pode ser utilizado de quatro maneiras:

1. Para elaborar programas de desenvolvimento de supervisão e gestão.
2. Para entender várias funções e processos organizacionais.
3. Para analisar lacunas organizacionais.
4. Para diagnosticar a cultura de uma organização.

## Como usar

As dimensões do modelo refletem dilemas organizacionais bem conhecidos. A primeira dimensão, foco organizacional interno *versus* externo, representa um dilema organizacional básico no qual, em uma extremidade da escala, a organização é tida como uma entidade sociotécnica e, na outra, como uma ferramenta planejada logicamente para o alcance de metas empresariais.

## Figura 48.1

**Flexibilidade**

Novo modelo de relações humanas:
- Coesão / Moral
- Desenvolvimento de recursos humanos

Modelo de sistemas abertos:
- Flexibilidade / Prontidão
- Crescimento / Aquisição de recursos

**Interno** ←— Qualidade de resultado —→ **Externo**

Modelo de processo interno:
- Gestão da informação / Comunicação
- Controle da estabilidade

Modelo de meta racional:
- Planejamento / Estabelecimento de meta
- Eficiência na produção

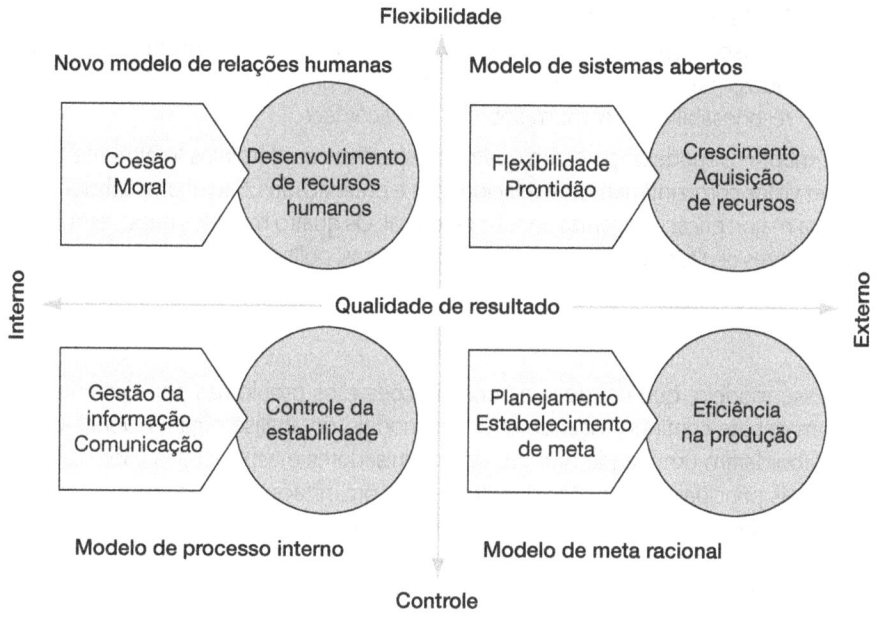

**Controle**

**FIGURA 48.1** Valores concorrentes

---

A flexibilidade *versus* a estabilidade constitui outro dilema organizacional básico. A ordem e o controle não se misturam bem com a inovação e a mudança. Muitos teóricos sociais têm apresentado (com sucesso) argumentos em favor da autoridade, da estrutura e da coordenação, ao passo que outros encontraram evidências a favor da iniciativa individual e da adaptabilidade organizacional.

Por fim, um estudo da eficácia organizacional não estará completo sem que se analise a tendência de meios, métodos, procedimentos e regras para que se torne funcionalmente autônomos, ou seja, torne-se objetivo em si mesmo.

A integração dessas dimensões resulta em quatro modelos básicos de eficácia organizacional:

1. **Modelo de processo interno** — baseado na hierarquia, com ênfase em mensuração, documentação e gestão de informação. Esses processos trazem estabilidade e controle. As hierarquias parecem funcionar melhor quando a tarefa em questão é bem entendida e quando o tempo não constitui fator importante.

2. **Modelo de sistemas abertos** — baseado em um sistema orgânico com ênfase em adaptabilidade, pró-atividade, crescimento, aquisição de recursos e apoio externo. Esses processos trazem inovação e criatividade. As pessoas não são controladas, mas inspiradas.

3. **Modelo de meta racional** — baseado no lucro, com ênfase na ação racional, parte do princípio de que o planejamento e a definição de metas resulta em produtividade e eficiência. As tarefas são esclarecidas, os objetivos definidos e as ações tomadas.

4. **Modelo de relações humanas** — baseado na coesão e no moral, com ênfase em recursos humanos e treinamento. As pessoas não são consideradas indivíduos isolados, mas sim membros cooperativos de um sistema social integrado, com uma responsabilidade comum sobre o que acontece.

Embora os modelos pareçam quatro perspectivas ou domínios totalmente diferentes, podem ser vistos como intimamente relacionados e entrelaçados. São quatro subdomínios de uma estrutura maior: eficácia organizacional e gerencial. Os quatro modelos nessa estrutura representam os valores ocultos pelos quais pessoas, programas, políticas e organizações vivem e morrem.

## Análise final

Esse modelo, que descreve as organizações e os problemas por elas enfrentados, propicia um debate contínuo. Visando criar um modelo de análise organizacional, Quinn e Rohrbaugh abordaram um grande número de pesquisadores e especialistas sobre o tema para determinar as principais dimensões dos problemas organizacionais. O fato de as três dimensões do modelo descreverem tão intimamente três grandes áreas de debate e pesquisa indica que os autores foram bastante bem-sucedidos em seu esforço de criar um modelo para a eficácia organizacional.

Antecipando eventuais críticas, Quinn e Rohrbaugh concordam que o modelo espacial é um tipo de oxímoro: uma combinação de conceitos aparentemente contraditórios e simples. No entanto, os paradoxos teóricos não são necessariamente opostos empíricos. Eles argumentam que uma organização deve ser coesa e produtiva ou tão estável quanto flexível. Será que essa aparente simplicidade limita o escopo do modelo? Os autores parecem discordar disso, já que afirmam que o processo de criação do modelo é, em si mesmo, produtivo. Eles apresentam vários métodos alternativos para comparar e descrever seu modelo, por exemplo, usando o modelo de pré-requisitos funcionais de Parson, onde são apresentados valores essenciais, mecanismos de coordenação e estruturas organizacionais.

## Referências bibliográficas

O'NEILL, R.M.; QUINN, R.E. "Editor's note: applications of the competing values framework". *Human Resource Management*, 32(1), 1993, 1-7.

QUINN, R.E. *Beyond rational management: mastering the paradoxes and competing demands of high performance*. São Francisco, CA: Jossey-Bass, 1988.

QUINN, R.E.; ROHRBAUGH, J. "A spatial model of effectiveness criteria: towards a competing values approach to organizational analysis". *Management Science*, 29, 1983, 363-77.

# Parte 3

# Modelos operacionais

Os modelos aqui apresentados ajudam a mudar as organizações e a implementar as melhores práticas, além de otimizar os processos e as atividades operacionais. Para alcançar a excelência nas organizações, eles abordam, em suas análises, as questões 'quem', 'o que' e 'quando'.

Capítulo **49**

# Análise de causa e efeito/ análise de Pareto

## Ideia geral

A análise de causa e efeito faz parte de uma classe de métodos para resolução de problemas destinada a identificar a causa principal de determinadas situações ou eventos. Baseia-se no diagrama de Ishikawa (também conhecido como diagrama espinha-de-peixe ou de causa e efeito), assim batizado em homenagem a seu criador, Kaoru Ishikawa. Adotado pela primeira vez na década de 1960, é considerado uma das sete ferramentas básicas da gestão da qualidade, juntamente com o histograma, o gráfico de Pareto, a *check sheet* (formulário para coleta de dados), o gráfico de controle, o fluxograma e o diagrama de dispersão. Utiliza-se esse princípio na análise de causa e efeito para explicar as variações em um processo específico. Geralmente, a análise ocorre no início de um projeto de redesenho de processos de negócios (p. 156) ou de um programa de gestão da qualidade, como o modelo de excelência da EFQM (p. 136). Por conseguinte, classificamos esse método como operacional.

## Quando usar

A análise de causa e efeito é usada para explicar as variações de um processo (ou do resultado dele). Certa medida de variabilidade é normal e não necessariamente provoca um distúrbio significativo. No entanto, uma variação indesejada pode acarretar sérias perdas ou danos, atrasos e reduções de produtividade, sobretudo se ocorrer em processos críticos. A primeira etapa essencial é encontrar as causas da variação e quantificar seu efeito. As principais causas, em geral fáceis de resolver, devem ser tratadas primeiro. Essa técnica é particularmente valiosa para a análise de processos críticos em que ocorrem variações indesejáveis.

## Como usar

A análise de causa e efeito geralmente começa com a formação de uma equipe de projeto que inclui gerentes, fornecedores, clientes e funcionários. A seguir, a equipe analisa o problema e define qual variação provoca o distúrbio mais crítico no sistema em estudo. Então o processo é mapeado e identificam-se as questões que podem acarretar variações na fase de obtenção de dados ou evidências. Na etapa seguinte, os fatores que contribuíram para o problema são identificados e suas causas principais, encontradas. Contudo, essas causas podem não ser imediatamente evidentes; nesse caso, são necessárias técnicas de *brainstorming*. Depois disso, as causas principais identificadas (geralmente em grande número) são colocadas em um quadro para discussão e detalhamento. Por fim, as recomendações para as possíveis soluções devem ser desenvolvidas e implementadas.

As causas principais podem ser organizadas por categoria e por distinção entre as mais importantes delas e os efeitos menores. Isso fornece os dados de entrada necessários para desenhar um diagrama de 'causa e efeito', que proporciona uma visão geral das possíveis causas de variação. É essencial estudar detalhadamente a possível causa principal no diagrama para entender a importância da causa da variação. O diagrama de Pareto costuma ser usado para apresentar os resultados encontrados. A análise das causas principais geralmente mostra que 80 por cento da variação é provocada por 20 por cento das causas.

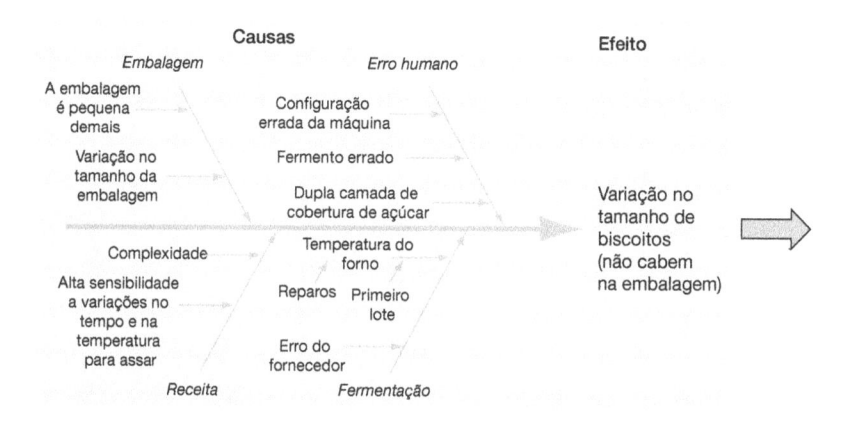

**FIGURA 49.1a**  Diagrama de causa e efeito

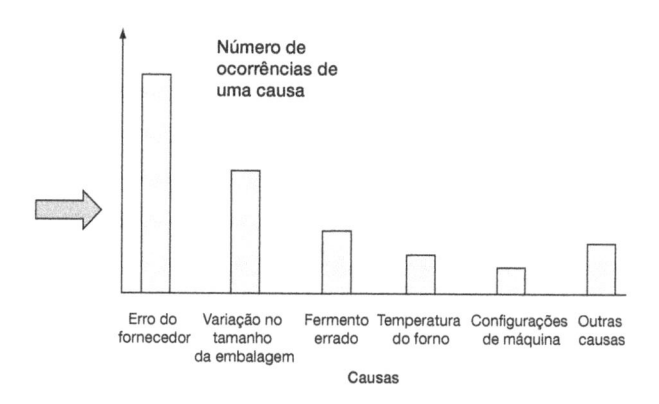

**FIGURA 49.1b**  Diagrama de Pareto

## Análise final

A análise de causa e efeito não é uma metodologia única e nitidamente definida; nela há muitas ferramentas, processos e filosofias diferentes. Para maximizar o efeito de seu uso, recomenda-se começar com os processos mais críticos e/ou as variações que causam mais distúrbios. Isso garante que o sucesso estimule uma ampla utilização do modelo. Tente evitar, contudo, encontrar causas de variação que exerçam apenas um pequeno efeito sobre o prazo de produção e entrega, a produtividade ou os custos.

## Referência bibliográfica

BLANCHARD, K.H.; SCHEWE, C.; NELSON, R.; HIAM, A. *Exploring the world of business.* Nova York: W.H. Freeman, 1996.

Capítulo **50**

# Análise de risco e retorno

## Ideia geral

A análise de risco e retorno mapeia os possíveis retornos das opções estratégicas em relação ao risco associado. O resultado é uma avaliação da atratividade das opções estratégicas, que serve de base para decisões de alocação de recursos. A análise de risco e retorno é aplicada na avaliação de produtos financeiros, tais como os títulos de dívida pública e as ações.

## Quando usar

A análise de risco e retorno pode ser realizada em qualquer nível de detalhes. O presidente da empresa pode rabiscá-la em um pedaço de papel ou pode pedir a uma equipe de analistas para realizar uma análise completa, incluindo amplas pesquisas de mercado, cálculos de retorno sobre o investimento (do inglês *return on investment* — ROI), desenvolvimento de cenários e análises de sensibilidade. Os passos fundamentais continuam os mesmos.

*Risco positivo*
*Equilíbrio de retorno*

*À procura de riscos*

- Novo produto B
- Desenvolvimento no mercado internacional
- Terceirização
- Comércio eletrônico
- Novo produto A
- Atualização de portfólio
- Profissionalização da gestão de compras
- Otimização da cadeia de suprimentos

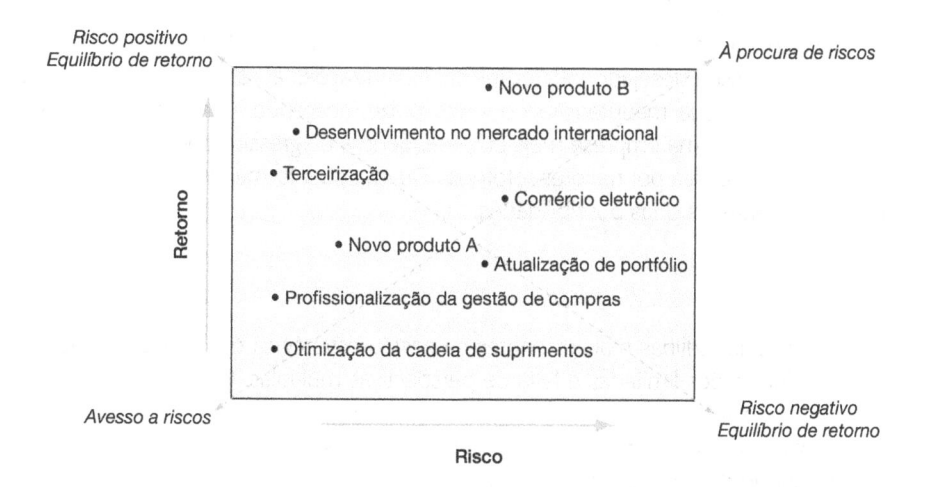

Retorno

*Avesso a riscos*

*Risco negativo*
*Equilíbrio de retorno*

Risco

**FIGURA 50.1** Modelo de análise de risco e retorno

Ao usar esta ferramenta, pode-se comparar tipos e combinações de projetos totalmente diferentes. Quando os projetos são combinados, é possível obter uma alocação equilibrada de recursos que se ajuste ao perfil de risco aceitável da empresa. Entretanto, o modelo não é capaz de mostrar a variação entre risco e retorno se certas opções estratégicas forem combinadas em diferentes modelos. A interconectividade de opções estratégicas não é levada em conta.

## Como usar

Gestores e/ou analistas devem elaborar uma lista de opções estratégicas viáveis e seus possíveis retornos. Por exemplo, as opções podem incluir o desenvolvimento no mercado internacional, o lançamento de um novo produto, a profissionalização do departamento de compras e a terceirização da produção. Juntos, os investimentos, as poupanças adicionais e/ou a redução de custos representam um retorno potencial que pode ser quantificado. Além disso, a escolha pode ser classificada com base em fatores qualitativos, tais como a melhoria da imagem, a expansão da liberdade estratégica de longo prazo ou o desenvolvimento de capacidades em um campo emergente (por exemplo, tecnologia). Uma análise cuidadosa deve ser realizada em cada opção estratégica para avaliar o risco associado. Entre os fatores a considerar nesse contexto estão o nível de investimento, as ameaças do setor, o impedimento de outras opções, os efeitos nas relações da cadeia de suprimentos e as barreiras à saída do negócio.

Uma vez que todas as opções estejam esboçadas no gráfico da análise de risco e retorno, uma sessão de *brainstorming* será útil para encontrar maneiras de reduzir o risco associado a opções com alto potencial de retorno. Na mesma linha, devem ser encontrados métodos para aumentar o retorno de opções relativamente seguras. A análise de risco e retorno pode ser ampliada para se tornar uma análise de risco e retorno de *recursos*. A quantidade de recursos necessários é, então, representada no diagrama pelo tamanho do círculo que representa a opção. As opções que requerem grandes quantidades de recursos são representadas com círculos maiores do que as opções que exigem menos recursos. Isso permite optar entre riscos, retornos e recursos ou encontrar as melhores opções.

Em última instância, o objetivo é o equilíbrio entre riscos, retornos e recursos de acordo com o perfil de risco desejado pela empresa. Organizações avessas ao risco se concentrarão em decisões para sua manutenção no longo prazo, aceitando, portanto, a possibilidade de retornos menores. Uma empresa mais empreendedora e agressiva poderia aceitar riscos mais elevados em sua busca por maiores retornos. De qualquer forma, deve ser mantido um equilíbrio positivo entre as duas possibilidades.

## Análise final

Uma das armadilhas mais evidentes na gestão estratégica é a tomada de decisões com base em informações limitadas e falta de perspectivas múltiplas. Previsões imprecisas, otimistas ou pouco realistas sobre os possíveis retornos das opções deixam a análise de risco em segundo plano; o risco estimado, por outro lado, tende a ser subestimado. O resultado é uma supervalorização das opções estratégicas.

O problema desse modelo é que as avaliações das dimensões, risco, retorno e eventuais recursos são resultado de uma integração complexa de fatores. O peso e a inter-relação entre os fatores são, geralmente, afetados pelas emoções.

Para maximizar o efeito do uso da análise de risco e retorno, é aconselhável comparar exaustivamente as possibilidades de minimizar o número de opções estratégicas. Além disso, recomenda-se que os detalhes de todos os riscos e retornos potenciais sejam exaustivamente analisados. A maior armadilha é simplificar a situação e não prestar atenção suficiente na inter-relação dos fatores e em sua complexidade.

# Referência bibliográfica

SPERANDEO, V. *Trader VIC II: principles of professional speculation.* Hoboken, NJ: John Wiley & Sons, 1994.

# Capítulo 51

# Balanced scorecard (BSC)

## Ideia geral

O *balanced scorecard* (BSC) foi desenvolvido por Kaplan e Norton, em 1992, como uma alternativa às abordagens tradicionais de medida de desempenho que se concentram exclusivamente em indicadores financeiros e baseiam-se apenas no desempenho passado de uma empresa. O *balanced scorecard* é um método 'de cima para baixo' cujo objetivo é definir metas e objetivos organizacionais. Os principais fatores-chave (*key drivers*) dentro de cada perspectiva baseiam-se na missão e na visão da organização, as quais evidenciam sua perspectiva de longo prazo. Dessa forma, é possível monitorar metas, estratégias e objetivos organizacionais, além de possibilitar qualquer correção necessária de imediato.

## Quando usar

O BSC pode ser utilizado como uma alternativa a métodos tradicionais de contabilidade financeira que se tornaram menos adequados para o controle operacional de uma empresa. Este modelo mede o desempenho empresarial de acordo com quatro perspectivas: *financeira*; *processos internos do negócio*; *aprendizado e crescimento*; e *clientes*. As medidas financeiras são complementadas pelas não financeiras que conduzem ao sucesso financeiro de longo prazo e respondem às perguntas:

- O que é importante para nossos acionistas?
- Como os clientes nos percebem?
- Quais processos internos podem agregar valor?
- Somos inovadores e estamos prontos para o futuro?

O *balanced scorecard* é utilizado para monitorar o desempenho organizacional de maneira transparente e por meio de medidas múltiplas. Permite que a gestão tome medidas corretivas apropriadas, quando necessário, o que levará, em última análise, a uma substancial e duradoura melhoria de desempenho.

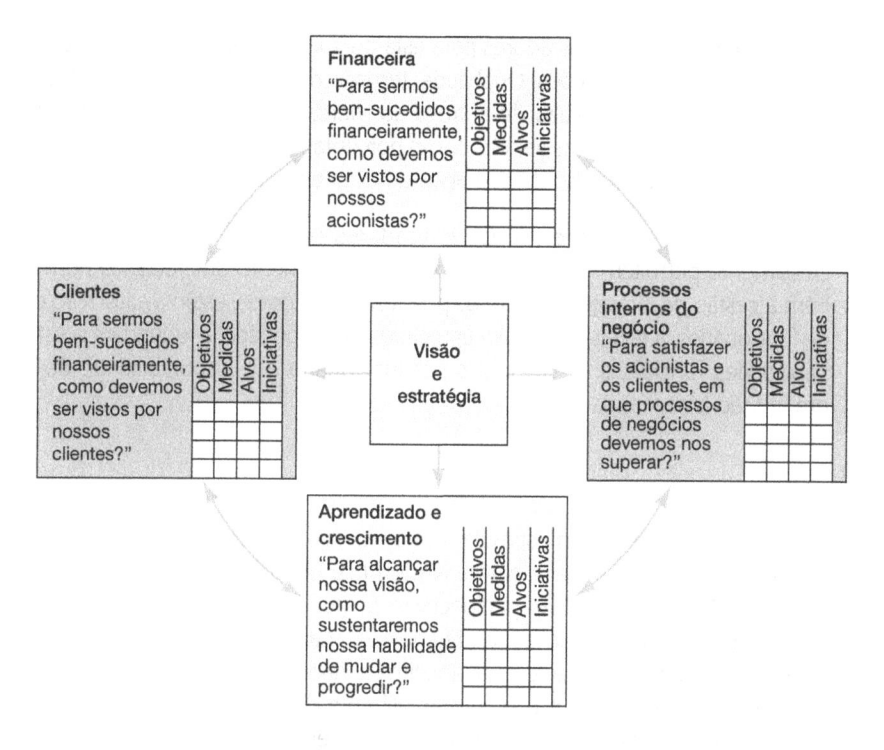

**FIGURA 51.1** O balanced scorecard (BSC)

## Como usar

Para criar um *balanced scorecard*, primeiramente uma empresa deve definir sua missão e visão, já que isso determina os fatores de sucesso e os indicadores-chave de desempenho, a partir de quatro perspectivas diferentes:

**Perspectiva financeira.** Os gerentes ainda precisam de dados financeiros atualizados e precisos para administrar seus negócios. Alguns indicadores importantes são o retorno sobre o investimento e o valor econômico agregado, mas outras medidas podem ser adicionadas, dependendo das características da empresa e do setor de atuação.

**Perspectiva do cliente.** O atendimento ao cliente e sua satisfação são encarados como questões importantes para todas as organizações, uma vez que um fraco desempenho em relação aos clientes acaba por levar ao declínio de uma empresa — clientes insatisfeitos procuram outros fornecedores para suprir suas necessidades! A medida da satisfação e da retenção de clientes, bem como da participação de mercado e de contas, permite uma análise precisa sobre como os clientes percebem a empresa. Entre os possíveis indicadores estão lucratividade, política de retorno, atendimento às chamadas de serviço, participação de mercado em segmentos-alvo e processamento de reclamações.

**Processo interno.** Os indicadores para esta perspectiva permitem aos gerentes enxergar a eficácia de suas operações. Qualidade, tempos de resposta e de ciclo, desenvolvimento de novos produtos, prazo de entrega ao mercado, tempo despendido para atingir o ponto de equilíbrio e novas vendas como porcentagem das vendas totais são indicadores para medir o desempenho da operação de uma empresa.

**Aprendizado e crescimento.** Os indicadores para a perspectiva de aprendizado e crescimento permitem avaliar a gestão e o conhecimento dos recursos humanos e também a gestão da inovação. Dentre os possíveis indicadores, estão a satisfação e a retenção de funcionários, a receita ou o valor agregado por funcionário, a redundância estratégica em habilidades funcionais, novas ideias por funcionário e a disponibilidade de informação em relação à necessidade.

## Análise final

Não há nada de novo em estimular a mensuração de indicadores não financeiros, mas é preciso dar o devido crédito a Kaplan e Norton (1992) por defenderem o impacto de medições equilibradas sob diferentes perspectivas. É muito provável que o presidente de uma empresa tenda a dar atenção a medidas financeiras, mas atualmente a gestão de um negócio com base unicamente em indicadores financeiros é inadequada. O *balanced scorecard* força a empresa a concentrar-se em um conjunto equilibrado de indicadores-chave de desempenho, que permeiam a organização e acabam por levar a melhorias de desempenho significativas e duradouras.

Contudo, não é tarefa fácil encontrar um conjunto equilibrado de indicadores de desempenho. É importante notar que um número apropriado de indicadores em um *balanced scorecard* para a alta gerência é de 12 a 16, se houver um consenso total da equipe de gestão em relação a eles. Além disso, os principais indicadores precisam ser divididos em indicadores de apoio que possam ser aplicados pela gerência média ou pela linha de frente. Sem isso, há o risco de os funcionários concentrarem-se somente nas poucas metas gerais estabelecidas no *scorecard*. Por fim, dependendo do tipo de negócio, o *balanced scorecard* precisa ser regularmente atualizado para evitar que se tomem medidas erradas.

### O que fazer

- Use o *balanced scorecard* para articular e comunicar sua estratégia, bem como ajudar a alinhar iniciativas individuais, organizacionais e interdepartamentais para atingir um objetivo comum.
- Atualize o *balanced scorecard* sempre que necessário, para que se possa buscar e monitorar as metas certas.

### O que não fazer

- O *balanced scorecard* não é uma ferramenta para o controle do comportamento nem para a avaliação do desempenho passado.

## Referências bibliográficas

KAPLAN, R.; NORTON, D. "The balanced scorecard: measures that drive performance". *Harvard Business Review*, Jan./Feb. 1992, Vol. 70, Issue 1, p. 71-80.

KAPLAN, R.; NORTON, D. *The balanced scorecard: translating strategy into action*. Cambridge, MA: Harvard Business School Press, 1996.

# Capítulo 52

# Ciclo de Deming: planejar–realizar–controlar–agir

## Ideia geral

O ciclo de Deming ou ciclo planejar–realizar–controlar–agir (PDCA, do inglês *plan–do–check–act*) pode ser utilizado como um método para estruturar projetos de melhoria. Refere-se a uma sequência lógica de quatro etapas repetitivas para melhoria contínua e aprendizagem: planejar, realizar, controlar e agir.

O planejamento ('planejar') da melhoria de uma atividade deve ser seguido de sua execução ('realizar') de acordo com o plano. Na sequência, deve-se medir e estudar ('controlar') os resultados e a melhoria. Ações devem então ser tomadas ('agir') para adaptar os objetivos e/ou a melhoria. A consequente aprendizagem deve ser implementada no planejamento das novas atividades.

## Quando usar

O ciclo PDCA permite a uma organização gerenciar, de maneira disciplinada, as iniciativas de melhoria. Quando confrontados com esse modelo pela primeira vez, muitos percebem que estão guiando, e não necessariamente administrando, sua organização. Pode-se utilizá-lo para estruturar e disciplinar o processo de melhoria contínua, que é bem representado pela imagem de uma roda PDCA 'ladeira acima', apresentada na página seguinte. Cada ciclo de problema resolvido corresponde a um ciclo PDCA.

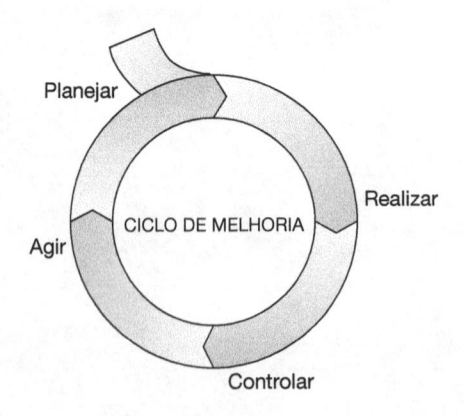

**FIGURA 52.1** As quatro etapas repetitivas do ciclo de Deming (ciclo PDCA)

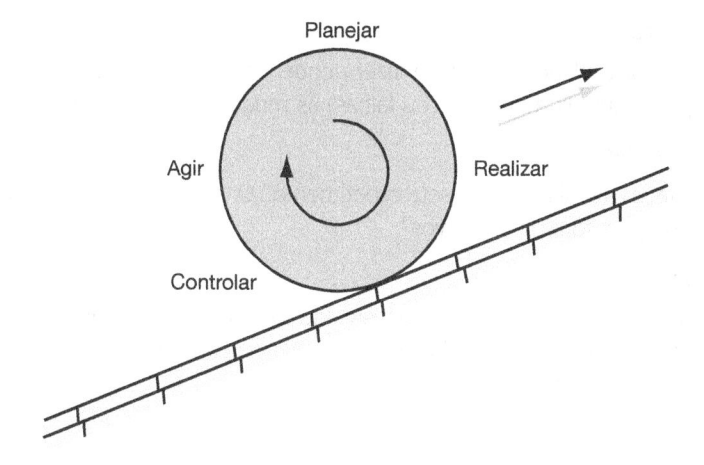

**FIGURA 52.2** Melhoria contínua com o sucessivo ciclo de PDCA

É importante ensinar como usar o ciclo a todos os gestores que devem trabalhar com esse método de melhoria. Ao explicitar a utilização do ciclo PDCA, os envolvidos tornam-se conscientes das melhorias e de seus benefícios, o que vai encorajá-los a continuar com os projetos de aprimoramento. O ciclo pode ser aplicado a diferentes áreas, como missão, objetivos, pontos de controle ou treinamentos.

## Como usar

Execute as quatro etapas sistematicamente para buscar melhoria em atividades específicas:

### 1. Planejar

Planeje antecipadamente a mudança. Antes de mais nada, analise a situação atual e os impactos potenciais de quaisquer ajustes. Avalie os diferentes resultados que podem ser esperados, com ou sem a teoria. Como se pode medir o impacto? Quando o resultado desejado foi atingido? Planeje incluir a medição do resultado na execução. Elabore um plano de implementação com atribuição de responsabilidades aos participantes.

A experiência mostra que é útil fazer as seguintes perguntas:

- O que estamos tentando alcançar?
- Como isso pode ser ligado ao maior propósito de nossa organização?
- Quem será afetado?
- Onde acontecerá?
- Quando acontecerá?
- Qual é o procedimento passo a passo?
- Como podemos medir a melhoria, se é que podemos?

2. **Realizar**

Ao executar o plano, você deve fazer pequenos avanços em circunstâncias controladas para poder atribuir melhorias (ou falhas) às mudanças planejadas na atividade.

3. **Controlar**

Controle os resultados de seu experimento. O resultado desejado ocorreu? Se não ocorreu, quais foram os motivos?

4. **Agir**

Padronize o processo que gerou o resultado desejado ou, na eventualidade de o resultado ter sido diferente do esperado, use a experiência como fonte de informação para novas tentativas de melhoria.

## Análise final

Muitas organizações são incapazes de especificar objetivos, atividades e resultados desejados, sem falar na administração sistemática e consistente de suas próprias melhorias, com ou sem o ciclo de Deming. Além disso, é preciso disciplina para praticar todo o ciclo PDCA, parar de apagar incêndios e acabar com a rotina de simplesmente planejar-realizar-planejar-realizar.

Várias adaptações ao ciclo de Deming já foram feitas. Por exemplo, *planejar* pode ser dividido em definir objetivos e metas e determinar métodos para atingi-los. *Realizar* pode ser dividido em treinamento ou educação e implementação. O ciclo de Deming constitui uma parte importante do pensamento *kaizen* descrito neste livro (p. 195).

## Referência bibliográfica

WALTON, M.; DEMING, W.E. *The Deming management method*. Nova York: Dodd, 1986.

# Capítulo 53

# Equipe de Belbin

## Ideia geral

Belbin (1985) diferencia nove papéis complementares desempenhados por equipes empresariais bem-sucedidas que podem ser classificados em três categorias, como mostrado na tabela a seguir.

1. O *coordenador* é uma pessoa madura e confiável. Ele provavelmente contribui com sua experiência como um dirigente ou líder. Essa pessoa esclarece objetivos, encoraja a tomada de decisões e delega tarefas, mas pode, entretanto, ser manipulador ou mandão, especialmente quando atribui a outros um trabalho que poderia e deveria ser feito por ele mesmo.

2. O *trabalhador em equipe* é cooperativo, gentil, perspicaz e diplomático. Em poucas palavras: é amigo de todos. Ele ouve, constrói, equilibra e evita atritos. Sua indecisão inerente vem à tona em situações de pressão. Os 'fazedores' da equipe tendem a pensar que os trabalhadores de equipe falam demais.

3. O *investigador de recursos* é entusiasta, comunicativo e extrovertido; explora oportunidades e desenvolve contatos que acha que lhe trarão benefícios imediatos ou no futuro. Embora seja oportunista e otimista, o investigador de recursos tende a ter um curto período de atenção e logo perde o interesse.

4. *'Planta'* é o nome que Belbin deu ao criador ou inventor. Ele é criativo e imaginativo, às vezes até mesmo brilhante. Seu pensamento não ortodoxo ajuda a solucionar

**TABELA 53.1** Classificação dos nove papéis complementares

| Papéis orientados para pessoas | Papéis cerebrais | Papéis orientados para a ação |
|---|---|---|
| 1. Coordenador | 4. 'Planta'/criador/inventor | 7. Formador |
| 2. Trabalhador em equipe | 5. Monitor/avaliador | 8. Implementador |
| 3. Investigador de recursos | 6. Especialista | 9. Finalizador |

problemas difíceis. O 'planta' ignora detalhes e é aéreo demais para se comunicar com eficácia. E esses gênios tendem a irritar os outros membros da equipe.

5. O *monitor* avalia ações e pondera a estratégia. É uma pessoa cautelosa, mas tem bom discernimento e acompanha o progresso dos projetos. Supervisiona todas as opções e julga com precisão, mas faltam a ele a energia e a capacidade de inspirar outras pessoas.

6. O *especialista* tem iniciativa e se concentra em um propósito único. Fornece conhecimentos e habilidades raras, portanto sua contribuição limita-se a setores específicos. É uma pessoa que gosta de detalhes técnicos e que precisa que lhe digam para ir direto ao ponto.

7. O *formador* é desafiador, dinâmico e se sai bem sob pressão. Tem energia e coragem para superar obstáculos e é muito otimista. O formador pode irritar as pessoas com seu excesso de zelo para conseguir que as coisas sejam feitas.

8. O *implementador* é uma pessoa disciplinada, confiável, conservadora e eficiente que transforma ideias em ações práticas. Uma vez que adote um plano, o implementador

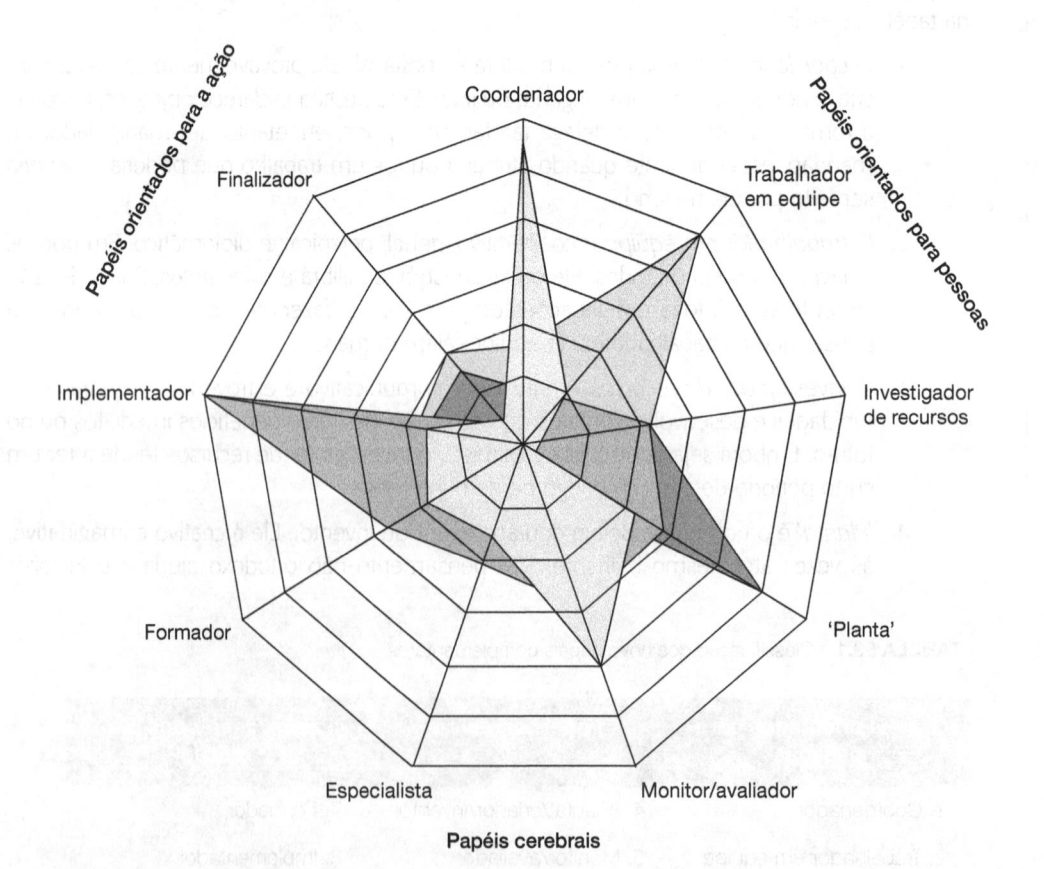

**FIGURA 53.1** Representação dos papéis de equipe de Belbin

se apega a ele até o fim, o que pode torná-lo um pouco rígido e resistente em se adaptar a abordagens ou soluções alternativas ao longo do caminho.

9. O *finalizador* é meticuloso, pontual, consciencioso e ansioso por garantir que tudo fique perfeito. Ele termina tudo a tempo, mas às vezes se preocupa demais. Ele com certeza odeia delegar trabalho, por achar que ninguém se preocupa tanto com a perfeição.

## Como usar

A análise dos (papéis dos) membros da equipe pelo modelo de Belbin é especialmente útil em situações de criação de uma equipe para se responsabilizar por uma tarefa que exija certo conjunto de habilidades e combinações de papéis, ou para otimizar a cooperação em uma equipe existente.

Para utilizar o modelo da maneira correta, os membros de uma futura equipe devem primeiro determinar quais as funções que podem e querem cumprir. Cada membro deverá ser avaliado posteriormente para verificar se, e em que medida, pode desempenhar um ou mais dos nove papéis. Essa avaliação é por si só benéfica, na medida em que encoraja os indivíduos a examinar suas próprias forças e fraquezas, além das dos outros membros da equipe e sua cooperação. O resultado da avaliação pode, então, ser explorado ou corrigido quando necessário, gerando uma equipe mais flexível, complementar e forte.

## Quando usar

A avaliação pode ser feita de várias maneiras:
- Autoavaliação (aplicar pontos, classificar, indexar ou ponderar), possivelmente supervisionada por um terceiro.
- Avaliação de equipe (deixar a equipe trabalhar em uma pequena missão ou jogo e pedir que os membros atribuam pontos uns aos outros).
- Avaliação por alguém isento, como um mentor, colega ou supervisor, ou ex-membros de equipe.

Com um perfil da habilidade de cada membro da equipe para desempenhar um ou mais papéis, é possível detectar se há excesso ou falta de representação em cada papel da equipe. Se necessário, a administração pode decidir utilizar essa informação para dar uma atenção maior a certos papéis durante a execução das tarefas em equipe, bem como tomar providências quanto ao modo como os membros da equipe trabalham juntos.

## Análise final

A maneira como Belbin observa as equipes e os papéis de seus membros parte do princípio de que há uma base objetiva para a avaliação de cada um, mas há controvérsias quanto a isso. Ainda assim, a avaliação de equipes baseada nos papéis de equipe de Belbin é um exercício muito útil. As pessoas reconhecerão a si mesmas e a dinâmica da equipe nesse modelo. Embora os diferentes papéis sejam complementares, pode ser fatal ter muitos representantes de um mesmo tipo de papel em uma equipe: ter muitos coordenadores na mesma equipe resulta em choque, e ter dois monitores na mesma equipe pode atrasar o progresso do projeto, pois eles esperam pelos outros para agir.

O modelo não aborda a importância das relações interpessoais dentro de uma equipe. Muitas equipes que parecem boas no papel acabam não funcionando adequadamente na prática porque não há liga. O inverso também acontece: por exemplo, uma pessoa que não tem um histórico como coordenador pode assumir esse papel em um momento de necessidade e preencher com sucesso esse vazio.

## Referência bibliográfica

BELBIN, R.M. *Management teams: why they succeed or fail*. Londres: Heinemann, 1985.

Capítulo **54**

# Fluxo de caixa descontado

## Ideia geral

Trata-se de um método de avaliação utilizado para estimar a atratividade de uma oportunidade de investimento. A análise do fluxo de caixa descontado (DCF, do inglês *discounted cashflow*) é uma avaliação dos futuros fluxos de caixa líquidos gerados por um projeto de capital descontando-os para seu valor presente. Usa projeções de fluxo de caixa livre futuro e desconta-as (em geral com o uso da média ponderada do custo de capital) para chegar ao valor presente, visando avaliar o potencial do investimento. Se o valor a que se chega pela análise DCF for maior que o custo atual do investimento, a oportunidade pode ser boa. O DCF converte os rendimentos futuros em valores atuais.

## Quando usar

O DCF é usado para realizar orçamento de capital ou tomar decisões de investimento com o objetivo de determinar:

- Quais projetos de investimento uma empresa deve aceitar.
- O total de capital a ser gasto.
- Como deve ser financiada uma carteira de projetos.

Um custo relevante é aquele esperado que difere das alternativas. O método DCF é uma abordagem de avaliação de empresas (*valuation*) pela qual os fluxos de caixa projetados a futuro são descontados a uma taxa de juros que reflita o risco percebido dos fluxos de caixa. A taxa de juros reflete o valor do dinheiro no tempo (os investidores poderiam ter investido em outras oportunidades) e um adicional de risco.

## Como usar

O fluxo de caixa descontado pode ser calculado projetando-se todos os fluxos de caixa futuros e estimando-se o valor atual daquele fluxo de caixa futuro, de acordo com a seguinte fórmula:

$$\sum_{1}^{n} \frac{\text{Fluxos de caixa projetados a futuro}}{(1 + \text{taxa de desconto})^n}$$

| Tempo | t | t + 1 | t + 2 | t + 3 | t + 4 ... n |
|---|---|---|---|---|---|
| Investimento | −15.000 | −5.000 | −5.000 | | |
| Fluxos de caixa | | 2.000 | 4.000 | 4.000 | 5.000 |
| Fluxo de caixa total | −15.000 | −3.000 | −1.000 | 4.000 | 5.000 |
| Taxa de desconto = 10% | | | | | |
| Taxa de desconto (1 / (1 + 10%)n) | 0 | 0,91 | 0,83 | 0,75 | 0,68 |
| Valor presente líquido (VPL) | 15.000 − | 2.727 − | 826 − | 3.005 | 34.151 |
| VPL total | 18.602 | | | | |

**TABELA 54.1** Exemplo de cálculo

A taxa de desconto pode ser calculada com base na taxa livre de risco mais um adicional de risco. Considerando o princípio econômico de que o dinheiro perde valor ao longo do tempo (valor do dinheiro no tempo), o que significa que todo investidor prefere receber seu dinheiro hoje a recebê-lo amanhã, incorpora-se um pequeno adicional à taxa de desconto para conferir aos investidores alguma compensação por receber seu dinheiro no futuro em vez de agora. Esse adicional é a chamada taxa livre de risco.

A seguir, incorpora-se uma segunda compensação, porque há risco de os fluxos de caixa não se concretizarem, causando prejuízo para os investidores. Essa segunda compensação é o adicional de risco e deve refletir os custos de oportunidade dos investidores.

Esses dois fatores de compensação, a taxa livre de risco e o adicional de risco, perfazem a taxa de desconto. Com essa taxa de desconto, o fluxo de caixa futuro pode ser descontado para o valor presente. Veja na tabela a acima um exemplo de cálculo.

## Análise final

Os modelos DCF são poderosos, mas têm suas falhas. Trata-se de uma ferramenta de avaliação meramente mecânica, sujeita a ter seus resultados comprometidos, se os dados de entrada contiverem erros. Pequenas variações nesses dados podem resultar em grandes mudanças no valor de uma empresa. A taxa de desconto é especialmente difícil de calcular. Os fluxos de caixa futuros também são difíceis de prever, sobretudo se a maior parte das entradas de caixa futuras for recebida após cinco ou dez anos.

## Referência bibliográfica

BREALEY, R.A.; MYERS, S.C. *Principles of corporate finance*. 7. ed. Londres: McGraw-Hill, 2003.

# Capítulo 55

# Kaizen/Gemba

## Ideia geral

Literalmente, *kaizen* significa mudança (*kai*) para o bem (*zen*). Seus principais elementos são: qualidade, esforço, vontade de mudar e comunicação. A casa Gemba, como base do *kaizen*, tem cinco elementos fundamentais:

1. Trabalho em equipe
2. Disciplina pessoal
3. Melhoria do moral
4. Círculos da qualidade
5. Sugestões para melhoria

Com base nesse fundamento, o *kaizen* concentra-se na eliminação da *muda* (desperdícios e ineficiências) – o sistema dos 5S para uma boa **limpeza, arrumação** e padronização.

## Quando usar

O *kaizen* pode ser usado para resolver vários tipos de problema: ineficiências de processos, falhas de qualidade, grandes estoques e problemas de entrega e prazo de produção. Os funcionários são encorajados a apresentar sugestões durante reuniões semanais (eventos *kaizen*) para pequenas e grandes melhorias. Esse método sugere eliminar a *muda* (desperdícios e ineficiências) em primeiro lugar. Os tipos de desperdício são:

- **Produtos com defeito.** As falhas de qualidade levam os clientes a não aceitarem o produto fabricado. O esforço para criar esses produtos defeituosos é desperdiçado. Novos processos de gestão de desperdício devem ser agregados em um esforço para recuperar algum valor de um produto que seria apenas sucata.
- **Excesso de produção.** Trata-se da produção ou aquisição de itens antes que eles sejam realmente necessários. É o desperdício de maior risco para a empresa, porque oculta problemas de produção. O excesso de produção tem que ser armazenado, gerenciado e protegido.
- **Transporte.** Cada vez que é transportado, um produto corre o risco de ser danificado, perdido, sofrer atrasos etc., além de poder representar um custo sem valor agregado.

O transporte contribui para transformar o produto no valor que o consumidor está disposto a pagar.

- **Espera.** Refere-se ao tempo gasto pelos trabalhadores à espera de que os recursos cheguem e a fila por seus produtos termine; refere-se também ao capital investido em bens e serviços que ainda não foram entregues ao cliente. Muitas vezes há processos para gerenciar essa espera.
- **Excesso de estoque.** Seja sob a forma de matéria-prima, de produtos inacabados ou de produtos prontos, o excesso de estoque representa um desperdício de capital que ainda não produziu receita nem para o produtor nem para o consumidor. Se qualquer desses três itens não estiver sendo tratado ativamente para agregar valor, isso é desperdício.
- **Movimento.** Diferentemente do transporte, o movimento refere-se ao trabalhador ou ao equipamento e é representado por danos, desgaste e segurança. Também inclui ativos fixos e despesas incorridas no processo de produção.
- **Processamento extra.** Usar um recurso mais caro ou valioso que o exigido para a tarefa, ou adicionar ao projeto funcionalidades que não são necessárias para o cliente. Existe um problema específico com esse fator. As pessoas podem ter de executar tarefas para as quais são superqualificadas apenas para manter a competência. Esse custo de treinamento pode ser utilizado para compensar o desperdício associado com o processamento extra.

Após a redução do desperdício, coloca-se em prática a boa *limpeza e arrumação* baseada no método dos 5S, que compreende:

- *Seiri* — arrumação. Separe aquilo que é necessário para o trabalho daquilo que não é. Isso ajuda a simplificar o trabalho.

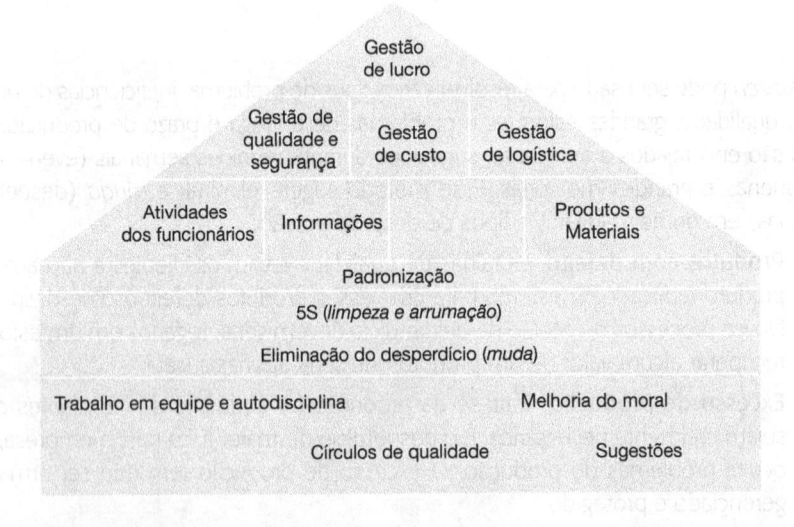

**FIGURA 55.1** O modelo Kaizen/Gemba

- *Seiton* — ordem. Você pode aumentar a eficiência tomando decisões deliberadas a respeito da alocação de materiais, equipamentos, arquivos etc.
- *Seiso* — limpeza. Todos devem contribuir para manter as coisas limpas, organizadas, com aparência arrumada e agradável.
- *Seiketsu* — limpeza padronizada. A regularidade e a institucionalização da manutenção das coisas limpas e organizadas como parte da 'gestão visual' é um meio eficaz de melhoria contínua.
- *Shitsuke* — disciplina. O compromisso pessoal de estar de acordo com os outros quatro elementos pode ser uma condição fundamental para o sucesso da **limpeza e arrumação**.

O último alicerce da casa Gemba é a padronização. A padronização das práticas e a institucionalização dos 5S torna mais fácil para todos na organização, incluindo os recém-chegados, continuar melhorando. A alta gerência desempenha um papel importante no processo de preservar e difundir a implementação e a coordenação do *kaizen*, dos 5S e da padronização do trabalho.

**Consequências da implementação correta do conceito de *kaizen***
- Melhoria da produtividade.
- Melhoria da qualidade.
- Melhoria da segurança.
- Rapidez na entrega.
- Redução de custos.
- Maior satisfação dos clientes.
- Melhoria na motivação dos funcionários e na satisfação profissional.

## Como usar

As seguintes etapas devem ser executadas nos eventos *kaizen*:
- Definir o problema e o objetivo do evento
- Analisar os fatos
- Gerar possíveis soluções
- Planejar a solução
- Implementar a solução
- Verificar e garantir a solução

É importante que a solução seja verificada e garantida. Na fase final de um evento *kaizen*, as pessoas começam a procurar oportunidades para novos eventos *kaizen*, o que pode dificultar o processo de integração de cada melhoria à prática operacional.

## Análise final

A filosofia *kaizen* se harmoniza bem com a rapidez da mudança nos níveis operacionais da organização. A sustentabilidade das melhorias propostas e implementadas pelo pessoal no chão da fábrica é provavelmente o argumento mais forte a seu favor. A simplicidade facilita sua implementação, embora algumas culturas possam não ser tão receptivas ao alto nível de disciplina que os japoneses são capazes de manter.

O *kaizen* tem mais potencial em situações de mudança incremental do que em reviravoltas abruptas. Uma cultura centrada no sucesso de curto prazo e em grandes êxitos não é o ambiente certo para o *kaizen*. A cooperação e a disciplina difundidas em todos os níveis organizacionais constituem os fatores críticos de sucesso.

## Referência bibliográfica

IMAI, M. *Gemba Kaizen: a commonsense, low-cost approach to management.* Londres: McGraw-Hill, 1997.

Capítulo **56**

# Mapeamento da cadeia de valor

## Ideia geral

A mentalidade enxuta (p. 122) concentra seu foco na adição de valor para os clientes e na eliminação de etapas que não agregam valor (desperdício). O mapeamento da cadeia de valor é utilizado em ambientes enxutos para organizar e analisar as atividades com e sem valor agregado e as etapas em fluxos de informações e processos, permitindo a visualização de quais atividades agregam valor para um cliente e quais não. Devido a sua estrutura fixa, muitas vezes é possível encontrar potencial de melhoria substancial e ações de melhoria correspondentes.

## Quando usar

O mapeamento da cadeia de valor é utilizado em ambientes enxutos para identificar oportunidades de melhoria no prazo de produção e entrega, ao detectar áreas de rendimento inadequado, desperdício e outras atividades sem valor agregado. Mapear a cadeia de valor envolve elaborar um diagrama no qual os processos, os fluxos de materiais, os fluxos de informação e todos os outros dados importantes (por exemplo, os níveis de inventário, os tempos de processamento e o tamanho dos lotes) são visualizados com a ajuda de modelos e símbolos padronizados (Rother e Shook 2003). Esse mapeamento é o ponto de partida para projetar um fluxo de valor futuro desejado que seja enxuto.

## Como usar

O primeiro estágio no mapeamento da cadeia de valor é a preparação para o *mapa do estado atual*. Analisar o fluxo de material em seu estado atual fornece informações sobre as atividades com e sem valor agregado (por exemplo, tempo de máquina, espaço desnecessário, quantidade de retrabalho, distância percorrida e ineficiências).

No segundo estágio, as informações sobre o estado atual são utilizadas para preparar um *mapa de estado futuro* desejado, no qual o desperdício é eliminado e o número de atividades sem valor agregado, minimizado. Exemplificamos a seguir algumas perguntas que devem ser respondidas durante essa etapa.

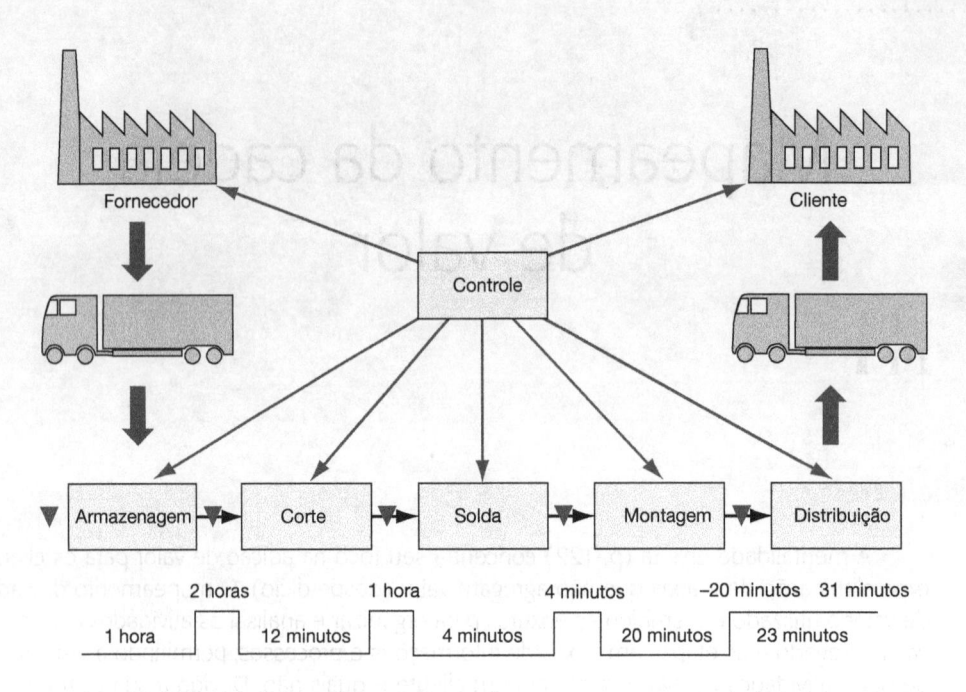

**FIGURA 56.1** Exemplo de mapa da cadeia de valor

- Qual é o *takt-time* (o tempo desejado entre as unidades de produção, sincronizado com a demanda dos clientes)?
- É possível introduzir fluxo contínuo?
- A produção pode ser controlada com um sistema *pull* (de atração)?

Um aspecto importante a ser considerado durante essa etapa é a necessidade de ajustar o sistema de produção para atender à demanda do cliente, ao mesmo tempo em que se mantêm os processos flexíveis.

A terceira e mais importante etapa é tomar medidas para mudar o processo de produção a partir de seu estado atual para que se assemelhe o máximo possível ao estado desejado. Posteriormente, o processo pode recomeçar do início.

Um plano passo a passo poderia ser:

1. Identificar qual (grupo de) bem ou (grupo de) serviço deve ser analisado. Compor uma equipe de líderes do processo e funcionários que estejam envolvidos em suas diferentes etapas.
2. Analisar o estado atual e traduzi-lo para um esquema geral de processo.
3. Coletar dados de apoio para o esquema de processo (por exemplo, produção, tempo de processamento, funcionários).
4. Formular o processo ideal com base nas exigências dos clientes. (Neste passo, utilize parâmetros como o mínimo de produtos inacabados, tempos curtos de ajuste de máquinas e uma lista de melhorias necessárias para atingir o estado ideal futuro em consideração.)

5. Determinar um plano de ação para realizar as melhorias necessárias para atingir o estado futuro. Esse plano de ação deve conter as prioridades para as diferentes melhorias, ações ligadas a pessoas específicas, uma linha do tempo clara e o envolvimento de patrocinadores do plano.
6. Acompanhar o progresso e recomeçar desde a etapa 1.

## Análise final

O mapeamento da cadeia de valor compreende mais do que apenas eliminar os desperdícios; ele diz respeito à redução da variabilidade e ao nivelamento da utilização dos equipamentos. O objetivo central do mapeamento da cadeia de valor é processar exatamente o que o cliente deseja. Portanto, as demandas e os desejos dos clientes devem ser analisados e avaliados em primeiro lugar. Os dados exigidos para analisar a cadeia de valor podem não estar sempre presentes ou disponíveis, talvez porque não sejam sistematicamente coletados ou por tratar-se da primeira vez que o processo administrativo está sendo analisado dessa maneira. A consequência é uma análise mais demorada, devido às atividades de coleta de dados adicionais.

Outra condição importante é o respeito indispensável ao método de trabalho acordado, de modo que a elaboração do processo ideal produza os resultados desejados. Isso parece simples, porém problemas práticos surgem com frequência porque as pessoas estão acostumadas com certo nível de liberdade no desempenho de suas atividades, uma opção significativamente restrita neste caso. A iniciativa terá que ser agora direcionada de maneira diferente. Em vez de improvisar, utilizando os métodos de trabalho existentes, deve-se pensar em como melhorar continuamente os métodos de trabalho existentes.

Determinar um estado futuro desejado é um importante ponto de partida para melhorias. Elaborar um plano de ação capacita para o início da implantação de melhorias. No entanto, a nova situação muitas vezes exige novas regras e, por vezes, novos comportamentos. Se esses dois elementos não forem cuidadosamente levados em conta no plano de ação (e na implantação), corre-se o risco de voltar à antiga situação. Elaborar os mapas do estado atual e do estado futuro será uma perda de tempo, se não for feito o devido acompanhamento.

## Referência bibliográfica

ROTHER, M.; SHOOK, J. *Learning to see: value stream mapping to add value and eliminate muda*. Cambridge, MA: Lean Enterprise Institute, 2003.

# Capítulo 57

# Papéis gerenciais de Mintzberg

## Ideia geral

No começo do século XX, o industrial francês Henri Fayol descreveu a tarefa dos gestores como uma combinação de organização, coordenação, planejamento, controle e comando. Mintzberg, no entanto, não se convenceu de que essas cinco atividades abrangiam o que os gestores realmente fazem. Com base em fatos identificados em uma pesquisa ampla, Mintzberg elaborou uma série de questões de autoavaliação para os gestores. Considerando essas questões à luz dos 'fatos', em oposição aos 'mitos' sobre a maneira como eles tendem a trabalhar, os gestores são encorajados a encontrar formas de contornar problemas potenciais. Mintzberg identificou dez papéis gerenciais, usando autoridade formal e *status* como ponto de partida. Esses papéis são divididos em três blocos interpessoais que, por sua vez, dão origem a três papéis de informação, seguidos de quatro papéis de decisão como mostrado mais adiante.

| Mito 1:<br>Os gestores são planejadores reflexivos e sistemáticos.<br><br>Fato:<br>Os gestores trabalham em um ritmo incansável; suas atividades são caracterizadas pela brevidade, variedade e descontinuidade; são fortemente orientados para a ação e não gostam de atividades reflexivas. | Mito 2:<br>Os gestores eficazes não têm tarefas regulares a executar.<br><br>Fato:<br>Os gestores executam várias tarefas regulares, incluindo ritual e cerimônia, negociações e processamento de informações intuitivas que ligam a organização a seu ambiente. |
|---|---|
| Mito 3:<br>Gestores de nível sênior precisam de informações agregadas, obtidas idealmente de um sistema de informações gerenciais formal.<br><br>Fato:<br>Os gestores preferem meios verbais, telefonemas e reuniões a documentos. | Mito 4:<br>Gestão é uma ciência e uma profissão.<br><br>Fato:<br>Os programas dos gestores (organizar o tempo, processar informações, tomar decisões etc.) estão guardados dentro de suas cabeças. |

**FIGURA 57.1**  Mitos no gerenciamento

## Quando usar

Na prática, à medida que um gestor desempenha seu papel, esses aspectos vão se juntar como uma *gestalt* (um todo integrado), refletindo as competências gerenciais associadas aos papéis. De certa forma, portanto, eles agem como critérios para avaliar o desempenho de um gestor em seu papel.

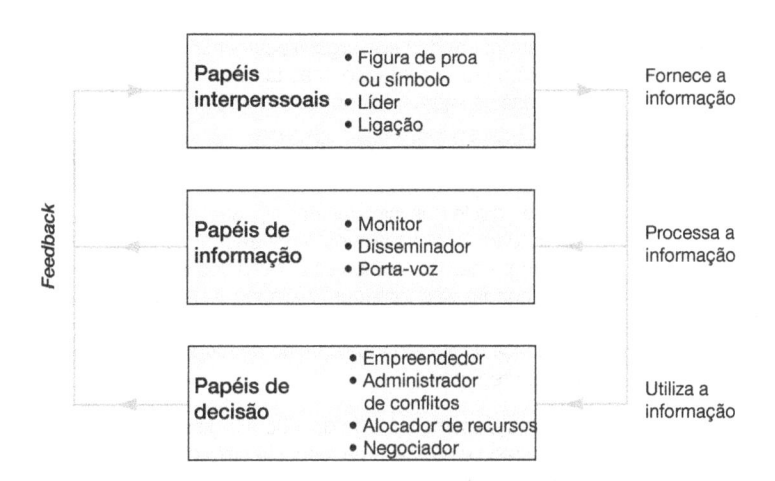

**FIGURA 57.2** Os papéis gerenciais de Mintzberg

**TABELA 57.1** Os dez papéis gerenciais de Mintzberg

| Papéis interpessoais | |
|---|---|
| Figura de proa ou símbolo | Em razão de seu *status* e sua autoridade, o gestor é o símbolo da organização para obrigações sociais, jurídicas, cerimoniais e atividades que inspirem os demais. |
| Líder | O gestor lidera a organização. Esse papel é o cerne do relacionamento entre gestores e subordinados e do poder gerencial. O gestor define as atividades, as estruturas e o contexto no qual os subordinados trabalham, encoraja-os e disciplina-os, além de tentar equilibrar as necessidades dos subordinados e as organizacionais para garantir a eficiência das operações. |
| Ligação | Esse é o gestor como um centro de informação e comunicação. São essenciais as habilidades de *networking* para criar e manter contatos internos e externos visando ao intercâmbio de informações. |
| **Papéis de informação** | |
| Monitor | O gestor procura/recebe informações de várias fontes para avaliar o desempenho, o bem-estar e a situação da organização. O papel envolve a construção e a utilização de um sistema inteligente de informações, por meio da construção de contatos e facilitação para que os subordinados forneçam informações pertinentes. |

*(continua)*

*(continuação)*

| | |
|---|---|
| Disseminador | O gestor traz diferentes pontos de vista externos para a organização e facilita o fluxo de informações internas entre subordinados (factuais ou baseadas em valor). O papel inclui, por um lado, dividir e disseminar informações e, por outro lado, converter e assimilar informações. Habilidades de comunicação — tanto internas como externas — são cruciais para esse papel. |
| Porta-voz | O gestor informa outras pessoas fora da sua organização em nome da sua própria organização. Para pessoas de fora, o gestor é o especialista no campo em que sua organização atua. O papel envolve habilidades não só de representação, mas também de fazer com que outras pessoas se interessem por sua empresa. |
| **Papéis de decisão** | |
| Empreendedor | Como aquele que inicia/altera, o gestor concebe e inicia grande parte da mudança controlada na organização. As lacunas são identificadas, os programas de melhoria são definidos e uma série de decisões relacionadas são tomadas, iniciando-se atividades para atingir melhorias reais. O papel envolve a concepção e a coordenação de programas de mudança, incluindo a delegação de responsabilidades e a capacitação de empregados. |
| Administrador de conflitos | O gestor assume o cargo quando a organização enfrenta uma crise inesperada e não há uma resposta clara previamente definida. Conflitos podem surgir da equipe, de recursos ou de eventos inesperados. O papel envolve a conciliação, a avaliação e a resolução de problemas. |
| Alocador de recursos | O gestor supervisiona a alocação de todos os recursos (monetário, humanos, reputacionais etc.) e estabelece as prioridades organizacionais. O papel envolve a organização de tempo, a programação de trabalho (carga) e a autorização de ações. |
| Negociador | O gestor assume a responsabilidade sobre importantes atividades de negociação com outras organizações em prol de sua própria organização. |

## Como usar

O principal valor do modelo é fornecer aos gestores um quadro de referência. Pense em seu próprio trabalho: que papéis você desempenha? Analise os papéis individualmente e dê a si mesmo uma nota de 1 a 10 para cada um. Notas baixas indicam áreas fracas, isto é, aquelas a que se deve prestar mais atenção.

Os papéis gerenciais de Mintzberg não se pretendem prescritivos. Em vez disso, servem como um espelho, fornecendo aos gestores uma visão de como eles usam o tempo, com quais atividades e por meio de quais papéis. Chamar a atenção para problemas potenciais já é metade da solução. Ao dissipar os mitos e ressaltar a verdadeira natureza de seu trabalho, os gestores podem se concentrar sobre a maneira como eles podem evitar as armadilhas e trabalhar de forma mais efetiva.

## Análise final

Apesar do crescimento exponencial e do número de escolas de administração, de acordo com Mintzberg, a maioria se concentra na transmissão de conhecimentos em áreas especializadas, como contabilidade ou marketing, em vez de habilidades necessárias para gerir: resolver conflitos, estabelecer redes das informações e divulgar informações. O modelo afirma que os gestores precisam ser generalistas e especialistas organizacionais, devido às imperfeições do sistema e às pressões do meio. Neste momento, então, apenas como introspectivos, os gestores podem aprender com sucesso na prática. Vários estudos confirmam a teoria de Mintzberg, mas também mostram que o foco em papéis gerenciais específicos muda de acordo com a posição hierárquica do gestor.

## Referências bibliográficas

FAYOL, H. *General and industrial management*. Londres: Pitman Publishing Company,1949.

MINTZBERG, H. *Structure in fives: designing effective organizations*. Englewood Cliffs, NJ: Prentice Hall, 1983.

MINTZBERG, H. *Mintzberg on management: inside our strange world of organizations*. Nova York: Free Press,1990.

# Capítulo 58

# Pentagrama da gestão de marcas

## Ideia geral

O pentagrama da gestão de marcas é um modelo que ajuda a traduzir a estratégia corporativa em uma política de gestão de marcas declarando os princípios da gestão de marcas, 'carregando a marca', escolhendo o posicionamento desejado e traduzindo esse posicionamento em ações cotidianas.

## Quando usar

O pentagrama da gestão de marcas é útil para organizações dispostas a desenvolver ou melhorar a gestão de suas marcas. Funciona como um modelo para definir a marca e sua estratégia:

- Para *quem* é o bem ou serviço?
- *O que* o bem ou serviço faz?
- *Como* é útil para mim como cliente?

Uma marca é o conjunto completo de sinais que cercam o bem, o serviço ou a empresa. A gestão de marcas é o processo de gerenciar esses sinais de maneira estruturada e consistente. O pentagrama da gestão de marcas é um modelo que serve para avaliar e elaborar cinco fatores essenciais que influenciam a estratégia de gestão de marcas. O pentagrama consiste de cinco pontos inter-relacionados.

1. Princípios de gestão de marcas
2. Posicionamento
3. Consistência nos portadores da marca
4. Incorporação da marca
5. Ciclo de planejamento e controle

Ao cobrir esses cinco pontos, uma organização não apenas declara suas marcas e sua política de gestão de marcas, mas também incorpora atividades relevantes de gestão de marcas à prática diária.

**FIGURA 58.1** O pentagrama da gestão de marcas

## Como usar

Os cinco pontos do pentagrama podem ser abordados pela elaboração dos seguintes aspectos, na seguinte ordem:

### 1. Princípios de gestão de marcas

Os princípios de gestão de marcas consistem em:
- **Missão da marca**: quais objetivos eu pretendo, eventualmente, atingir com a marca?
- **Percepção desejada da marca**: quais são os valores essenciais da marca?
- **Arquitetura da marca**: quais são minhas escolhas no que diz respeito ao portfólio de marcas?

### 2. Posicionamento

O posicionamento da marca pode ser escolhido com base em:
- **Segmentação**: quais critérios de segmentação serão utilizados?
- **Grupo-alvo**: a que grupo-alvo a marca se destina (cliente/usuário final)?
- **Posição**: como a marca se diferencia dos competidores (e dos seus fatores críticos de sucesso)? Isso deveria ser mensurado tanto em termos do produto oferecido (a proposta aos clientes) quanto do desempenho da organização (a percepção dos clientes).

### 3. Consistência nos portadores da marca

Para maximizar o efeito da marca, deve haver consistência na maneira como a marca é levada ao público. Deve haver consistência na apresentação da marca em diferentes bens e serviços da organização e na forma como a marca é 'executada' e difundida pelos funcionários da organização ou de um intermediário. A consistência também deve ser mantida pelos diferentes meios que a organização utiliza para sua comunicação.

### 4. Incorporação da marca

Começa pela garantia da consistência. A política de marcas precisa estar consistentemente alinhada com as funções e responsabilidades subjacentes. As responsabilidades e a autoridade para a gestão de marcas devem ser atribuídas a uma das equipes de gestão ou a membros do conselho de administração. Uma pessoa deve ser nomeada para que tenha responsabilidade direta pela marca. A gestão de marcas deve ser incorporada de modo a se tornar intrínseca à cultura da organização e ao comportamento de seus funcionários.

### 5. Ciclo de planejamento e controle

Inicia-se com a formulação de alvos SMART (específicos, mensuráveis, atingíveis, relevantes e restritos no tempo, do inglês *specific, measurable, achievable, relevant, time-specific*) de política de gestão de marcas para curto e longo prazos. A seguir, o ciclo de planejamento e controle pode ser desenvolvido pela determinação do método de mensuração, que permite medir o grau de realização e a avaliação do(s) grau(s) mensurado(s) de realização. Além disso, esse método deve fornecer dados e ponto de partida para o ajuste a ser feito com base na avaliação.

A 'gestão de marcas' é eficiente quando a experiência *real* com a marca é igual à experiência *desejada*. Nesse caso, a gestão de marcas confere uma vantagem competitiva sustentável. Inversamente, uma gestão de marcas malsucedida tem um efeito negativo na vantagem competitiva de uma empresa.

## Análise final

No que se refere a marcas, tenha sempre em mente que:
- As marcas e, portanto, a gestão de marcas são subjetivas por natureza.
- Muitas das melhores marcas do mundo são empresas, não produtos específicos. Uma marca pode facilmente ser um serviço, uma organização ou mesmo uma aspiração.
- As marcas podem assumir muitas formas, e não são apenas nomes nem estão restritas a produtos físicos.

O modelo não substitui a estratégia de gestão de marcas de uma organização. Ele serve meramente como um alicerce sobre o qual uma empresa pode construir sua trajetória. O uso do modelo é, portanto, limitado a *quais aspectos* devem ser considerados ao se elaborar uma estratégia de marcas, e não a qual o *conteúdo* dos aspectos.

## Referência bibliográfica

BAKER, M.; HART, S. *Product strategy and management*. Harlow: Pearson Education, 1999.

# Capítulo 59

# Quadrantes da mudança

## Ideia geral

A premissa básica desse modelo indica que a estratégia de mudança mais apropriada depende de uma organização e sua motivação para que a mudança seja *quente* ou *fria*. Uma organização *fria* é aquela em que regras, regulamentos, sistemas, estruturas e procedimentos impelem direção, controle e coordenação para a obtenção de resultados; há pouca ou nenhuma disposição para o desempenho (além do esperado). Em uma organização *quente*, são as normas e os valores compartilhados e um entendimento comum do direcionamento que fazem a organização funcionar.

Uma motivação fria para a mudança consiste em uma resposta objetiva a uma situação ou emergência, tal como a iminência de falir, uma drástica redução na participação de mercado, nas receitas ou nos lucros ou uma inevitável (nova) ameaça competitiva. Uma motivação quente para a mudança, por outro lado, é impulsionada principalmente por ambições pessoais e profissionais. Com base nas várias combinações quente/fria de organização e mudança, existem quatro possíveis estratégias de mudança: *intervenção, implementação, transformação* e *inovação*.

## Quando usar

Esses quadrantes podem ser úteis para determinar os agentes de mudança, identificar os participantes ativos nesse processo e estabelecer o escopo e o momento adequado para a mudança, de modo a maximizar o sucesso dos esforços nesse sentido. Aplica-se o modelo para determinar a estratégia correta de mudança, levando em conta o tipo de mudança e de organização para a qual ela está sendo proposta. O modelo de quadrantes da mudança baseia-se em entrevistas com as principais figuras dentro da organização. Essa análise qualitativa é a chave para determinar a estratégia mais adequada para a mudança.

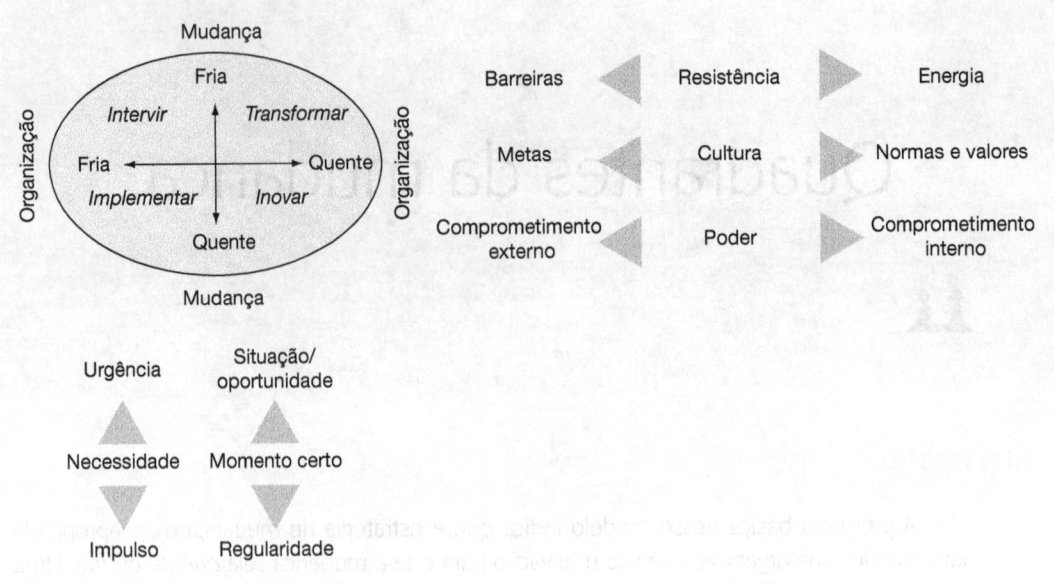

**FIGURA 59.1** Quadrantes da mudança

## Como usar

Analisar tanto o tipo de organização quanto o tipo de motivos para a mudança determina a estratégia adequada para a mudança, de acordo com a tabela a seguir.

**TABELA 59.1** Quatro estratégias para a mudança

| Organização quente | Organização quente |
|---|---|
| Disposta a adotar a energia e a ambição para criar uma visão de longo prazo e realizá-la. Motivação para construir algo novo juntos. Abertura à criatividade de baixo para cima. Objetivo final é a receptividade à mudança. | Obrigada a usar eficientemente as ideias disponíveis de acordo com a meta final. A participação baseia-se em metas finais claras. Permite ampla participação, mas, em razão da pressão do tempo, nem sempre é possível opinar. |
| RENOVAR | TRANSFORMAR |
| **Organização fria** | **Organização fria** |
| Disposta a mobilizar a organização para tornar clara a necessidade da mudança. De cima para baixo, movida por ambições da gerência. Impele os funcionários à ação por meio da gerência de nível médio. | Obrigada a conceber e implementar a mudança de cima para baixo. Pede-se a opinião dos funcionários apenas sobre as consequências operacionais da meta final definida. |
| IMPLEMENTAR | INTERVIR |

## Análise final

Os quadrantes da mudança costumam ser usados em conjunto com outros modelos e abordagens de gestão da mudança, como as oito fases da mudança de Kotter (p.143).

Além desses quadrantes, as preferências e o estilo da administração também devem se refletir na abordagem da gestão da mudança. A falta de correspondência entre a organização e as propostas de mudança, combinada com a emoção e o estilo pessoal da gerência, pode obstruir o processo. Tenha em mente que uma mudança 'fria' é mais fácil de planejar e comunicar do que outra 'quente', bem como o fato de que muitas organizações consideram-se 'mais quentes' do que realmente são. No outro lado da 'receita' para uma mudança quente ou fria, as organizações não devem excluir a possibilidade de 'aquecimento' ou 'esfriamento' antes de passar por um processo de mudança, seja ele quente ou frio.

## Referência bibliográfica

KOTTER, J.P. *A force for change: how leadership differs from management*. Nova York: Free Press, 1990.

# Capítulo 60

# Seis chapéus do pensamento de De Bono

## Ideia geral

Os chapéus do pensamento de De Bono representam seis maneiras de pensar sobre as estratégias. Edward de Bono (1985) afirma que a cognição e o pensamento humanos têm diferentes tipos, abordagens e orientações. A maioria das pessoas desenvolve hábitos de pensamento que as faz pensar de maneira limitada.

De Bono acredita que a definição das diferentes abordagens pode torná-las mais produtivas e colaborativas.

## Quando usar

O modelo dos seis chapéus do pensamento obriga-nos a mudar nossa maneira normal de pensar. Como tal, ajuda-nos a entender toda a complexidade de uma decisão e a enxergar oportunidades que, senão, seriam perdidas; decisões importantes podem ser analisadas a partir de uma série de perspectivas diferentes. A premissa do modelo é que as pessoas tomam melhores decisões quando forçadas a deixar sua maneira habitual de pensar. Essa técnica permite incorporar a emoção necessária ao que de outra maneira seria uma decisão puramente racional. Por conseguinte, encoraja-se o pensamento mais criativo e lateral. Além disso, a técnica pode ser utilizada para acelerar a tomada de decisão.

## Como usar

Os seis chapéus do pensamento podem ser usados em uma reunião, um *workshop* ou uma sessão de *brainstorming*, mas também por indivíduos. Cada chapéu de pensamento refere-se a um estilo diferente de pensamento. Se aplicado a um grupo, cada participante usa o mesmo chapéu ao mesmo tempo.

De Bono diferencia os chapéus de pensamento conforme segue:

- **Chapéu branco** (factual): com este chapéu, podemos nos concentrar nos dados disponíveis. Analise as informações e veja o que pode ser aprendido a partir delas.
- **Chapéu vermelho** (emocional): com este chapéu, podemos tratar o problema com intuição e emoção. Tente imaginar como as outras pessoas reagiriam emocionalmente e procure entender essas reações.

- **Chapéu preto** (crítico): com o chapéu preto, podemos enxergar todos os pontos negativos da decisão. Lance um olhar cuidadoso e defensivo: por que isso funcionaria? Destaque os pontos fracos de um plano.
- **Chapéu amarelo** (positivo): com o chapéu amarelo, devemos pensar positivamente. Olhe a partir de um ponto de vista otimista e tente enxergar todos os benefícios da decisão.
- **Chapéu verde** (criativo): com o chapéu verde, pensamos de maneira criativa. Crie soluções para um problema pensando de maneira livre.
- **Chapéu azul** (controle do processo): responsável pela reunião ou *workshop* usa um chapéu azul. O líder da sessão intervém no processo e anuncia quando mudar de chapéus.

**Tabela 60.1** Os seis chapéus do pensamento de De Bono

| Chapéu | Foco | Questões típicas |
|---|---|---|
| Branco | • Informações/fatos<br>• Falta de informação<br>• Diferentes tipos de informação | • Quais informações gostaríamos de ter?<br>• Quais as informações precisamos?<br>• Quais informações estão disponíveis?<br>• Quais informações estão faltando e como vamos obtê-las? |
| Vermelho | • Sentimentos<br>• Intuição | • Quais sentimentos temos?<br>• Será que estamos comprometidos com o tema?<br>• O que diz nossa intuição? |
| Preto | • Aspectos negativos<br>• Por que não vai funcionar<br>• Armadilhas | • Quais são os riscos?<br>• Quais são as dificuldades?<br>• Quais são os problemas potenciais?<br>• Será que a ideia é adequada a nossa maneira de trabalhar? |
| Amarelo | • Vantagens<br>• Otimismo<br>• Por que vai funcionar<br>• Encontrar oportunidades | • Quais são as vantagens?<br>• Quais são os aspectos positivos?<br>• Como isso seria viável?<br>• Quais são as oportunidades potenciais? |
| Verde | • Possibilidades<br>• Crescimento<br>• Novas ideias<br>• Pensamento criativo | • Que outras possibilidades existem?<br>• Podemos mudar a situação existente? |
| Azul | • Gestão da comunicação<br>• Síntese e conclusões | • Quais são os pontos focais?<br>• Podemos resumir?<br>• Que conclusões podemos tirar?<br>• Como podemos continuar? |

## Análise final

Este modelo permite diferentes formas de pensamento, ou seja, permite que um problema seja analisado a partir de diferentes perspectivas. De Bono afirma que a chave para sua utilização bem-sucedida é escolher um foco deliberado *durante a discussão*. Deve-se escolher uma abordagem que satisfaça uma etapa específica da discussão. Por conseguinte, uma discussão deve começar com um chapéu para desenvolver metas e objetivos, enquanto outro chapéu pode ser utilizado para colher opiniões e reações. Ao escolher um foco deliberado durante cada estágio da discussão, todas as pessoas estarão, simultaneamente, focadas no mesmo aspecto do 'problema' e, dessa forma, serão mais colaborativas para resolvê-lo e trabalhar em direção a uma 'solução'.

## Referência bibliográfica

BONO, E. de. *6 thinking hats*. Londres: Little, Brown,1985.

# Apêndice

# Matriz/categorização dos modelos

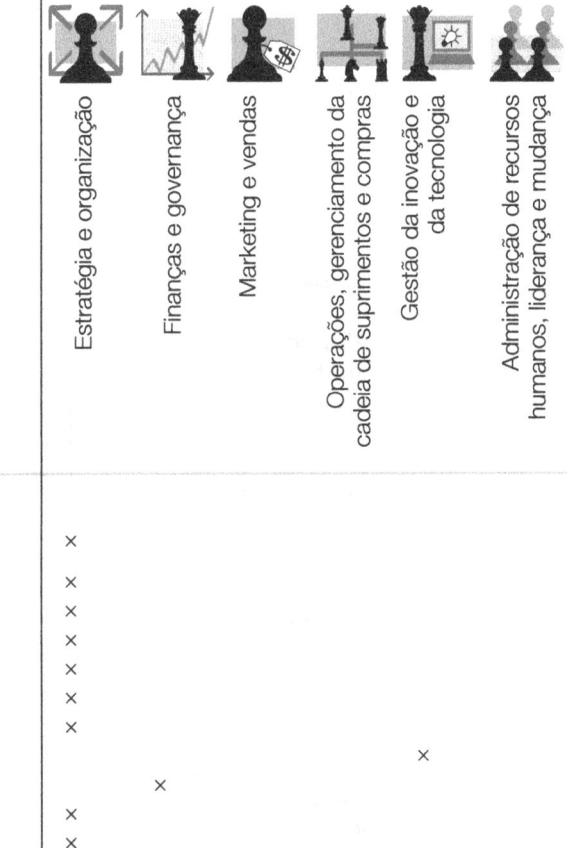

| | Estratégia e organização | Finanças e governança | Marketing e vendas | Operações, gerenciamento da cadeia de suprimentos e compras | Gestão da inovação e da tecnologia | Administração de recursos humanos, liderança e mudança |
|---|---|---|---|---|---|---|
| **Modelos estratégicos** | | | | | | |
| Análise competitiva: o modelo das cinco forças de Porter | x | | | | | |
| Análise PFOA | x | | | | | |
| Cadeia de valor | x | | | | | |
| Capacidades distintivas de Kay | x | | | | | |
| Competências essenciais | x | | | | | |
| Diálogo estratégico | x | | | | | |
| Disciplinas de valor de Treacy e Wiersema | x | | | | | |
| Estratégia do oceano azul | | | | | x | |
| Gestão baseada em valor | | x | | | | |
| Matriz BCG | x | | | | | |
| Matriz de produto/mercado de Ansoff | x | | | | | |
| Modelo de crescimento de Greiner | x | | | | | |
| Modelo de gestão estratégica de recursos humanos | | | | | | x |
| Organização orientada ao mercado | | | x | | | |
| Planejamento de cenários | x | | | | | |
| Planejamento estratégico de capital humano | | | | | | x |
| *Road-mapping* | | | | | x | |
| Terceirização/Realocação de processos de negócios (*off-shoring*) | x | | | | | |

## Modelos táticos

| Modelo | Estratégia e organização | Finanças e governança | Marketing e vendas | Operações, gerenciamento da cadeia de suprimentos e compras | Gestão da inovação e da tecnologia | Administração de recursos humanos, liderança e mudança |
|---|---|---|---|---|---|---|
| 4Ps do marketing de Kotler | | | x | | | |
| Análise de valor dos custos administrativos | | x | | | | |
| Análise Dupont | | x | | | | |
| Análise MABA | | | x | | | |
| Beer e Nohria — Teorias E e O | | | | | | x |
| Benchmarking | x | | | | | |
| Centro de compras e suprimento | | | | x | | |
| Ciclo de inovação | | | | | x | |
| Configurações de Mintzberg | x | | | | | |
| Custeio baseado em atividades | | x | | | | |
| Dimensões culturais de Hofstede | | | | | | x |
| Henderson e Venkatraman — modelo de alinhamento estratégico | | | | | x | |
| Inventário gerenciado pelo fornecedor | | | | x | | |
| Manufatura responsiva | | | | x | | |
| Mentalidade enxuta/*just-in-time* | | | | x | | |
| Modelo 7S | x | | | | | |
| Modelo de compras de Kraljic | | | | x | | |
| Modelo de compras de Monczka | | | | x | | |
| Modelo de excelência da EFQM | x | | | | | |
| Modelo de remuneração de Milkovich | | | | | | x |
| Oito fases da mudança de Kotter | | | | | | x |
| Pirâmide de Curry: gestão do marketing e do relacionamento com o cliente | | | x | | | |
| Preço de fábrica (FGP) | | | | x | | |
| Quadrantes essenciais | | | | | | x |
| Redesenho de processos de negócios | x | | | | | |
| Seis sigma | | | | x | | |
| Senge — A quinta disciplina | | | | | | x |
| Sete hábitos das pessoas altamente eficazes de Covey | | | | | | x |
| Teoria das restrições | | | | x | | |
| Valores concorrentes de eficácia organizacional | | | | | | x |

## Modelos operacionais

| | Estratégia e organização | Finanças e governança | Marketing e vendas | Operações, gerenciamento da cadeia de suprimentos e compras | Gestão da inovação e da tecnologia | Administração de recursos humanos, liderança e mudança |
|---|---|---|---|---|---|---|
| Análise de causa e efeito/análise de Pareto | | | | x | | |
| Análise de risco e retorno | x | | | | | |
| *Balanced scorecard* (BSC) | | x | | | | |
| Ciclo de Deming: planejar–realizar–controlar–agir | | | | x | | |
| Equipe de Belbin | | | | | | x |
| Fluxo de caixa descontado | | x | | | | |
| Kaizen/Gemba | | | | x | | |
| Mapeamento da cadeia de valor | | | | x | | |
| Papéis gerenciais de Mintzberg | | | | | | x |
| Pentagrama da gestão de marcas | | | x | | | |
| Quadrantes da mudança | | | | | | x |
| Seis chapéus do pensamento de De Bono | | | | | | x |

### Estratégia e organização
Análise competitiva: o modelo das cinco forças de Porter
Análise de risco e retorno
Análise PFOA
*Benchmarking*
Cadeia de valor
Capacidades distintivas de Kay
Competências essenciais
Configurações de Mintzberg
Diálogo estratégico
Disciplinas de valor de Treacy e Wiersema
Matriz BCG
Matriz de produto/mercado de Ansoff
Modelo 7S
Modelo de crescimento de Greiner
Modelo de excelência da EFQM
Planejamento de cenários
Redesenho de processos de negócios
Terceirização/Realocação de processos de negócios (*off-shoring*)

### Finanças e governança
Análise de valor dos custos administrativos
Análise Dupont
*Balanced scorecard* (BSC)
Custeio baseado em atividades
Fluxo de caixa descontado
Gestão baseada em valor

### Marketing e vendas
4Ps do marketing de Kotler
Análise MABA
Organização orientada ao mercado
Pentagrama da gestão de marcas
Pirâmide de Curry: gestão do marketing e do relacionamento com o cliente

### Operações, gerenciamento da cadeia de suprimentos e compras
Análise de causa e efeito/análise de Pareto
Centro de compras e suprimentos

Ciclo de Deming: planejar–realizar–controlar–agir
Inventário gerenciado pelo fornecedor
Kaizen/Gemba
Manufatura responsiva
Mapeamento da cadeia de valor
Mentalidade enxuta/*just-in-time*
Modelo de compras de Kraljic
Modelo de compras de Monczka
Oito fases da mudança de Kotter
Preço de fábrica (FGP)
Seis sigma
Teoria das restrições

### Gestão da inovação e da tecnologia
Ciclo de inovação
Estratégia do oceano azul
Henderson e Venkatraman — modelo de alinhamento estratégico
*Road-mapping*

### Administração de recursos humanos, liderança e mudança
Beer e Nohria — Teorias E e O
Dimensões culturais de Hofstede
Modelo de gestão estratégica de recursos humanos
Modelo de remuneração de Milkovich
Equipe de Belbin
Papéis gerenciais de Mintzberg
Planejamento estratégico de capital humano
Quadrantes da mudança
Quadrantes essenciais
Seis chapéus do pensamento de De Bono
Senge — A quinta disciplina
Sete hábitos das pessoas altamente eficazes de Covey
Valores concorrentes de eficácia organizacional

# Sobre os autores

**Marcel van Assen** (1969) é consultor sênior do grupo de gestão de operações na Berenschot e professor assistente de administração de produção do departamento de gestão de tecnologia e inovação da *Rotterdam School of Management, Erasmus University*. Tem profundo conhecimento dos problemas que afetam a manufatura, a cadeia de suprimentos e a gestão estratégica graças à sua ampla experiência em consultoria, a qual engloba excelência operacional, terceirização e inovação de valor, usando ferramentas como diálogo estratégico, *road-mapping* e previsão. Marcel van Assen é mestre em engenharia mecânica pela Universidade de Twente e em administração de empresas (estratégia e organização) pela *Open University* e doutor em administração de empresas pela *Erasmus University Rotterdam*. Como membro associado do ERIM (*Erasmus Research Institute of Management*), sua pesquisa concentra-se em gestão da inovação estratégica e administração de operações em fábricas, agrupamentos e redes de alta tecnologia. Além disso, é coautor de vários livros e artigos sobre operações e gestão da inovação.

**Gerben van den Berg** (1979) é consultor sênior de estratégia do grupo de estratégias de negócios da Berenschot. Aconselha a diretoria e a gerência de empresas (iniciantes ou já estabelecidas) de todos os setores a respeito de planejamento estratégico e questões relacionadas a reestruturação organizacional, como fusões e aquisições, reorganização e terceirização. Graduado pela Universidade de Groningen, onde estudou administração (com duas habilitações), é também coautor de *Excellence = optimization and innovation* e de *O livro da estratégia II*, um importante livro sobre estratégia publicado em holandês. Também publicou vários artigos sobre estratégia e planejamento de negócios.

**Paul Pietersma** (1965) é mestre em administração, consultor sênior de estratégia e diretor-presidente de estratégias de negócios da Berenschot. Tem mais de dez anos de experiência em consultoria, período durante o qual aconselhou muitos CEOs e muitas diretorias sobre várias questões estratégicas. Venceu o *Dutch Professionals Award* por consultoria administrativa em 2006. Publicou vários artigos sobre estratégia e é coautor de dois livros importantes sobre estratégia – *O livro da estratégia I* e *O livro da estratégia II*, ambos publicados em holandês.

# Índice remissivo

4Ps do marketing de Kotler, 28, 60, 76-79
4Ps do marketing, 76-79

## A

*adaptive organisational learning* (aprendizado organizacional adaptável), 62
ajuste estratégico, 113
alianças, 15
    fase, 50-52
alinhamento interno, 140, 141
Allied Signal e o seis sigma, 159
alocação de recursos, 179
alvos SMART, 208
ameaças, 9-12
análise competitiva, 2-6, 28
análise da DuPont, 28, 83-85
análise de causa e efeito (RCA), 85, 176-178
análise de insuficiência, 66, 67
análise de Pareto, 85, 176-178
    diagrama, 177
análise de risco e viabilidade, 29, 70, 179-181
análise de valor dos custos administrativos (OVA — *overhead value analysis*), 80-82
análise do fluxo de caixa descontado (DCF — *discounted cashflow*), 193, 194
análise estratégica e cinco forças, 2
análise MABA, 29, 86-88
análise PFOA, 7-12, 28
    processo de três etapas, 10
armadilhas, 153, 154
arquitetura, 18-19, 23
    e a EFQM, 136
arquitetura estratégica, 18, 23
árvore da realidade atual (CRT — *current reality tree*), 170
*Assessment of excellence in procurement* (avaliação de excelência em compras), 97
atratividade do negócio (BA — *business attractiveness*), 86, 87

## B

*balanced scorecard* (BSC), 29, 85, 182-185
Barney, J.B., 21
barreiras à entrada, 2
Beer, M., 89-91
*benchmarking*, 8, 60, 92-95, 161
    GPSCBI, 133
Berenschot, 157
boa limpeza e arrumação, 196

bom senso no planejamento de cenários, 61
*brainstorming*, 70, 212

## C

cachorros na matriz BGC, 41-43
cadeia de suprimento, 116, 117, 149-152
    colaboração, 116
cadeia de valor, 13-16, 28, 73
capacitadores, 137
capacitadores do BPR, 158
casa Gemba, 195-198
categorização dos modelos, 215-219
centro de compras e suprimento, 96-98
Champy, J., 156
chapéus do pensamento, 212-214
ciclo de Deming, 60, 186-188
ciclo de melhoria, 186
ciclo de planejamento e controle, 206, 207, 208
ciclo planejar–realizar–controlar–agir (ciclo PDCA — *plan–do–check–act*), 59, 186-188
cliente
    avaliação, 81
    demanda, 200
    e a BSC, 182-183
    fluxo de valor, 199
    intimidade, 31, 32
    marketing, 146-148
    mentalidade enxuta e, 122-123
    pirâmide, 146-148
    resultados, 137
    satisfação, 77
colaboração
    cadeia de suprimentos, 116, 117
    fase, 51-52
    *thinking hats* (chapéus do pensamento), 212-214
coletivismo, 110, 111
competidores, 4-5
competitividade externa, 141
compradores: modelo das cinco forças, 2, 3, 5
compras, 13-14, 96-98
    modelo de Kearney, 96
    modelo de Kraljic, 130-132
    modelo de Monczka, 133-135
    processos, 133
comunicação, 26, 29
    mudança e, 143-144, 145
conceitos fundamentais da EFQM, 136
concorrência baseada em tempo (TBC), 120-121

configurações organizacionais, 103-106
conflitos, 156
conformidade, 140, 141
consultores e teorias E e O, 90
contabilidade de custos, 107
    *veja também* custeio baseado em atividade (ABC)
Cooper, R., 101
Covey, Os 7 hábitos das pessoas altamente eficazes, de, 165-167
Cox, J., 168, 169
CPFR (*collaborative planning, forecasting and replenishment* – planejamento, previsão e reabastecimento colaborativos), 151
crescimento, 182, 183, 184
    interno, crise de, 52
    matriz de Ansoff, 44-45
    modelo de, de Greiner, 49-53
crescimento de capital, 40
crise, 50-52
    da burocracia, 51
    de autonomia, 50, 51
    de controle, 50
    de crescimento interno, 52
*cross-selling*, 146
CRP (*continuous replenishment planning* – planejamento de reabastecimento contínuo), 151
cultura empresarial, 66
    mudança e, 143
custeio baseado em atividade (ABC), 81, 82, 107
custo de capital, 38
custo total de propriedade (TCO), 108
custos
    diretos e ABC, 107
    do ciclo de vida, 108
    indiretos e ABC, 107, 108

## D

de Bono, E., 212-214
defensores, 70, 160
*delegation phase* (fase de delegação), 50, 51
dependência, 166
desafio em quadrantes essenciais, 154
desempenho
    e *benchmarking*, 92-95
    e o redesenho de processos de negócios, 156
    financeiro, 83-85
    modelo de excelência EFQM, 136-139
desenvolvimento de produto, 44, 47, 70
    Estratégia do Oceano Azul, 35-37
    riscos, 36
desenvolvimento de tecnologias, 13, 14
    e análise PFOA, 7
    e *road-mapping*, 68-71
desenvolvimento estratégico, 61, 144
desperdício e eficiências
    e mapeamento de fluxo de valor, 199
    redução/eliminação, 121, 122, 124, 195-196
    tipos de, 195

desvio padrão, 159
diagrama de causa e efeito, 177
diagrama espinha-de-peixe 176
diálogo estratégico, 25-30
dificuldades, 153, 154
dilema do prisioneiro, 19, 20
dimensões culturais de Hofstede, 110-112
distribuição, 76, 77, 78
    transporte, 149-151
diversidade, planejamento de cenários, 61
diversificação, 44, 46, 47-48
    horizontal, 47
DMAIC, 161
domínio pessoal, 162, 163, 164

## E

economias de escala e FGP, 152
efeito chicote, 116
efeito não desejado (UDE), 170
eficácia, 59
    modelo de valores concorrentes, 172-174
    pessoas altamente eficazes, 165-167
eficiência
    cadeia de suprimentos, 149
    capital, 83, 84
    modelo de remuneração e, 140-142
    operacional, 83, 84
    transporte, 150
entrega e FGP, 149-150
equipe, 126, 127, 128, 145
    aprendizagem em, 164
    e análise de causa e efeito, 176
    papéis de, 189-192
equipe de Belbin, 189-192
equipes empresariais, 189
estabilidade, 172, 173
estilo, 126, 127-128
estratégia, 126-129, 137
    desenvolvimento, 61
    formulação, 26
    matriz BCG, 41-43
    matriz de Ansoff, 44-45
    modelo 7S, 126, 127-128, 139
    modelo de capacidades distintivas, 17-20
    organizações orientadas ao mercado, 58-60
    planejamento, 66
    planejamento de cenários, 61-64
    política de gestão de marcas, 206
    processo, 27, 133
    redefinição, 17
    *road-mapping*, 68
    *veja também* Estratégia do oceano azul; Gestão de recursos humanos estrelas, 41-42
    visão e, 144
estratégia corporativa, 58
estratégia de intervenção, 209
estratégia de remuneração *veja* remuneração de incentivo
Estratégia do Oceano Azul, 35-37
    princípios essenciais, 36-37

estrutura, 126-127, 128
excesso de estoque, 196
*external constraints* (restrições externas), 170

**F**

Fahey, L., 62
fase
    de capitalização, 100, 101-102
    de coordenação, 50, 51
    de criação, 99, 100
    de criatividade, 50
fatores geradores de atividades, 108
fatores geradores de recursos, 108
Fayol, H., 202
figura de proa, 203
filosofia da Toyota, 122
flexibilidade, 172, 173
fluxo de caixa, 193-194
fluxo de valor, 123-124
    mapeamento, 199-201
fluxo em produção (conforme Sharma), 122-123
foco no cliente, 31-32, 59, 136
forças macroambientais, 8
fornecedores
    fluxo de valor, 199
    modelo das cinco forças, 2, 3-5, 6
    preço de fábrica, 149-152
    VMI, 116-119
fornecimento, 96, 97
fragilidades, 7-12
funcionários
    capacitação de, 145
    contribuição, 141
    cultura de, 110, 112
    e *off-shoring*, 72
    papéis dos seis sigma, 160
    *veja também* HRM
fusões e aquisições, 15

**G**

gargalo, 168, 169, 170, 171
    itens, 131
General Electric e seis sigma, 159
Gestalt e os papéis gerenciais, 203
gestão baseada em atividade (ABM — *activity-based management*), 109
gestão baseada em valor (VBM — *value-based management*), 38-40
gestão de conhecimento e informação, 97
gestão de processos operacionais, 96
gestão de recursos humanos, 13, 14, 58, 97
    modelo estratégico, 25, 54-57
gestão de relacionamento com o fornecedor, 96
gestão do desempenho, 97
gestão do relacionamento com o cliente (CRM — *customer relationship management*), 32, 146-148
Goldratt, E. M., 168, 169, 170, 171

**H**

habilidades, 126, 127, 128
Hamel, G., 21-24

Hammer, M., 156
Holweg, M., 16
Hout, T., 120

**I**

impacto financeiro, 130, 131, 132
implementação, 209
    fase, 99, 100, 101
implementação de TI e TCO, 108
incerteza, 22, 73, 63, 111
independência, 166
indicador-chave de desempenho (KPI — *key performance indicator*), 59, 85
indicadores de desempenho financeiro, 83
índice de aversão às incertezas (UAI), 111, 112
índice de distanciamento do poder (PDI — *power distance index*), 111
individualismo *versus* coletivismo, 110
infraestrutura, 13, 14, 15
    de TI e estratégia, 113-115
iniciativa de *benchmarking* em compras globais e cadeia de suprimentos (GPSCBI — *global procurement and supply chain benchmarking initiative*), 133
inovação, 18, 19-20, 31
    ciclo, 99-102
    estratégia, 209, 210
integração functional, 113
integração vertical, 47
interdependência, 166, 167
inventário, 168, 169, 171
    gerenciado pelo fornecedor, 116-119, 151
investimento e a análise DCF, 193
Ishikawa, K., 176
itens de alavancagem, 130, 131
itens estratégicos: compras, 130
itens não críticos, 131

**J**

Jogo do Covarde, 20
Jogo dos Padrões, 20
jogos e diálogo estratégico, 25-26
*just-in-time* (JIT), 122-125

**K**

Kaplan, R., 182, 184
Kearney, A.T., 96
Keller, K.L., 76, 77
Kim, W.C., 35, 36, 37

**L**

liderança, 90, 91, 136, 137
    crise, 50
    e compras, 96
    habilidades, 65, 66
    modelo de excelência EFQM, 136-139
    oito fases da mudança, 143-145

logística, 14
　FGP, 149-152
　orientação de longo prazo (LTO — *long-term orientation*), 111, 112
lucratividade, 83-85
　e cadeia de valor, 13-16

## M

manufatura responsiva (QRM — *quick response manufacturing*), 120-121
　análise, 68, 69, 70
　atratividade do mercado (MA — *market attractiveness*), 86, 87, 88
　crescimento, 41, 42
　desenvolvimento, 44, 47
　dinâmica, 8
　participação, 41, 42, 43
　penetração, 44, 47
　segmentação, 59
　*veja também* mercado enxuto
mapa de estado futuro, 199, 201
mapa do estado atual, 199
marketing, 14
　4Ps, 76-79
　estratégia, 58
　masculinidade (MAS — *masculinity*), 111
　pirâmide de Curry, 146-148
matriz BCG (*Boston Consulting Group*), 28, 41-44, 86, 88
matriz de comparação, 9, 10
matriz de produto/mercado, 44-48
matriz de produto/mercado de Ansoff, 28, 44-48, 60
matriz dos modelos/categorização, 215-219
Mauborgne, R., 35, 36, 37
mecanismos de coordenação, 104, 106
medida de valor, 39, 40
meio-ambiente e FGP, 150
mentalidade enxuta/manufatura, 122-125, 199
　aprendizado organizacional, 62, 63, 137e BSC, 182
　cinco disciplinas da, 162, 163
　e QRM, 121
mercado de trabalho *veja* funcionários; gestão de recursos humanos
metas
　e as teorias E e O, 89-91
　e inovação, 99-100
　pessoais, 165
Mintzberg, H.
　configurações, 103-106
　papéis gerenciais, 202-205
modelo 7S, 28, 55, 126-129
modelo ABC, 81, 82, 107
modelo da quinta disciplina, 162-164
modelo das cinco forças, 2-6, 21
modelo das disciplinas de valor, 28, 32
modelo de alinhamento estratégico, 29, 113-115
modelo de capacidades distintivas de Kay, 17-20
modelo de competências essenciais, 21-24
modelo de compras da *Michigan State University* (MSU), 133-135

modelo de compras de Kraljic, 130-132
modelo de compras de Monczka, 133-135
modelo de crescimento de Greiner, 28, 49-53
modelo de direção e crescimento, 50
modelo de etapas e portões, 101
modelo de excelência da EFQM, 29, 55, 136, 138
modelo de gestão, sistemas de contabilidade, 38-39
modelo de Henderson e Venkatraman — modelo de alinhamento estratégico, 113-115
modelo de meta racional, 173
modelo de processo interno, 173
modelo de relações humanas, 173, 174
modelo de remuneração, 140-142
modelo de remuneração de Milkovich, 29, 140-142
modelo de sistemas abertos, 173
modelo de valores concorrentes, 172-174
modelo dos quadrantes de mudança, 209-211
modelo dos quadrantes essenciais, 153-155
modelo dos sete hábitos, 165-167
modelo Kaizen/Gemba, 195-198
modelo mental, 38
modelos estratégicos, 2-74
modelos mentais, 162, 163, 164
modelos operacionais, 175-219
modelos táticos, 76-174
motivação, 38, 90
Motorola e o *seis sigma*, 159
muda *veja* desperdício e eficiências
mudança
　fria, 209, 211
　oito fases da, 143-145
　quente, 211
　quente ou fria, 209, 211
　teoria E e O 89-91

## N

Newman, J. M., 140
Nohria, N., 89-91
Norton, D., 182, 184
novos competidores, 2, 3, 5, 6

## O

objetivos do sistema de remuneração, 140, 141
oceanos vermelhos, 35
oferta de um produto superior ao solicitado, 146
Ofman, D. D., 153, 154
Ohno, T., 122
oito fases da mudança, 143-145, 211
oito fases da mudança de Kotter, 143-145, 211
operacional, 14
　custos, 169
　eficiência, 83, 84
　excelência, 31, 32, 33
oportunidades na análise PFOA, 7-12
*order realisation process* (ORP — processo de realização de pedidos), 100, 101
organização orientada ao mercado, 58-60
organização/organizacional
　alinhamento, 96, 97
　análise, 54, 55

aprendizado, 62, 63, 162, 163, 182, 183, 184
blocos, 104-105
configurações, 103-106
cultura, 104
design, 105
eficácia, 172-174
estrutura, 66
função de compras, 133, 135
maturidade, 134
processos, 92, 156
quente ou fria, 209, 211
risco, 36, 37
*veja também* mudança

## P
padronização, 31
   e o modelo Kaizen/Gemba, 196
papéis administrativos de decisão, 202, 203, 204
papéis cerebrais, 189, 190
papéis gerenciais, 202-205
papéis gerenciais de informação, 202-203
papéis gerenciais interpessoais, 203
papéis orientados para a ação, 189, 190
papéis orientados para pessoas, 189, 190
papel 'planta', 189, 190
papel de administrador de conflitos, 203, 204
papel de ligação, 203
papel do alocador de recursos, 203, 204
papel do coordenador, 189, 190, 192
papel do disseminador, 203, 204
papel do empreendedor, 203, 204
papel do especialista, 189, 190
papel do finalizador, 189, 90, 191
papel do formador, 189, 190
papel do implementador, 189, 190
papel do investigador de recursos, 189, 190
papel do líder, 203
papel do monitor, 189, 203
papel do negociador, 203, 204
papel do porta-voz, 203, 204
papel do trabalhador em equipe, 189
parcerias, 136, 137, 138
pensamento sistêmico, 63,
pentagrama da gestão de marcas, 60, 206-208
perfil organizacional, 66, 67
perspectiva financeira e BSC, 183
pesquisa e desenvolvimento, 9, 14, 68
pessoas, 136, 137, 138
   capacitação de, 145
   e o modelo de gestão de recursos humanos, 54-57
Pil, F.K., 16
pirâmide de Curry, 60,
planejamento de capital humano, 65
   mapa de DNA, 66
planejamento de cenários, 10, 29, 61-64,
poder de compra e FGP, 151
políticas e modelo de excelência EFQM, 137-138
político, sistema de remuneração, 140-141
ponto de interrogação na matriz BGC, 42

Porter, M., 37, 13-16
   modelo das cinco forças, 2-6, 21, 28
posicionamento da marca, 207
potencial competitivo, 114
potencial tecnológico, 114
potencialidades, 7-12
praça: 4Ps, 176, 177, 178
Prahalad, C. K., 21-23
precificação, preço de fábrica, 149-152
preço de fábrica (FGP), 149-152
preço: 4Ps, 176-179
principais resultados do desempenho, EFQM, 138
princípio tambor-pulmão-corda, 168
princípios da gestão de marcas, 206-207
processo de criação da função (FCP), 100
processo de criação do produto (PCP – *product creation process*), 100
processo de realização de serviço (SRP), 100-101
processo interno e BSC, 184
processos, 28, 29, 30, 90
   modelo de excelência EFQM, 137, 138
processos de definição de direção, 96, 97
processos de trabalho, 66
processos essenciais de compras, 96, 97
Procter & Gamble e VMI, 119
produção, 168
   enxuta, 125
   teoria das restrições, 168-171
produto
   4Ps, 176-179
   avaliação, 68-70
   defeituoso, 195
   gestão de marcas, 206
   liderança, 31, 32
   preço, 149
   produzir ou comprar, 14, 47
programa de gestão da qualidade, 176
promoção: 4Ps, 76-79

## Q
quadrantes estratégicos, 113-114
qualidade, 176, 195-197
   *veja também* modelo de excelência EFQM
qualidade essencial, 153, 154
quatro quadrantes do modelo de compras, 130-131
Quinn, R.E., 172, 174

## R
raciocínio sistêmico, 162
Randall, R.M., 62
realocação de processos de negócios *off-shoring*, 29, 72-74
   e cadeia de valor, 13-16
recursos, 136, 137, 138
redesenho de processos de negócios (BPR – *business process redesign*), 156, 176
redução dos *lead times*, 121
regra 80/20, 146
relatório financeiro, 38

remuneração de incentivo, 39, 90
    e inovação, 101-102
renovação como quadrante de mudança, 210
reputação, 18, 19-20
restrições internas, 170
restrições, teoria das, 168-171
resultados, 58, 59, 137
retorno sobre ativos (ROA — *return of assets*), 83, 84
retorno sobre investimento (ROI), 70
retorno sobre o capital empregado (ROCE — *return of capital equity*), 83
retorno sobre o patrimônio (ROE — *return of equity*), 83
Ringland, G., 61, 63
risco de abastecimento, 130, 131, 132
risco de busca, 36
risco de escopo, 36
risco organizacional, 36, 37
riscos de modelo de negócios, 36
riscos de planejamento, 36
riscos, 70
    Estratégia do oceano azul, 35-37
    realocação de processos de negócios, 72-74
*roadmap* de competência-pesquisa, 68
*roadmap* produto–tecnologia, 68, 69
*roadmapping*, 69-70, 71
    capital humano, 65-67
*roadmaps* corporativos, 68
*roadmaps* setoriais, 68
Rohrbaugh, J., 172, 174
Rother, M., 199
Royal Dutch Shell, 62

**S**

saída (produção): TOC, 169, 170, 171
Schwartz, P., 63
*scorecard, balanced*, 29, 85, 182-185
seiketsu, seiri, seiso, seiton, 196-197
seis chapéus do pensamento de De Bono, 212-214
seis sigma, 159-161
Senge: a quinta disciplina, 162-164
serviço, 14
    nível de, 115
sete zeros, 122
shitsuke, 197
Shook, J., 199
sinergia, 45, 46, 59
sistema de recompensas, 90
    *veja também* remuneração de incentivo
sistema de remuneração, 140, 141
sistema dos 5S, 195, 196, 197
sistemas, 126-127, 128
Stalk, G., 120
substitutos, 3, 6
superquadrante, 154
suprimento e compras, 96-98
Suri, R., 120

**T**

taxa de desconto, 193, 194

taxa de juros e fluxo de caixa, 193
técnicas, sistema de remuneração, 140, 141
tecnologia como problema de recursos humanos, 55, 56
teoria baseada em recursos, 17
teoria das restrições (TOC), 168-171
teoria dos jogos18-19
teoria O, 89-91
terceirização, 29, 72-74
    e cadeia de valor, 13
transformação, 209
transparência, 61
transporte, 150-151, 195-196
    preço, 150
Treacy, M., 31-33

**U**

USPs (pontos exclusivos de venda), 70
utilização: ciclo de inovação, 101

**V**

vacas leiteiras, 41, 42
valor
    curva, 36
    disciplina de, 31
valores compartilhados, 126-128
van der Heijden, K., 61, 63
vantagem competitiva, 17, 19, 65, 77, 90
    cadeia de valor, 13-16
    capacidades distintivas, 17-20
    capital humano, 65
    matriz de Ansoff, 44-45
    modelo de competências essenciais, 21
    TBC, 120
vantagem de diferenciação, 13, 14
vantagens de custo, 13, 14
varejistas e VMI, 117, 118
varredura tecnológica, 70
venda a preço mais alto, 17
vendas e cadeia de valor, 13-16
Venkatraman, N. (modelo), 113-115
visão, 143-145
    compartilhada, 162, 163, 164
    e BSC, 182, 183
    e *road-mapping*, 68-71
visão baseada em recursos (RBV — *resource-based view*), 6
visão e competências, 23
VMI (inventário gerenciado pelo fornecedor), 116-119, 151

**W**

Wal-Mart e VMI, 119
Wiersema, F., 31-34

**Z**

zeros, sete, 122